데미안과 함께 하는 청소년 인문학

도홍찬 지음

지은이 도홍찬

서울대학교 사범대학 윤리교육과를 다녔고, 같은 곳 대학원에서 교육학 박사
학위(2008년)를 받았습니다. 서울대학교, 동국대학교 등에서 강의를 하였으
며, 서울 고척중, 면목고를 거쳐 현재는 가락고등학교에서 윤리과목을 가르
치고 있습니다. 도덕교육의 이론과 실천을 연결하는 작업에 관심이 많으며,
그 매개체로 이야기와 문학에 주목하고 있습니다. 그간 연구와 실천 경험을
정리하여 『이야기 문학 도덕교육』(2011, 인간사랑)을 발간하였으며, 「미적
체험의 도덕교육적 함의」(2012), 「내러티브와 인간교육의 구현」(2013) 등
다수의 논문을 발표하였습니다.

데미안과 함께 하는 청소년 인문학

© 도홍찬, 2015

1판 1쇄 발행_2015년 01월 25일
1판 2쇄 발행_2016년 11월 25일

지은이_도홍찬
펴낸이_이종엽
펴낸곳_글모아출판
    등록_제324-2005-42호

공급처_(주)글로벌콘텐츠출판그룹
    대표_홍정표
    이사_양정섭
    편집_노경민 김현열 공은주   **디자인**_김미미 최서윤   **기획·마케팅**_이용기
    경영지원_안선영
    주소_서울특별시 강동구 천중로 196 정일빌딩 401호
    전화_02-488-3280 **팩스**_02-488-3281
    홈페이지_http://www.gcbook.co.kr

값 12,000원
ISBN 978-89-94626-32-1 03190

데미안과 함께 하는

청소년
인문학

도홍찬 지음

4월 16일. 대한민국이라는 거대한 배가 뒤집혀 졌습니다. 앞만 보고 질주하던 배는 자기 무게를 이기지 못하고 하늘을 향해 드러누웠습니다. 배는 승객들과 유유자적 목적지에 가고 싶었습니다. 짙푸른 물살을 가르며, 살랑거리는 바닷바람과 따스한 봄 햇살을 맞으며, 밤에는 창공의 별들과 대화를 하며 그렇게 승객들을 태워주고 싶었습니다. 하지만 배는 벅찼습니다. 노구의 몸이었건만 사업주들은 배의 몸체를 이리저리 꿰맞추어 중심을 잡지 못하도록 크게만 만들었습니다. 그리고 그곳에 꾸역꾸역 사람과 물건을 집어넣었습니다. 배는 그렇게 가고 싶지 않았습니다. 여행의 설렘으로 들떠서 와자지껄하는 아이들과 함께 이야기하면서, 새로운 삶을 찾아 나서는 어른들의 마음을 어루만지며 가고 싶었습니다. 마지막까지 배는 평형을 유지하기 위해 안간힘을 썼습니다. 여기서 무너지면 자신이 책임지고 있는 생명들이 어떻게 되는지를 숱한 항해의 경험을 통해 알고 있었기에 이를 악다물었습니다. 그렇지만 별도리가 없었습니다. 그동안 서로 밀고 댕기면서 받쳐주던

물살도 힘을 줄 수 없습니다. 마침내 배는 엎어지고 말았습니다. 평생 자신의 속 모습을 바다에 보여주지 않았는데, 이제 그것이 까발려지는 창피를 당해야 했습니다. 이런 수모를 당할 바에야 차라리 빨리 물속 깊이 숨어 버리고 싶었지만, 그래도 자신을 믿고 탄 아이들을 한 명이라도 더 살리기 위해서 끝까지 버텼습니다. 그러나 나의 동반자라고 믿던 어른들이 먼저 도망가고, 아이들을 구하러 온 나랏일 하는 사람들이 주저하며 돌아서는 것을 보고 배는 마지막 기운을 놓아 버렸습니다. 첫 항해의 열망과 꿈, 폭풍의 시련과 항구에서 평온함을 모두 안고 배는 가라앉았습니다. 대한민국이라는 배는 그렇게 침몰하고 말았습니다.

돈에 대한 한없는 욕구와 누군가를 지배하려는 권력의지는 오늘날 대한민국이라는 배에 탄 우리들 마음 깊숙이 감추어진 것들입니다. 살기 위해서, 더 잘 먹기 위해서 쉼없이 달려오면서 우리들은 마음을 제대로 살피지 못하였습니다. 처음 우리들을 움직이던 욕망들이 이제는 악마가 되어 마음속에 웅크리고 있는데도, 여전히 그것을 숭배하기만 합니다. 우리들이 그렇게 원하는 것이 과연 어떤 것인지 생각해 보지도 않고 무조건 그것을 쟁취하기 위해서 물불을 가리지 않습니다. 학교에서도 그렇게 많은 시간을 공부에 쏟아 붓고 있지만 정작 자신이 가고자 하는 길이 어디인지 모릅니다. 민주주의와 함께 살아가는 삶의 가치가 무너지고 나만의 이익과 탐욕이 판치는 세상에서 진정한 자신의 길을 발견하는 것이 더욱 어려워지고 있습니다. 하지만 이대로 우리의 삶 모두를 악마에게 저당 잡힐 수는 없습니다. 악마가 요구하는 몫이 있다면 정확히 계산해서 그에게 돌려줄 필요는 있습니다. 그 자체를 무시하면 더욱 큰 위선에 빠질 수 있을 것입니다. 그리고 우리들 고유한 몫을 챙겨야 합니다. 아마 그것은 자신에게 주어진 삶의 길일 것입니다. 무수히 많지만 그 누구도 대신 갈 수 없는 자신만의 길입니다. 우리들 마음속에 너무나 가까이 있기에 오히려 쉽게 도달하지 못하고 에둘러 가야할지도 모르는 그 길을 마침내는 가야합니다.

『데미안』은 이러한 길을 먼저 걸어간 한 친구의 이야기입니다. 그 이름이 암시하듯, 데미안Demian은 하나의 악령demon이면서도 새로운 세상을 위한 전령daimon이 될 수 있습니다. 우리들은 마음속의 그림자들이 드러나면 불편합니다. 새로운 길을 떠나는 것은 두려운 일입니다. 데미안은 분명 우리들을 곤란에 빠트리기도 하면서 유혹하는 존재입니다. 그렇지만 그의 영혼과 접속하면 신기로운 삶이 펼쳐질 수 있습니다. 익숙한 것들이 달리 보이고, 내면의 깊숙한 샘물을 발견할 수도 있습니다. 이 책은 『데미안』이 가지고 있는 이러한 마력을 우리의 청소년들이 한껏 누리기를 바라면서 써졌습니다. 자신의 내면을 깊이 응시하면서 자기의 길을 찾아 나서기를 원합니다. 그것이 때로는 학교나 사회의 가르침과 다르더라도 스스로를 존중하기를 바랍니다. 그래서 302명 못다 한 친구들의 꿈이 그대들을 통해서라도 만개했으면 좋겠습니다. 그대들이 어른이 되어 타고가는 대한민국이라는 배는 바람과 파도와 햇살을 마음껏 누렸으면 좋겠습니다.

2014년 12월 끝자락에

도 홍 찬

차례

두 세계, 가족에 벗어나다/돌아가다

✝ 고민하는 인간

우리는 언제 고민을 할까요. 우리들의 고민거리 중 가장 심각한 것은 무엇입니까. 고민을 우리는 어떻게 해결하나요. 고민이 없다면 우리가 더 행복해질 수 있을까요.

인간은 고민하는 동물입니다. 아침에 조금 더 잘까 말까, 무엇을 먹을까 같은 작은 고민부터, 진로를 어디로 정할지, 결혼과 직장은 어떻게 할 것인지와 같은 중대한 고민까지 인생은 고민의 연속입니다. 심지어 요즈음은 안락사 허용 논쟁에 드러나는 바와 같이 어떻게 삶을 마무리할 것인지도 고민의 대상이 되었습니다.

고민은 인간이 생각할 수 있는 힘을 가졌기에 가능합니다. 그리고 무엇인가 지금의 상태가 문제가 있기에, 새로운 것을 선택해야 하는 상황에서 고민은 시작됩니다. 인간을 포함해서 모든 동물들이 생존을 위해서 의식주를 고민합니다. 더 배부르게 먹고 안락한 곳에서 살며, 종족을 퍼트리려는 욕망은 자연적인 욕구이자 기본적인 고민이라고 할 수 있습니다. 하지만 기본적인 생존을 넘어서 잘 사는 것을 목적으로 할 때 진정한 고민이 시작됩니다. 무엇이 행복인지, 어떻게 사는 것이 좋은 삶인지, 내가 누구인지를 묻는 것은 생존을 넘어선 삶의 새로운 차원입니다. 그리고 고민의 힘이 셀수록 이러한 문제에 유능하게 대응할 수 있습니다.

⸙ 싱클레어의 고민

이야기의 주인공 싱클레어는 열 살 무렵 하나의 중요한 고민에 빠집니다. 유년기를 지나서 아동기 시절에 대면하는 고민은 이전 시절과는 다릅니다. 어떻게 하면 맛있는 것을 먹을 수 있을까, 어떤 놀이가 더 재미있는가와 다른 고민입니다. 생존과 안전, 오락과 같은 일차적 고민이 아닌 삶 자체에 대한 물음입니다. 인간이 성장하기 위해서는 반드시 이러한 고민의 과정을 거쳐야 합니다.

싱클레어가 지금 직면한 고민은 일종의 성장통입니다. 열 살 무렵을 기억해 봅시다. 유치원을 지나서 초등학교 3학년 무렵, 이제 부모의 품보다는 친구가 더 그리워지는 시기입니다. 가족 안에 머물러 있는 눈이 학교와 사회로 넓어지기 시작합니다. 지금까지 매우 익숙한 것보다는 새롭고 신기한 것에 호기심을 보이는 나이입니다. 부모님의 말씀에 고분고분했지만, 이제 자신의 의견을 더 내세우려고 합니다. 자아가 더욱 강해진다는 것이지요. 그리고 지금까지 당연한 규칙으로 받아들이던 것이 의문스럽기도 합니다. 규칙을 어기고 금지된 행위를 일부러 하고 싶습니다. 전통 사회에서는 성인이 되는 시기가 더 빨랐기에, 싱클레어가 열 살 무렵 마주친 고민이 너무 이르다고 판단할 필요는 없을 것입니다. 오늘날 우리들도 이 시기에 비슷한 고민을 하니까요.

ǂ 두 개로 나누어진 세계

싱클레어의 고민은 두 세계의 존재 때문에 생깁니다. 어느 하나만 있다면 고민을 하지 않았습니다. 그것에 맞추면 되니까요. 학교 급식에서 우리가 무엇을 먹을까 고민하지는 않지요. 하지만 여러 가지 중에서 선택을 해야 할 때 고민이 생깁니다. 싱클레어가 세계에 대해 고민하게 되었다는 것은 세계를 하나로 보는 것이 아니라 다양한 어떤 것으로 보았다는 것입니다. 그리고 그 중 하나를 선택해야 하는 상황에 놓였다는 것이지요. 다시 말하면, 유년기 싱클레어는 이미 주어진 세계에 적응하며 큰 고민 없이 살았습니다. 그런데 이제 하나로만 바라본 세계가 나누어지기 시작한 것입니다. 싱클레어는 세계를 단일한 어떤 것이 아니라 두 개로 나누어진 세계로 생각하기 시작했습니다.

우리가 살고 있는 세상에 두 개로 나눌 수 있는 있는 것들은 무엇일까요. 두 세계라고 했을 때 각각은 무엇을 뜻할까요. 남자와 여자, 밝음과 어두움, 선과 악, 물질과 정신, 이성과 감정, 부모와 자식, 스승과 제자, 부자와 가난한 자, 지배하는 자와 지배당하는 자, 자유와 평등, 자본주의와 사회주의 등등. 이 세상에는 무수히 많은 대립되는 쌍으로 이루어진 것들이 많습니다. 어떤 것들은 눈에 보이는 물질의 형태로, 어떤 것들은 인간의 정신이 추상화시킨 개념의 형태로, 또 어떤 것들은 인간관계나 사회 정치 제도의 형태로 서로 마주하는 것으로 드러납니다. 이것들이 모두 자신의 가치와 논리를 가진 하나의 세계를 이룬다고 말할 수 있습니다.

이러한 두 개의 세계는 지극히 자연스럽게 생겨난 것일까요, 아니면 어떤 목적을 위해서 만들어진 것일까요. 두 개의 세계는 서로를 의지하며 공존하고 있나요, 상호 대립하며 갈등을 일삼고 있나요. 인간이 자유와 평화 속에 살기 위해서는 이 두 개 중 어느 하나를 꼭 선택해야 하는 것인가요, 아니면 이러한 선택에서 벗어날 수 있는 것인가요. 싱클레어의 고민을 밀고 나가면 아마 이러한 물음과 관련된 것일 겁니다. 사실 싱클레어에게 있어 두 세계는 갑자기 나타났다기보다는 항상 있어왔는데, 이제 그것들이 새롭게 보이기 시작한 것입니다. 더 정확하게 얘기하면, 어느 한 세계는 너무나 익숙한 것이었기에 세계 자체였습니다. 그런데 이제 낯선 세계가 눈에 들어오기 시작하면서 익숙하고 친숙한 것보다는 낯설고 꺼림칙한 것에 호기심이 가게 되었다는 것입니다. 싱클레어가 그리고 있는 친숙함의 세계를 먼저 봅시다.

　이 세계를 나는 잘 알고 있었다. 그것의 이름은 어머니와 아버지, 사랑과 엄격함, 모범과 학교였다. 그것은 온화함과 맑음, 깨끗함, 다정한 이야기, 잘 씻은 손, 청결한 옷, 훌륭한 예절의 세계였다. 여기에서는 아침때 찬송가가 불려지고, 해마다 성탄절 잔치가 벌여졌다. 올곧은 길들이 이곳에서는 미래로 이어졌다. 의무와 죄책감, 양심과 고백, 용서와 결단, 사랑과 존경, 지혜와 성경 말씀이 있었다. 순수하고 정돈된 삶을 살려면 이 세계와 연결되어 있어야만 했다.

✝'밝음' '올바름'의 세계

이 세계는 어떤 세계인가요. 이 세계에서 인간관계는 어떻게 나타나고 있나요. 여기에서 적용되는 도덕은 어떤 것들인가요. 이 세계는 인간의 원초적 세계로서 가족이라는 틀 속에서 쉽게 발견할 수 있지요. 여기에는 자상한 어머니와 엄한 아버지가 있습니다. 자녀를 성심성의껏 보살피려는 부모의 노력이 있는 것이지요. 또한 부모님의 뜻을 거스르지 않으려는 자식의 의지가 있습니다. 좋은 것들이 이야기되고, 서로에 대한 믿음과 신앙으로 가족의 화목을 이루어 갑니다. 혹시나 잘못이 있더라도, 곧 뉘우치고 용서를 받는 안정적인 세계입니다. 싱클레어는 이 세계를 '밝음'과 '올바름'의 세계로 알아왔습니다. 이 세계는 인간이 처음 맞이하는 세계이며, 그만큼 인간의 성장에 아주 중요한 역할을 합니다. 여기에서 인간은 육체를 보호받으며 안전하게 자라날 수 있습니다. 여기에서 인간은 사회생활에 필요한 기본적인 지식과 가치, 기술을 배워나갑니다. 여기에서 인간은 의식주를 해결합니다. 그리고 무엇보다 여기에서 인간은 쉼과 안식을 얻을 수 있습니다.

싱클레어는 유년시절 이러한 세계에서 자랐습니다. 아버지와 어머니의 따스한 보살핌이 있었고, 누이들도 자신을 아껴주었습니다. 하녀가 있을 만큼 경제적 사정도 나쁘지 않았고, 기독교 신앙을 믿는 화기애애한 분위기 속에서 성장하였습니다. 우리들이 그리는 이상적인 가족의 모습 역시 싱클레어가 익숙하게 접한 세계와 별반 다르지 않을 것입니다. 인간이 만들어 낸 일차적 집단으로 가족은 사회생활의 근원이자 인간의 출생과 성장의 든든한 배경이 됩니다. 가족이 화목해야 모든 일들이 잘 풀린다는 말도 있

고, 사회에서 성공하기 위해서는 먼저 가정을 잘 경영해야
한다는 주장도 있습니다. 어떤 개인의 잘못된 행위를 가족
문제에서 찾기도 하지요. 이러한 싱클레어가 또 하나의 세
계를 자각하기 시작합니다.

　냄새도 달랐고, 말도 달랐다. 약속과 요구도 달랐다. 이 세계
에는 시종과 직공들, 유령 이야기와 추문들이 있었다. 이 세계
는 도살장과 감옥, 술주정뱅이와 악다구니를 쓰는 아낙네, 새끼
낳는 암소들, 쓰러져 죽은 말들이 있었다. 도둑, 살인, 자살 이
야기와 같이 끔찍하고 재미있는, 놀랍고도 신기한 일들이 섞여
있는 곳이 여기였다. 거칠고 잔인한, 매혹적이면서도 황홀한 일
들이 주위 곳곳에서 발견되었다. 경찰과 부랑자들, 자기 부인을
때린 주정뱅이들이 있었다. 밤에는 공장에서 젊은 아가씨들이
꾸역꾸역 나왔다. 나이 든 여인네들은 누군가에게 주문을 걸어
병들게 만들었다. 도둑들이 숲속에 숨어들어갔고, 방화범들은
경찰에 잡혀 갔다.

╂ '어두움'과 '나쁨'의 세계

이러한 세계는 어디에서 볼 수 있나요. 이 세계를 지배
하는 법칙은 무엇인가요. 이 세계의 모습은 앞에서 말한
세계에서는 전혀 발견할 수 없는 것들인가요. 일반적으로
가족과 대비되는 사회의 적나라한 모습이 여기에 있습니

다. 우리가 신문이나 방송에서 보고 듣는 온갖 사회적 문제들이 여기에서 일어납니다. 학교생활에서 간혹 일어나는 갈등이나 문제들도 이와 관련될 것입니다. 자기의 이익을 위해서 거짓말을 하고, 남을 해치는 일들이 여기에서는 자주 생깁니다. 서로 보살피고 용서해 주기보다는 경쟁하고 시비를 거는 세상이 이곳입니다. 여기에서는 힘이 도덕입니다. 살기 위해서 경쟁하고, 경쟁에서 이기기 위해서는 힘이 필요한 곳이 여기입니다.

싱클레어는 이 세계를 '밝음'과 '올바름'에 반대되는 '어두움'의 세계로 생각합니다. 이것은 곧 '나쁨'의 세계와 연결될 수 있습니다. 이 세계 역시 항상 있어 온 것이지만 싱클레어가 실감 있게 접한 세계는 아닙니다. 어른들은 이 세계를 가급적 감추려고 하지요. 어린아이의 성장에 좋은 영향을 끼치지 않는다고 생각하기 때문입니다. 싱클레어는 따뜻한 가정의 보살핌 속에서 자라 왔기에 이 세계는 멀게만 느껴졌을 것입니다.

✝가까이 있는 두 세계

그런데 어느 순간부터 싱클레어는 이 두 세계가 그렇게 멀찍이 떨어져 있는 별개의 세계가 아니라는 것을 깨우치기 시작합니다. 두 세계는 너무나 가까이 있습니다. 하녀들과 직공들의 세계가 '어두움'의 세계라고 하였는데, 그들이 바깥에서 상스럽고 비밀스러운 이야기를 하며 때로는 술 마시고 싸우는 난잡한 행동을 자주 보았기 때문일 것입니다. 하지만 하녀가 싱클레어 가족과 함께 할 때에는 너무나 다소곳하고 상냥한 모습을 보입니다. 식사를 정성껏 마련하며 같이 기도를 하고 노래를 부를 때 하녀는 밝은 세상의 인물이 되는 것이었습니다. 곧, 하녀는 밝음과 어두움을 오가는 삶을 살았던 것입니다. 아마 다른 사람들도 그랬을 것입니다. 자애로운 어머니가 때로는 변덕스럽고, 아버지의 엄격함이 고집불통으로 느껴질 때도 있었을 것입니다. 싱클레어가 누이들과 싸울 때에는 아마 그들이 악마로 보였을 것입니다. 비록 아버지, 어머니, 누이가 밝음 속에서 살아간다고 하더라도 어느 순간에는 어두움을 대변하는 인물이 되는 것입니다. 반대로 주정뱅이가 아내를 패고 도둑떼가 득실대는 어두움의 세계에서도 한 조각 따뜻함이 남아 있지는 않을까요.

‡ '어두움'의 세계에 대한 호기심

이제 싱클레어는 두 세계의 경계가 서로 닿아 있다는 것을 깨우칠 뿐만 아니라, 그동안 경험하지 못한 한 세계에 호기심을 나타내기 시작합니다. '밝음'의 세계는 친숙한 세계였습니다. 우리는 익숙한 것에는 호기심을 갖지 않습니다. 그렇게 있어 왔고, 앞으로 어떻게 될 것인지가 분명하기에 관심을 가질 필요가 없는 것이지요. 싱클레어가 본 익숙한 '밝음'의 세계는 가족이었습니다. 자신이 자라서 아버지, 어머니처럼 되는 것이 이 세계의 삶의 목표입니다. 그렇게 되기 위해서 열심히 공부해야 합니다. 온갖 시험을 치러 대학을 졸업하고 직장을 가져야 되겠지요. 그리고 결혼을 통해 비로소 또 하나의 가족을 이루게 되는 것이 이 '밝음'의 세계의 시나리오입니다. 이 세계는 호기심의 대상이 아니라 열심히 맡은 바 책임을 다해야 하는 의무와 성실성의 세계입니다.

반면에 호기심은 가보지 않은 것, 경험해 보지 못한 것을 통해서 생겨납니다. '어두움'의 세계는 사회에서 금지해 놓은 '나쁨'의 세계의 일종입니다. 이 세계는 교육상 좋지 않다고 생각하기에 어른들은 가급적 아이들한테 떼어 놓고 가지 말라고 합니다. 일종의 금지된 세계이기에 누구에게나 더욱 호기심을 유발시키지요. 싱클레어는 옆에서 슬쩍 엿보기는 했지만, 직접 체험해 보지 못한 이 세계에 관심을 나타냅니다. 그리고 관심을 넘어서 이 세계에 들어가 살아보고 싶어 합니다.

분명 나는 밝고 올바른 세계에 속했다. 나는 내 부모의 자식이었다. 그러나 한편 어디를 향하든 다른 세계를 느꼈다. 비록 낯설고 양심의 가책을 자주 느꼈지만 다른 세계에서도 살았다.

실제로는 금지된 세계에 더 살고 싶을 때가 있었다.

‡ 탕자의 이야기

싱클레어는 어렸을 때 자주 듣고 읽었던 탕자의 이야기를 새삼스럽게 떠올립니다. 탕자의 이야기는 기독교 경전인 신약 성서 속에 나오는 유명한 일화입니다.

어떤 농부에게 아들이 둘 있었습니다. 맏아들은 성실하게 아버지를 도와 농사일을 도왔는데, 막내는 바깥세상을 더 좋아했습니다. 어느 날 막내는 자기 몫의 재산을 미리 달라고 해서 집을 나와 버렸습니다. 한동안 흥청망청 놀고먹다가 그는 재산을 탕진하고 궁핍하게 되었습니다. 그 지방에 흉년이 들어 그는 먹고살기 위해서 어떤 사람의 집에 들어가 일을 하게 되었습니다. 돼지를 치는 일이었지만 돼지가 먹는 음식도 마음대로 먹을 수 없는 처지에 빠지게 됩니다. 마침내 그는 후회를 하고 다시 아버지의 집으로 돌아갈 결심을 하게 됩니다. 멀리서 아들이 돌아오는 것을 보고 아버지는 달려가 사랑으로 감싸줍니다. 아들은 엎드려 죄를 고백하고 용서를 빕니다. 아버지는 모든 것을 잊고 큰 잔치를 벌여 아들을 다시금 맞아들입니다. 큰아들은 불만이었습니다. 자신은 묵묵히 아버지의 말을 따라 열심히 가정을 돌봤는데 돌아오는 것이 아무것도 없었습니다. 그런데 아버지를 거역하고 재산을 탕진한 동생을 그렇게 감싸주다니. 큰아들이 불만을 품고 따지자 아버지는, 잃은 아들을 다시 찾았는데 어떻게 기뻐하지 않을 수 있냐며 대답합니다.

- 성서, 「루가」 중에서 요약

성서 속에서 이 이야기는 하느님의 영원한 사랑과 인간의 구원을 말하고자 합니다. 아버지로서 하느님은 모든 인간을 똑같은 자식으로 사랑합니다. 비록 어느 순간 자식이 잘못된 행동을 하고 아버지를 등지더라도, 자식에 대한 아버지의 사랑은 변치 않습니다. 자식이 돌아오기를 마음속으로 원하고, 그가 돌아오면 모든 것을 용서하고 감싸줍니다. 기독교에서는 이렇게 인간의 구원을 하느님에게 돌아가는 것으로 바라봅니다. 인간들은 막내아들 같이 이 세상의 짧은 즐거움에 빠져 하느님의 구원의 역사를 잊어버린다는 것입니다. 하지만 하느님은 그를 애타게 찾고 있으며, 그가 돌아오면 죽은 자식이 살아난 것처럼 기뻐한다는 것입니다.

그런데 싱클레어는 하느님의 사랑―자식의 반역과 뉘우침―하느님의 용서와 포용이라는 이야기의 기본 주제를 삐딱하게 보기 시작합니다. 왜 자식은 꼭 돌아가야만 하는가. 집을 나왔다면 무슨 일이 생기더라도 바깥세상에서 결판을 내야 하지 않았던가. 굶어 죽더라도 밖에서 죽어야지, 다시 집에 들어가는 것은 비굴한 일이 아닌가. 탕자의 싱거운 백기 투항을 싱클레어는 아쉬워합니다. 더 오래 버텼다면 흥미진진한 일이 생길 수도 있었을 텐데, 새롭게 살아갈 길이 열릴 수도 있을 텐데 그것을 보지 못한 아쉬움이라고 할까요.

✝탕자는 돌아오지 않아야 한다

돌아온 탕자는 쳐 죽여야 한다. 왜냐하면 돌아온 탕자는 더 나쁜 것(보수 반동)을 가져오니까. 또 돌아온 탕자만큼 우리를 왜소하게 하는 것도 없다. 진정한 탕자는 한 방울의 물이나 한 점의 떡도 지니지 않은 채, 약대도 없이 사막 끝으로 나가 죽어야 한다. 한 곳이 아니라, 점점이, 여러 곳에! 그리고 탕자들이 뼈를 묻는 곳에서 또 다른 탕자가 숱하게 다시 출발해야 한다. 그래서 인간은 하나의 오아시스 주위에만 국한되지 않은 더 넓은 세계를 자신의 인성으로 삼을 수 있게 되고, 마지막엔 인간도 신과 같이 될 것이다.

– 장정일, 『독서일기』 중에서

어린 싱클레어가 가진 당시의 생각을 발전시키면 위와 비슷하지는 않을까요. 위의 글에서 돌아온 탕자는 좋지 않은 선례를 남기기에 차라리 돌아오지 않아야 합니다. 탕자가 돌아온다는 것은 옛것에 집착한다는 것입니다. 새로운 환경, 낯선 것들과 만남을 뒤로 하고 안정적이고 친숙한 세상으로 돌아오는 것입니다. 그래서 이것은 편안함을 지키는 보수이고, 새로운 길로 나아가지 못하고 뒷걸음치는 반동이라는 것입니다. 돌아온 탕자를 보면서 사람들은 더 이상 위험에 도전하거나 새로운 길을 개척하려고 하지 않을 것입니다. 익숙한 세계 속에서 편안함만을 추구할 것입니다. 인간은 가능성을 믿고 한계를 극복해 나가는 가운데 더 넓고 깊은 자신이 되는 것입니다. 이렇게 인간성이 세계와 만나 무한히 확대되어 가면 비로소 신과 같은 경지에 도달할 수 있을 것이라고 위 글은 말하고 있습니다. 그래서 탕자가 아버지의 품에 다시 안긴 것은 자신의 가능성을 부정하고 스스로를 왜소하게 만든 꼴이 된 것이라고 볼 수도 있을 것입니다. 비록 탕자가 그 자리에서 실패하더라도, 또 다른 탕자가 그곳에서 다시 출발할 수 있기에, 탕자의 가출은 의미가 있다고 생각할 수 있습니다. 이렇게 무수한 탕자들이 스스로 섬을 만듦으로 사막과 같은 이 세상에 다양한 오아시스의 샘물이 열릴 수 있다고 위 글은 생각합니다.

실제로 이후 행보를 보면 싱클레어는 탕자의 길을 선택합니다. 하지만 그것은 단번에 실행되는 것이 아니라, 조금씩 조금씩 여러 경로를 거쳐서 어렵게 도달하는 길이 됩니다. 때로는 아버지에게 돌아오기도 하지만 다시금 나아갑니다. 그래서 결국 자기 자신에게 이르는 길, 신과 같은 인성에 도달하는 방법을 깨우치게 됩니다. 열 살 싱클레어에게 이것은 숨겨진 욕망으로 이후 지속적으로 싱클레어를 움직이는 보이지 않는 힘이 됩니다. 이 나이에 이러한 욕망이 바탕이 되어 하나의 작은 사건이 벌어집니다. 싱클레어에게 이 사건은 그동안 기웃거리기만 하던 또 하나의 세계, '어두움'의 세계를 직접 체험하는 계기가 됩니다.

╫싱클레어와 크로머

싱클레어는 라틴어 학교, 상류층이 다니는 학교에 다니고 있었습니다. 친구들은 사내아이들로 거칠었지만, 일정한 틀을 벗어나지 못하는 범생이 스타일이라고 볼 수 있습니다. 그런데 그동안 무시하였던 공립학교 아이들과 친해지게 되었습니다. 공립학교는 중·하류층 아이들이 주로 다니기에 그곳에 싱클레어의 친구는 없었지요. 아이들이 성장하면서 활동의 범위가 넓어지고, 따라서 친구 관계도 많아지는 것은 자연스럽다고 할 것입니다. 라틴어 학교 친구들과는 오랜 관계를 맺었기에, 공립학교의 다른 친구 관계가 이 시기에는 새로운 관심거리가 되었을 것입니다.

그러한 공립학교 친구들 중에 크로머라는 '짱'이 있었습니다. 이 친구는 또래에 비해 나이도 많았고 인상도 험악해서 동료들을 압도하고 있었습니다. 아버지도 술꾼으로 동네에 소문난 모양입니다. 싱클레어는 직감적으로 크로머를 두려워했지만 한편으로는 그 세계에 끼고 싶은 욕망을 가집니다. 보통 사람들은 어떤 절대적 힘을 가진 대상을 두려워하지만 또한 그것에 복종하려는 욕구를 동시에 가진다고 합니다. 이른바 '권위에 대한 맹목적 복종'이 생길 수 있다는 것입니다. 크로머 밑에서 아이들은 그가 시키는 대로 합니다. 냇가에 내려가 돈이 될 만한 물건들을 주워와서 그에게 바칩니다. 사내아이들이 할 만한 온갖 나쁜 행동을 무용담으로 그에게 들려줍니다. 이러한 세계는 힘이 지배하기에 친구들은 경쟁적으로 자신이 그러한 힘을 더 많이 가졌음을 나타내려고 합니다. 크로머라는 절대적 힘의 지배 아래에서, 그에게 인정을 받기 위해 자신의 힘을 보여 주어야 하는 것입니다.

공립학교 다른 친구들은 이러한 세계의 도덕과 법칙을 잘 알기에 재빠르게 크로머한테 적용할 수 있었지만, 싱클레어는 이것이 너무 낯설고 두려웠습니다. 하지만 이미 들어선 세계에서 그대로 빠져나올 수는 없었기에, 나름대로 안간힘을 다하여 크로머에게 인정받기 위해 노력합니다. 싱클레어는 거짓말을 통해서 자신의 무용을 과시합니다. 과수원에서 사과를 훔친 사건을 그럴듯하게 포장하여 친구들의 이목을 끌어보고자 합니다. 하지만 이것이 올가미가 되었습니다. 크로머는 이것이 사실이냐고 물었고 싱클레어는 진실을 맹세합니다. 크로머는 이것을 놓치지 않습니다. 권력자는 힘을 가지고 다른 사람을 지배하기도 하지만, 누군가의 약점을 이용해서 그를 제압하기도 합니다. 크로머는 과수원 주인이 사과 도둑을 알려주면 보상을 하겠다는 말로 싱클레어를 협박합니다. 드디어 싱클레어가 어둠의 세계에 엮이는 순간입니다. 실제 과수원 주인이 그말을 했는지 분명하지 않지만, 그것을 자기 이익으로 바꾸어내는 크로머의 순간 판단 능력은 대단한 것입니다. 이렇게 '어두움'의 세계는 권모술수가 적나라하게 드러나는 공간이라고 볼 수 있습니다. '밝음'의 세계에 익숙한 싱클레어는 크로머한테 선의를 기대할 수 없다는 것을 느낍니다. 친구를 배신하여 이익을 취하는 것 따위가 크로머와 같은 다른 세계의 사람들한테는 별 문제가 안 된다는 것을 알아차리게 되었습니다.

그래서 싱클레어는 크로머한테 돈을 바치게 됩니다. 크로머가 과수원 주인에게 고발하여 얻게 되는 보상금만큼 싱클레어는 돈을 마련해야 합니다. 싱클레어는 자신의 저금통을 털기도 하고, 몰래 집에서 잔돈을 훔치기도 합니다. 하지만 크로머가 요청한 돈에는 턱없이 부족합니다. 결국 싱클레어는 크로머가 해야 하는 심부름까지 대신하는 가엾은 존재가 되어 갑니다.

이제 크로머에게 엮인 싱클레어의 마음이 무너지기 시작합니다. 그동안 밝음의 세계에서 싱클레어의 마음은 지극히 안정적이고 편안하였습니다. 그런데 이것이 흔들리기 시작합니다. 크로머에게 시달림을 당하고 들어가는 집안의 분위기가 이제 낯설어집니다. 익숙한 집안의 물건들, 가족들과의 관계가 점점 멀어지는 것 같습니다. 그렇게 친숙한 세계가 사라지는 느낌을 갖습니다.

벽시계와 탁자, 성경책과 거울, 책장과 그림들이 나를 떠나가고 있었다. 나는 얼어붙은 가슴으로 아름답고 행복했던 세계, 근심걱정 없던 세계가 과거가 되어 떨어져 나가는 것을 바라볼 수밖에 없었다. 그리고 내가 어둡고 낯선 바깥 세계에 새로운 뿌리를 내린 채 단단히 붙박여 있다는 것을 느끼지 않을 수 없었다. 처음으로 인생에서 나는 죽음을 맛보았다. 죽음의 맛은 썼다. 그것은 탄생이고, 완전히 새롭게 되는 것에 대한 불안과 두려움이니까.

✝'실존'을 깨닫는 기회

싱클레어가 어둠의 세계에서 경험한 죄책감, 부모님한테 들킬 수 있다는 불안감 때문에 가족이라는 밝음의 세계가 더 이상 평화를 주지 못하는 것입니다. 익숙한 환경이 갑자기 낯설게 보이는 경험이 우리들의 삶에 있어서 중요한 순간이 될 수 있습니다. 싱클레어는 크로머라는 악의 존재를 통해서 강제적으로 자신의 평안한 삶이 흔들리게 되었습니다. 하지만 때로는 불현듯 우리들은 익숙한 환경을 낯설게 느낄 수도 있습니다. 가령 어느 날 아침 일어나 세면대에서 자기 얼굴을 보며 자신이 낯설다고 느낄 수는 없을까요. 매일 똑같은 시간에 기상, 등교(출근), 반복되는 수업(일과), 하교(퇴근), 잠자리 들기와 같은 다람쥐 쳇바퀴 도는 인생이 허무하게 느껴지지는 않나요. 사랑하는 사람과 이별하고서 삶이 무엇인지 회의가 들지는 않았나요.

이렇게 그동안 평범하게 보낸 일상과 습관적으로 맞이하는 시간들을 새롭게 들여다보는 것이 인생의 큰 전환점이 될 수도 있습니다. 이것을 철학적으로는 '실존實存'을 깨닫는 기회라고 말합니다. 인간이 현실 존재로서 자기 자신을 자각한다는 것입니다. 왜 사는지, 삶의 목적이 무엇인지, 어떻게 살아야 하는지와 같은 삶의 의미를 묻기 시작하는 것입니다. 이렇게 유한한 인생에서 진정한 삶의 가치와 의미를 묻는 철학을 실존주의 철학이라고 합니다.

한 여인의 낯익은 얼굴에서, 수개월 전 혹은 수년 전에 사랑하였던 그 여인을 마치 낯선 사람으로 여기게 될 날이 있는 것과 같이, 우리는 우리를 갑자기 고독하게 만드는 바로 그것을 원하게 될지도 모른다.

　　　　　　　　　　　　　　　－ 까뮈, 『시지프의 신화』 중에서

싱클레어는 고독감을 느낍니다. 그동안은 항상 가족 중 누군가의 보살핌을 받으며 연결되어 있었는데, 이제 홀로 있음을 알아차립니다. 실존주의 철학이 말하는 '실존'을 깨닫는 기회를 가지게 된 것입니다. 비록 이것이 크로머한테 거짓말을 하고, 가족을 속이면서 생긴 불안 심리에서 비롯된 것이지만 최초로 자신을 스스로 돌이켜본다는 면에서 실존적 상황과 비슷하다고 볼 수 있습니다.

가족이 더 이상 행복한 세계가 아니고, 죽음과 같은 쓴맛을 느끼는 낯선 공간이 되었다면 굳이 이러한 어두움의 세계를 고집해야 할까요. 그곳을 벗어나서 다시금 가족의 세계 속으로 들어가면 되지 않을까요. 돌아온 탕자처럼 아버지에게 그동안의 잘못을 고백하고 뉘우치면 세상의 모든 부모들은 당연히 용서하고 받아들이지 않을까요. 싱클레어도 돌아가고픈 욕구를 강하게 느낍니다. 하지만 그는 그렇게 하지 않습니다.

이제 하나의 비밀, 하나의 죄를 가지고 있음을 알았다. 그것은 혼자 감당해야 하는 것이었다.

⸙독립된 정신적 공간

싱클레어는 지금 갈림길에 서 있습니다. 다시 가족의 밝은 세계로 돌아가느냐, 아니면 어두움의 세계를 헤매더라도 계속 자신의 길을 찾아 나서느냐의 양자택일입니다. 그는 후자를 선택합니다. 그는 이 선택이 가져올 결과들이 만만치 않음을 알고 있습니다. 그런데도 그는 이 선택을 통해서 묘한 즐거움을 느끼고 있습니다. 바로 자신만의 비밀을 가지게 되었다는 것입니다. 물론 여기서 비밀은 싱클레어가 크로머와 엮이면서 생긴 사건들을 말합니다. 비밀이 생겼다는 것은 자신의 정신이 독립되었다는 것, 그래서 누구도 간섭하지 못하는 나만의 정신적 공간이 생겼다는 말입니다.

어느 날 싱클레어는 젖은 구두를 신고 집에 들어섭니다. 아버지는 여느 때와 같이 자기 일에 몰두하며, 젖은 구두에 대해 잔소리하지만 싱클레어가 저지른 깊숙한 잘못은 전혀 알아차리지 못합니다. 혹시 아버지가 아신다면 어떻게 될까 걱정하던 싱클레어는 처음으로 아버지보다 우월함을 느낍니다. 그동안은 아버지가 모든 것을 알았습니다. 싱클레어는 가족 관계에 붙박여 있었기에 싱클레어의 모든 것을 가족은 알고 있었습니다. 싱클레어 스스로 자신한테 생긴 것을 가족한테 알렸을 것입니다. 그런데 이제 아버지가 모르는 어떤 것이 생긴 것입니다. 아버지한테 굳이 알릴 필요도 없습니다.

육체가 자람에 따라 정신도 그만큼 독립하려는 욕구입니다. 사람이 성장함에 따라 비밀의 영역은 많아지고, 그것을 존중해 주는 것이 바람직한 관계입니다. 그렇기에 법으로도 개인의 사생활을 보장해 주는 인권 조항들이 만들어지고 있는 것이지요. 이렇게 가족 관계에서 정신적으로 독립하려는 욕구를 싱클레어는 자신의 성장에서 무척 중요하게 생각합니다. 그래서 그는 다음과 같이 고백합니다.

> 그것은 신성한 아버지의 이미지에 생긴 첫 칼자국이었다. 그것은 누구나 자신이 되기 위해서는 깨트려야 하는 유년기를 지탱하는 큰 기둥에 그어진 최초의 틈이었다. 우리들 운명의 내면적이고 본질적인 선(線)은 이렇게 눈이 보이지 않는 경험들로 이루어져 있다. 그러한 칼자국과 틈들은 더 늘어나고 치유되고 잊혀진다. 그러나 가장 비밀스러운 방에서 그것들은 계속 살아남아 피 흘린다.

싱클레어는 밝은 세계를 대변하고 있는 아버지와 대결합니다. 가족을 떠받치고 있는 아버지의 법에 하나의 칼자국을 냅니다. 아버지와 똑같은 삶을 살아가는 것에 대한 반항이라고도 할 수 있습니다. 아버지와 가족의 안락함을 떠나서 탕자의 삶에 들어가는 것입니다. 그것이 힘들어서 다시 돌아올지 알 수 없지만, 일단 새로운 삶을 개척해 보려는 의지를 보입니다. 오랜 시간이 지나서 싱클레어가 돌아보았을 때, 결국 자신의 운명은 이러한 독립의 욕구를 따라간

여행이었을 것입니다. 처음 가족의 품에서 벗어나고, 나중에는 친구와 스승의 가르침도 넘어서기 위해서는 끊임없이 기존의 관계를 잘라내야 하는 아픔이 있어야 합니다. 그러한 단절의 고통을 싱클레어는 열 살에 처음 맛봅니다. 그리고 이것은 이후 싱클레어의 삶을 예감하는 하나의 상징으로 계속 남아 있게 됩니다.

싱클레어가 유년기를 벗어나 아동으로 성장하는 데 있어 경험한 하나의 중요한 사건을 살펴보았습니다. 밝음의 세계를 중심으로 살아온 주인공이 어두움의 세계를 자각하고 이를 직접 체험하면서 사건이 만들어졌습니다. 이것을 기회로 주인공은 가족이라는 친숙한 환경을 낯설게 바라보게 되고, 앞으로 새로운 관계를 맺기 위한 출발점에 서게 됩니다. 성장한다는 것이 몸이 자람과 더불어서 정신이 스스로 선다는 것을 뜻한다고 보았을 때, 주인공이 드디어 자기의 길을 스스로 고민하는 길에 들어서게 되었습니다. 앞으로 싱클레어가 펼쳐 갈 자신만의 길에 계속 동행하면서 잠시 몇 가지 생각을 해 보도록 하겠습니다.

✝가족과 친밀성

첫째, 성장에 있어서 가족의 역할입니다. 싱클레어는 가족을 벗어나기 위해서 무진 애를 씁니다. 아버지와 같은 길을 걷지 않겠다고 다짐하고, 가족의 밝음과는 다른 어두움의 세계를 기웃거립니다. 가족이 싱클레어의 성장에 걸림돌이 된다면 우리들은 처음부터 가족 관계를 만들지 않으면 되지 않을까요. 과연 가족 관계에 들어가지 않는 삶이 더 좋은 삶일까요.

오늘날 가족은 여러 가지 역할을 하지만, 인간의 성장에 있어서 '친밀성'이라는 정서적 체험을 하는 중요한 공간입니다. 사람이 친밀하기 위해서는 사랑과 돌봄을 주고받는 심리적 관계가 만들어져야 합니다. 심리학자들은 이것을 '애착attachment' 관계라고 말합니다. 애착은 인간이 태어나면서 부모와 맺는 관계에서 출발합니다. 아기는 부모가 자신을 안전하게 보호하고 먹을 것을 준다는 믿음에서 건강하게 자라날 수 있습니다. 부모와 따뜻한 애착 관계가 만들어지지 못하면 아기는 불안해하고, 아이가 성장하면서 낯선 사람과 관계를 맺는 능력 역시 떨어진다고 합니다. 사랑을 받아 본 사람이, 다른 사람을 사랑하는 방법을 더 잘 알듯이 애착의 감정은 중요합니다. 다양한 인간관계에서 애착을 경험할 수 있지만, 가족만큼 애착의 감정을 느낄 수 있는 공간은 잘 없는 것 같습니다.

애착은 친밀한 가족 관계 안에서만 의미 있는 것이 아니라, 사회생활을 하는 데도 중요한 자원이 됩니다. 친밀한 관계는 감정이 오가는 관계입니다. 상황에 맞게, 적절할 감정을 표현할 수 있을 때에 친밀한 관계가 만들어집니다. 다른 사람의 감정을 읽고, 반응할 수 있는 능력은 사회생활의 인간관계에서 무척 중요한데, 이것은 어릴 적 가족 관계에서 충분히 키울 수 있는 것입니다. 그리고 감정이 친밀해 질수록 보통 관계는 평등해집니다. 다정한 연인이나 행복한 가정을 보면 사람들의 관계가 권위적이지 않고 평등하다는 것을 알 수 있습니다. 여기서 평등이란 똑같은 일을 하는 것이 아니라 상호 존중의 자세라고 봐야 합니다.

이렇게 서로를 존중하는 자세는 민주적 삶에 기본입니다. 민주주의는 모든 인간을 평등하게 대우하는 제도이면서도, 그 속의 사람들이 서로를 존중하는 삶의 태도를 가지지 않으면 절대로 실현될 수 없습니다. 그렇기에 가족생활을 통해서 배운 친밀성의 태도는 민주시민의 좋은 자질로 바뀔 수 있는 것입니다. 싱클레어는 원만한 가족생활을 통해서 이러한 친밀성을 충분히 배운 것 같습니다. 싱클레어가 방황을 할 때에도 가족들은 항상 걱정을 합니다. 이것을 바탕으로 삼아 싱클레어는 정신적으로 독립할 수 있지 않았을까요.

✝ 친구와 '모델링'

둘째, 또래 친구의 역할입니다. 인간은 성장하면서 관계의 범위가 넓어집니다. 가족 관계에서 벗어나 친구를 사귀게 됩니다. 지금까지 나의 행동과 가치를 지배한 것이 가족이라면 이제 친구 관계가 내 삶의 모범이 됩니다. 친구를 통해서 많은 것을 배우고, 서로 따라하게 됩니다. 마음의 기준점이 가족에서 친구로 넘어가게 된다는 것입니다. 친구 중에는 좋은 친구들도 있지만, 여럿이 모이게 되면 장난이나 짓궂은 행동을 보이는 친구도 생기게 마련이죠. 개인으로 있을 때보다 집단으로 있을 때 부도덕해지고 이기심도 강하게 나타납니다. 그렇다고 친구 관계를 두려워해서 관계에 들어가지 않는 것은 스스로 성장을 포기하는 것입니다. 좋은 친구, 나쁜 친구라는 판단을 너무 쉽게 내리는 것도 적절하지 않습니다. 싱클레어는 크로머 때문에 악의 구렁텅이에 빠진 것 같지만, 크로머가 없었더라면 과연 자기 성장의 디딤돌을 만들 수 있었을까요. 친구는 미리 판단하여 가려서 사귀기보다는 사귐을 통해서 나의 성장 영양분으로 만들어 내려는 노력이 더 중요한 것 같습니다.

친구들은 제각각 다양한 방식으로 행동합니다. 그 모든 행동들이 서로에게 영향을 끼칩니다. 서로가 서로에게 행동의 '모델링modeling'이 되면서 각자 따라 하기를 하는 것입니다. 우리들은 책을 통해서 배우기도 하지만, 이렇게 실제적 삶의 행동을 통해서 배우는 것이 더욱 강하게 영향을 끼칠 수 있습니다. 어릴 적에는 가족이 중요한 모델링의 대상이지만, 이제 친구가 이를 대신하게 됩니다. 나중에는 사회의 더 넓은 인간관계에서 만나는 사람들이 모델링이 될 것입니다. 모델링의 대상을 많이 가진다는 것은 그만큼 내가 살아보지 못한 다양한 삶의 기회를 간접적으로 체험할 수 있는 기회가 되기도 합니다. 처음에는 어떤 한 인물을 완전히 모델링하지만, 점점 비판적으로 그 인물을 평가하기도 합니다. 따라서 나중에는 인물을 가려서 선택적으로 모델링할 수 있게 됩니다.

싱클레어한테 크로머는 중요한 시기에 모델링 대상이었습니다. 그가 가진 힘과 권위가 부러웠던 것입니다. 하지만 그것의 악마적 속성을 깨우치면서 싱클레어는 새로운 모델링이 필요했습니다. 그렇게 마음속으로 원하면 대상이 나타나기 마련입니다. 싱클레어는 데미안이라는 새로운 모델링의 대상을 결국 만나게 됩니다. 하지만 크로머가 있었기에 데미안의 가치가 드러나는 것이지, 데미안 자신만으로는 큰 의미를 가지지 못합니다.

‡ '두 세계'를 바라보는 이원론적 사고

셋째, 처음 주제로 돌아가서 과연 '두 세계'의 관계를 어떻게 바라보아야 하느냐는 것입니다. 세계를 두 개로 나누어 바라보는 사고방식을 이원론적 사고라고 합니다. 세계에는 두 차원의 영역이 있다는 것이지요. 이러한 사고방식은 오랜 역사를 가지고 있는데, 고대 그리스 철학자 플라톤 Platon은 이데아와 현상계로 이 세계를 구분하였습니다. 현상계란 우리의 감각을 통해서 경험할 수 있는 이 세상의 물질적인 모든 것을 말합니다. 반면에 이데아란 그러한 현상을 있게 만든 원형이요, 본질을 말합니다. 가령 삼각형을 그려봅시다. 누구나 삼각형을 그릴 수 있죠. 그리고 삼각형으로 인정받기 위해서는 내각의 합이 180도로 이루어져야 합니다. 누군가 그린 현실의 삼각형이 현상계로서 존재한다면 그 사람이 삼각형을 그리기 위해서 생각한 원형, 곧 내각의 합이 180도인 그것이 삼각형의 이데아가 되는 것입니다. 그런데 아무리 정교하게 그리더라도 현실 삼각형이 180도가 될 수는 없습니다. 정밀하게 관찰하면 선의 어떤 부분이나 각이 조금의 오차를 가지기 때문입니다. 그래서 플라톤은 현상계란 불완전하며 이데아의 세계만이 완전하다고 생각합니다. 플라톤에 있어서 현상계란 이데아의 세계를 모방한 것에 불과합니다. 물론 참된 이데아의 세계란 감각으로 경험하는 것이 아닌 정신의 활동을 통해서 추론해 낸 것입니다.

이러한 사고방식은 근대 철학의 선구자라고 할 수 있는 데카르트R. Descartes에게도 나타납니다. 그는 물질과 정신으로 이 세계를 엄격하게 구분하였습니다. 데카르트 이전의 중세 시대에는 하느님(정신, 영혼)을 통해서 세계를 설명하였습니다. 세계를 창조한 것은 하느님이고, 이 세계 만물은 하느님의 영을 모방한 거룩한 것들입니다. 하지만 데카르트에게 물질은 정신과 아무 연관성이 없이 시간과 공간

속에 존재하는 사물에 불과합니다. 물질은 자체의 법칙을 통해서 움직이며, 인간의 정신은 이러한 법칙을 파악할 수 있는 능력을 가질 수 있습니다. 데카르트는 인간의 신체 역시 하나의 물질이요, 정신과 관계없이 움직이는 기계에 불과하다고 생각합니다.

이렇게 세계를 두 차원으로 나누는 이원론적 사고는 어떤 하나가 다른 것에 비해서 우월하다는 견해로 연결되기 쉽습니다. 이데아의 세계만이 참된 세계이고 현상계는 가짜의 세계입니다. 물질은 변화하고 사람을 속일 수 있지만, 생각하는 정신만은 변화지 않고 유일하게 존재하는 확실한 것입니다. 그리고 이것이 확대되면 어떤 것을 차별하고 정복해도 좋다는 위험한 결과를 낳을 수 있습니다. 서양에서 물질은 자연이고 정신이 없는 것이었습니다. 자연의 법칙을 발견해서, 인간을 위해서 마음껏 자연을 활용한 대가가 오늘날 환경 문제의 원인이라고 말할 수 있습니다.

그렇다면 싱클레어의 고민은 이원론적 사고 때문이었다고 말해도 좋겠네요. 유아기에는 밝은 세계만 경험하였습니다. 아동으로 성장하며, 어두운 세계를 자각하고 세계를 두 개로 나누어 보기 시작한 것입니다. 그리고 밝은 세계가 올바른 세계이고, 어두운 세계는 문제가 있기에 가까이 가서는 안 된다고 생각하였습니다. 그런데, 이제 밝은 세계가 아니라 어두운 세계에 호기심을 가지고 그것을 체험하고

자 하는 것에서 이러한 이원론적 세계가 흔들리고 있다는 것을 알 수 있습니다. 오히려 탕자를 동경하고, 크로머를 모델링하는 것을 통해서 어두움의 세계에 우선권을 부여하기도 합니다. 가치의 역전이 일어났다고 볼 수 있는 것입니다.

하지만 그것이 만만하게 진행되지는 않습니다. 과연 기존의 밝은 세계가 아무 가치가 없고, 어두움의 세계만이 새로운 세계일까요. 싱클레어는 가치를 뒤집어보려고 하지만 벽에 부딪칩니다. 그렇다면 이 두 세계의 관계를 어떻게 다시 만들면 될까요. 어떤 방식으로 두 세계가 관계를 맺을 지는 이후 싱클레어가 지속적으로 부딪쳐가면서 얻게 되는 삶의 지혜를 통해서 드러나게 됩니다. 그러한 경로를 계속 따라가 봅시다.

생각하고 같이 이야기해 봅시다

1. 우리들의 어릴 적 고민들은 어떤 것이었나요. 왜 그러한 고민들이 생겼으며 그 때문에 어떠한 사건들이 벌어졌나요. 내가 만약 싱클레어였다면 크로머와의 관계를 어떻게 풀어갔을까요.

2. 우리들이 체험한 가족의 분위기는 싱클레어의 가정환경과 어떤 면에서 비슷하고, 어디에서 다른가요. 가족 구성원의 역할들을 '친밀성'의 관점에서 평가해 봅시다.

3. 우리들한테 영향을 끼치는 친구 관계를 생각해 봅시다. 각각의 친구들이 가지고 있는 성격 중 어떤 부분이 나한테 영향을 주고 있나요. 거꾸로 나의 성격 중 어느 부분이 친구들한테 영향을 미친다고 보나요.

4. 세계를 둘로 나누어 바라보는 사고방식의 구체적 사례를 더 찾아봅시다. 이것의 장점은 무엇이고, 문제점은 무엇일까요. 둘의 관계를 어떻게 바라보는 것이 좋을까요.

까뮈(A. Camus)와 실존주의

한 여름 뙤약볕 아래에서 한 사람이 힘겹게 바위를 굴러서 산꼭대기까지 끌고 갑니다. 그의 얼굴은 땀으로 뒤범벅되었고, 어깨는 바위의 무게에 껍질이 까져갑니다. 두 발에 힘을 주고 입술을 악다물면서 간신히 바위를 꼭대기에 올립니다. 하지만 잠시뿐, 바위는 제 무게로 다시 산 아래로 굴러 떨어집니다. 그는 아래로 내려가 다시 똑같은 노동을 반복해야 합니다. 이것이 그에게 주어진 신의 형벌이었기 때문입니다. 신들의 일에 간섭해서, 미움을 받은 대가로 받은 형벌로는 너무 끔찍한 것이지요. 그런데 실존주의 철학자 까뮈는 시지프스의 이러한 처벌과 노동을 다르게 해석합니다. 인간이 처한 삶 자체가 바로 시지프스적 상황이라고. 인간은 먹고 살기 위해서 매일 반복적인 노동을 해야 합니다. 인간의 이성으로 예측할 수 없는 온갖 사건들이 수시로 일어납니다. 합리적으로 이해하고 설명할 수 없는 '부조리'한 상황이 바로 우리들 삶의 본 모습이라는 것입니다. 여기에서 완전히 벗어나기 위해서는 자살하는 방법이 있습니다. 그런데 이것은 자신의 패배를 인정함으로써 삶에서 도망치는 것이지요. 신과 같은 어떤 초월적 존재자한테서 희망을 발견할 수도 있습니다. 이 역시 일시적 위안에 지나지 않는다고 까뮈는 생각합니다. 까뮈의 진정한 해결책은 이러한 삶의 부조리를 직시하고 이에 대항하며 열정적으로 살아가는 것입니다. 나와 세상이 화해를 이루는 완전한 평화는 없습니다. 우리 운명의 한계를 알면서도 그것에 순종하지 않으면서 주체적 삶을 살아가는 진정한 자유인의 모습을 까뮈는 시지프스한테서 발견한 것입니다.

이와 같이 현대 실존주의 철학은 인간이 처한 구체적인 현실 상황에 주목하면서 인간성의 회복을 위한 여러 방안을 내놓습니다. 까뮈와 사르트르(J. P. Sartre)는 인간의 주체성과 자유를 통해서 인간과 사회의 질병을 치유하고자 합니다. 키르케고르(S. A. Kierkegaard)나 야스퍼스(K. Jaspers)는 인간이 처한 죽음과 같은 극한적 상황(한계상황)을 깨닫고 종교적 결단을 통해서 문제를 해결하려고 합니다.

플라톤과 이데아

…매일 아침 일곱 시 삼십 분까지/우릴 조그만 교실로 몰아넣고/전국 구백만의 아이들의 머릿속에/모두 똑같은 것만 집어넣고 있어/막힌 꽉 막힌 사방이 막힌/널 그리고 우릴 덥석 모두를 먹어 삼킨/이 시꺼먼 교실에서만/내 젊음을 보내기는 너무 아까워….

서태지의 '교실 이데아'에 나오는 가사입니다. 우리가 경험하고 있는 학교 교실의 실태를 잘 그리고 있지요. 똑같은 옷을 입고, 똑같은 수업을 받는 규격화되어 있는 오늘날 학교의 모습은 우리들이 이상적으로 기대하는 학교와는 거리가 멀지요. 반면에 느긋하게 학교에 와서 자신들이 원하는 공부를 자신의 수준에 맞게 공부하고, 그 속에서 즐거움을 찾는 학교의 모습도 상상할 수는 있을 것입니다. 이렇게 우리가 현실에서 경험하고 있는 모든 것들은 사실 불완전하고, 무엇인가 부족한 것이 사실입니다. 교육 복지 국가라고 할 수 있는 핀란드에서도 다문화 가정 자녀 교육 문제가 있다고 합니다. 결국 완벽한 세계는 현실에서는 존재할 수 없고 인간의 이성을 통해서 추론할 수밖에 없는 것입니다.

플라톤은 인간이 감각을 통해서 경험할 수 있는 세계의 모든 것을 현상계라고 말합니다. 현상계의 사물은 결코 완전할 수 없죠. 그렇다면 현상계와 대비되는 완벽한 질서와 조화가 자리 잡은 세계도 상상할 수 있을 것입니다. 플라톤은 이성으로만 추론 가능한, 불완전한 현상계 사물의 본이 되는 세계를 이상계, 이데아의 세계라 말합니다. 당연히 플라톤은 불완전하고 이상계를 모방한 현실의 세계보다는 참다운 이상계인 이데아의 세계를 지향해야 한다고 생각합니다. 현실의 모든 사물에는 그것의 본이 되는 이상적인 이데아가 있기 마련인데, 이데아들 중에서도 최고의 이데아가 바로 선(善)의 이데아입니다. 인간의 삶은 바로 이 착함을 염원할 때 진정한 행복을 달성할 수 있다고 플라톤은 생각합니다. 우리가 현실이 문제있다라고 생각할 때에는 보통 그와 대비되는 이상적인 모습을 염두에 두고 세상을 바라보기 때문입니다. 그렇기에 이데아라는 생각은 현실의 문제를 알아채고 그것을 해결해나갈 수 있는 디딤돌이 될 수도 있습니다. 서태지의 '교실 이데아'는 이데아에서 한참이나 떨어진 학교 현실을 고발하는 것이라고 볼 수 있지요. 이상적인 교실의 모습은 우리가 현실에서 계속 채워나갈 수밖에 없지만, 완벽한 교실 '이데아'와는 항상 차이가 날 수밖에 없을 것입니다.

카인, 앎의 강자가 되다

‡ 정신적 성장을 위한 공부

공부를 왜 하는 것일까요. 공부를 통해서 배우는 것은 무엇일까요. 배움을 얻는 좋은 방법이 있을까요. 공부를 하는 장소로서 학교는 어떤 곳인가요. 배움을 주고받는 관계로서 스승과 제자, 또는 배움의 친구란 서로에게 어떤 역할을 하는 것일까요.

너무 많은 학습의 양, 반드시 다녀야만 하는 학교, 명령하는 선생님과 경쟁하는 친구가 많은 오늘날, 새삼스럽게 공부를 다시 생각하는 이유는 그만큼 그것이 중요하기 때문입니다. 인간이 성장하기 위해서는 육체가 자연스럽게 커지는 것과 더불어서 정신이 자라야 합니다. 정신은 시간이 지나면서 저절로 자라는 것이 아니라 의도적인 노력이 필요합니다. 다양한 경험을 해야 하고, 누군가 옆에서 도와

주어야 합니다. 공부는 이러한 정신적 성장을 위한 중요한 방법이기에, 공부를 포기한다는 것은 성장을 포기하는 것과 같습니다. 다만 어떤 공부를, 누구와 무엇 때문에 하느냐가 문제인 것이지요. 그리고 그렇게 공부를 하는 나는 어떻게 살아갈 것이냐가 중요합니다.

✝혼란에 빠진 싱클레어

두 세계의 갈등으로 싱클레어는 심각한 혼란 상태에 빠져 있습니다. 크로머의 요구 사항은 점점 강해집니다. 처음에는 돈을 요구합니다. 푼돈을 가져다주었지만 어림도 없었습니다. 나중에는 심부름을 시킵니다. 강제로 하는 심부름은 자신의 몸을 그 사람한테 저당 잡히는 꼴이지요. 돈 때문에 신체가 순간적이지만 노예가 되는 순간입니다. 심지어 크로머는 싱클레어의 누나와 사귀고 싶다는 요구를 합니다. 싱클레어 개인의 약점을 이용해서 다른 사람까지 자신의 손아귀에 넣고 싶어 하는 것입니다. 싱클레어가 감당하기에는 요구의 수준이 점점 높아집니다. 그렇다고 옛날의 세계로 다시 돌아가고 싶지는 않습니다. 크로머가 현재 싱클레어의 짐이 되고 있지만, 어두운 세계의 비밀을 통해서 싱클레어는 처음으로 아버지라는 밝은 세계의 주인공을 넘어서는 묘한 쾌감을 느끼기도 합니다. 자신의 독립을 위해서는 무수히 많은 반항이 있어야 함을 어렴풋이 깨닫기 시작한 것입니다.

가족이라는 따뜻한 공간으로 다시 돌아갈 수도 없었지만, 크로머라는 어두움의 세계에 계속 시달릴 수도 없는 노릇입니다. 세계를 둘로 나누어서 어느 하나를 선택하는 것으로는 이것이 해결될 수 없는 것입니다. 아직 아동기를 거쳐야하는 싱클레어에게 두 세계의 화해와 공존이란 너무나 낯선 것입니다. 그래서 싱클레어는 아픕니다. 정신적으로 혼란한 상태가 계속 되면서 몸이 그것을 알아차리고 신호를 보냅니다. 토하고, 열이 나면서 잠도 오지 않습니다. 이것은 결국 싱클레어가 감당해야 하는 몫이기에, 가족은 영문도 모른 채 옆에서 안타깝게 지켜볼 수밖에 없습니다.

무엇인가 풀리지 않고 엉킨 것이 어느 순간 해결의 실마리를 보이는 경우가 있습니다. 시간이 지나면서 자연스럽게 해결될 수도 있지만, 계속 고민의 씨앗을 가지고 있다 보면 어느 순간 그것이 발아되어서 햇빛을 보게 됩니다. 아픈 몸이 결국 회복을 하듯이, 정신의 혼란도 평화로운 상태로 나아가고자 합니다. 항상 일정한 안정적인 상태를 유지하려는 속성을 '항상성'이라고 합니다. 원래 신체가 여러 호르몬의 작용을 통해서 몸을 안정적으로 조절하는 기능을 하지만, 정신도 자기 혼란을 어떤 방식으로든 해결하려는 의지를 가지고 있습니다. 항상성이 깨지면 병이 옵니다. 정신적, 신체적으로 앓고 있는 싱클레어에게 새롭게 자기 안정성을 찾게 되는 계기가 드디어 나타납니다. 싱클레어의 갈등은 정신적인 혼란이 원인이었습니다. 신체의 병은 이것이 밖으로 드러나 보인 것이지요. 그렇기에 이것을 해결하기 위해서는 어떤 다른 정신적인 차원이 필요합니다. 자신의 정신적인 문제를 정확히 파악하고, 이에 대한 해결의 실마리를 줄 수 있는 것이어야 합니다.

우리들의 고민과 갈등은 어떻게 해결되나요. 혼자만의 시간을 갖거나, 책이나 여러 자료를 통해서 답을 구해 보기도 하지만, 믿을 만한 방법은 다른 사람을 통해서입니다. 왜냐하면 그 사람 역시 고민을 하는 존재이기 때문입니다. 비슷한 고민을 해 보았기 때문에, 그러한 고민을 깊이 이해할 수 있습니다. 사람만이 공감하고, 사람만이 대화를 할 수 있기에 고민은 사람과의 관계 속에서 자연스럽게 사라집니다.

✝ 데미안과의 만남

싱클레어가 그러한 사람을 만납니다. 자기 학교에 전학온 학생인데 외모가 심상치 않습니다. 학년이 높았지만 다른 학생들과 다르게 어른의 성숙함이 묻어 있습니다. 그런지 아이들 틈에 끼여 놀지도 않고 자신만의 세계를 만들어 생활을 합니다. 수업 시간에는 선생님께 당당함을 보이면서 학생들한테 부러움을 사기도 합니다. 그의 이름은 데미안이었습니다.

그는 너무나 우월하고 침착하게 보였다. 본질에 있어서는 확고한 자신감이 서려 있었고, 눈빛은 아이들과 달리 약간의 슬픔, 냉소를 머금은 어른의 표정을 짓고 있었다.

어떤 인간관계이든 처음부터 관계가 깊어지지는 않습니다. 관계는 사건을 통해서 시작되며, 깊어지기 위해서는 시간과 노력이 필요합니다. 싱클레어와 데미안의 관계 역시 마찬가지입니다. 처음 싱클레어는 데미안을 힐끔거리기만 합니다. 같이 수업을 받는 시간이 있기도 합니다. 성서 수업 시간에 둘은 같은 수업을 받는데, 데미안은 싱클레어의 관찰 대상이 됩니다. 데미안한테 무엇인가 카리스마를 느끼지만 편하게 다가갈 수 있는 호감을 느끼지는 못합니다. 내가 다가가고 싶은 마음은 있지만 결코 그것을 표현할 수 없을 때, 상대방이 그러한 나의 마음을 알아볼 때가 있지요. 연인 관계에서는 이러한 마음을 알아보고 그것에 반응하는 것이 대단히 민감한 일이지만, 친구 관계에서는 훨씬 단순할 수 있습니다. 싱클레어가 주저하고 있을 때, 오히려 데미안이 먼저 다가갑니다. 아마 겉으로 드러내지는 않았지만, 성서 수업 시간에 데미안 역시 싱클레어를 유심히 살펴보았을 것입니다. 그리고 저놈은 뭔가 얘기가 통할 수 있을 것이라고 내심 생각하였을 것입니다.

비슷한 마음들이 있을 때, 그것은 서로 통하기 마련입니다. 둘은 사소한 이야기에서 시작하지만 싱클레어의 생각을 뒤흔드는 대화로 곧 이어갑니다. 사소한 이야기라고 하였지만, 사실 그것은 나중에 싱클레어가 도달한 밝음과 어두움이 공존하는 세계의 상징에 대한 중요한 이야기입니다. 데미안은 유능한 이야기꾼입니다. 자기가 하고 싶은 이야기만을 내놓지 않습니다. 이야기가 되기 위해서는 서로 간에 신뢰와 친밀감이 있어야 하는데, 처음 만나서는 이것이 만들어지지 않습니다. 그래서 일상에 있는 작은 이야기에서 시작해서 마음의 문을 열어 나가기 시작하는 것입니다. 앞으로 계속 살펴보겠지만 데미안은 싱클레어가 가진 고민을 꿰뚫어 봅니다. 하지만 직접적인 해결책을 주지는 않습니다. 스스로 생각해서 자신이 문제를 해결할 수 있게끔 자극을 주고 방향성만 제시할 뿐입니다.

✝ 카인과 아벨

이야기가 어느 정도 오가면서 드디어 데미안은 중요한 화제를 끄집어냅니다. 지난 번 성서 수업 시간에 있었던 카인과 아벨의 이야기입니다. 이 이야기는 기독교 신앙을 가진 사람은 누구나 알고 있는 친숙한 이야기입니다. 그리고 이에 대한 설명 역시 너무나 많기 때문에, 싱클레어뿐만 아니라 다른 친구들도 아마 따분하게 수업 시간에 이야기를 들었을 것입니다. 그런데 데미안은 전혀 다른 이야기를 하는 것입니다. 익숙한 이야기를 낯선 이야기로 만드는 능력, 훌륭한 스승의 역할을 데미안이 하고 있는 것입니다. 성서에 있는 카인과 아벨의 이야기는 다음과 같습니다.

태초에 하느님이 만든 아름다운 세상인 에덴동산에서 아담과 하와가 행복한 삶을 누리고 있었습니다. 하느님은 아담과 하와한테 모든 것을 할 수 있는 자유를 주었지만 동산 가운데 있는 생명나무와 선과 악을 알게 하는 나무만은 손을 대지 못하게 하셨습니다. 그런데 여자인 하와가 뱀의 꼬임에 넘어가서 선악 나무의 열매를 따서 아담과 같이 먹게 됩니다. 결국 아담과 하와는 하느님의 심판을 받게 되어서 낙원인 에덴동산에서 쫓겨나 평생 고생을 하고 죽음을 맞이해야 하는 삶을 살 수 밖에 없었습니다. 낙원에서 쫓겨난 아담과 하와가 낳은 첫 번째 자식이 카인이었고 그 동생이 아벨이었습니다. 카인은 나중에 농부가 되었고, 아벨은 양치기 목자가 되었습니다. 그런데 사건이 생깁니다. 카인과 아벨은 모두 자신들이 키우고 거둔 곡식과 살진 양으로 하느님께 정성껏 감사의 제물을 바쳤습니다. 하느님은 아벨의 제물은 기꺼이 반기셨는데, 카인의 것은 반기지 않으셨던 것입니다. 카인이 화가 나서 하느님께 따지자 하느님은 올바르지 못한 일을 한 너의 죄를 조심하라고 말합니다. 분이 풀리지 않았던지, 결국 카인은 아벨을 들로 유인해서 돌로 쳐 죽이게 됩니다. 카인은 이를 감추고 싶었지만 하느님이 알게 되고 카인은 징벌을 받고 내침을 당하게 됩니다. 이제 카인은 농부로서 땅을 갈아도 수확하지 못하고 영원히 떠돌아다니게 될 형벌을 받게 된 것입니다. 카인은 떠돌다가 사람들한테 죽임을 당하지 않을까 두려워 하느님께 호소를 합니다. 하느님은 카인의 이마에 표시를 해 줍니다. 사람들이 표시를 알고 카인한테 나쁜 짓을 하지 못하게 하려는 것이었습니다. 카인은 그 표시를 안고 세상을 살아가게 됩니다.

-성서, 「창세기」 중에서 요약

✝이야기 속의 감추어진 뜻

이 이야기는 무엇을 말하고 있는 것인가요. 이야기가 전달하고자 하는 핵심 내용은 어떤 것일까요. 우리들은 이야기를 읽으면서 어떤 것에 더 관심이 가나요. 혹 이해가 되지 않거나 물음거리는 없나요.

어떤 이야기이든지 이야기는 말하고자 하는 사람의 뜻이 담겨 있습니다. 그 뜻은 분명하게 드러나기도 하지만 깊숙이 감추어져 있기도 합니다. 감추어진 뜻을 발견하는 것이 이야기를 읽는 재미를 더해 줍니다. 한편 누군가 말하고 쓴 이야기는 그것을 읽는 사람이 있기 때문에 존재하는 것입니다. 이야기는 읽는 행위입니다. 읽는다는 것은 읽는 사람이

기계적으로 소리를 내는 행동이 아니라, 자신의 것으로 받아들이는 적극적인 행동입니다. 이야기의 뜻은 읽는 사람의 관심과 생각에 따라서 다르게 나타날 수 있습니다. 읽는 사람의 입장에서 이야기의 뜻은 수동적으로 전달되는 것이 아니라 적극적으로 만들어진다는 것입니다. 이렇게 말하는 사람의 입장에서 '의미(뜻) 발견'을 하는 것과 읽는 사람의 입장에서 '의미(뜻) 구성'을 하는 것이 서로 만날 때 한 편의 이야기가 가지고 있는 뜻이 살아나는 것입니다.

✝교리적 해석과 문제점

성서에 나오는 에덴동산의 창조, 아담과 하와의 타락과 추방, 최초의 폭력 살인 사건인 카인과 아벨의 이야기는 기독교 전통에서 중요한 주제이기 때문에 자주 말해지고 읽혀집니다. 그런데 이 이야기의 배경이 아득한 옛날, 곧 신화적 공간과 시간을 바탕으로 삼고 있기 때문에 그 뜻을 명확히 발견하는 것이 쉽지는 않습니다. 일반적으로 기독교에서는 이 이야기를 한 가지 뜻으로만 이해하려는 경향이 있습니다. 곧 하느님이 천지를 창조하셨고, 지상 낙원을 만들어 인간을 살게 하였다. 인간에게 자유를 주었지만 이것을 잘못 활용하여 죄를 범하고 말았다. 이러한 태초의 죄, 곧 원죄로 말미암아 인간은 낙원에서 추방되어 일을 하고, 아이를 낳아야 하는 고통의 짐을 안고 살아야만 했다. 그리고 하느님께 반항적인 카인은 결국 내침을 당했지만 하느님의 사랑으로 안전하게 살아갈 수 있게 되었다는 것입니다. 결국 기독교에서는 이러한 이야기를 통해서 하느님의 사랑과 인간의 타락, 그리고 앞으로 올 예수 그리스도를 통한 인간의 구원이라는 거대한 이야기의 주제를 만들어 냅니다.

성서의 이야기를 이러한 관점에서 이해하고 그 뜻을 발견하고자 할 때, 이것은 기독교 교리적 해석이 될 수 있습니다. 교리란 종교의 원리나 이치를 밝혀놓은 것을 말합니다. 교리적 해석은 이야기의 뜻을 해석하고 발견하는 한 가지 안내자가 될 수는 있습니다. 많은 사람들이 이 안내를 따라서 어렵고 때로는 이해할 수 없는 사건의 깊은 뜻을 쉽게 발견할 수 있기 때문입니다. 그렇지만 이러한 해석의 문제도 있습니다. 첫 번째 문제점은 다른 해석이 있을 수 있다는 것입니다. 인간이 하느님의 뜻을 거역하여 에덴동산에서 쫓겨났다는 이야기를 교리적 해석에서는 인간의 타락으로 생각합니다. 그렇지만 이를 달리 해석할 수는 없을까요. 오히려 인간이 드디어 자유로운 존재로 자신을 깨닫고 행동하기 시작하였다는 것입니다. 여기에서는 인간이 타락한 것이 아니라 인간이 각성한 것으로 바라봅니다. 어느 한 해석을 고집하게 되면 독단이 될 수 있고, 그것은 자신을 위해서도 바람직하지 않습니다. 이것이 지나치면 다른 해석을 하는 사람을 옳지 않은 사람으로 생각해서 배척하고 공격하게 됩니다.

교리적 해석이 가질 수 있는 또 다른 문제점은 그 뜻을 자신의 삶에 살아나게 할 수 없다는 것입니다. 교리는 이미 누군가 만들어 놓은 해석입니다. 그것이 아무리 중요하고 깊은 뜻이 숨어 있다고 하더라도 그것을 읽는 사람인 나의 삶에 자극을 주지 못하면 그 이야기는 죽은 이야기가 되는 것입니다. 아담과 하와의 타락을 인간의 원죄로 읽을 수 있습니다. 하지만 이것이 우리의 삶에서 살아나기 위해서는 그것을 곱씹어 보아야 합니다. 카인이 아벨을 죽이는 범죄 행위에서 오늘날도 반복적으로 일어나는 끔찍한 범죄의 원인을 읽을 수는 없을까요. 우리들 역시 인정받고 싶은 욕구가 있고, 그것이 좌절되었을 때 경쟁자를 없애고 싶은 마음이 생기지 않나요. 이와 같이 이야기는 현재 우리의 삶과 연결될 때 다시 살아나는 것입니다. 결국 이야기는 읽는 사람의 입장에서 '의미 구성'을 할 수 있어야 합니다. 뜻을 만들어 낸다는 것은 자신의 가치와 관심을 이야기에 던져 넣을 수 있을 때 가능한 것입니다. 교리적 해석은 이러한 '의미 구성'을 막고, 하나의 의미만을 발견하고 받아들이도록 재촉하기에 문제가 있다고 하겠습니다.

✝카인의 표적과 새로운 '스키마'

싱클레어와 그의 친구들은 성서의 교리적 해석에 따분해하고 흥미를 보이지 않습니다. 성서 수업 시간은 재미가 없고 건성으로 보내게 되는 것이지요. 그런데 데미안이 이러한 싱클레어의 생각을 뒤흔들어 놓게 됩니다. 데미안은 교리적 해석에서 벗어나 새로운 해석을 감행합니다. 그 해석이 새롭기에 싱클레어는 일차적으로 흥미를 나타내기 시작합니다. 익숙한 것은 우리의 생각에 자극을 주지 못합니다. 우리가 사물을 알아차리고 이해하기 위해서는 머릿속에 그것을 받아들이는 어떤 틀이 있어야 합니다. 이것을 심리학에서는 '스키마schema'라고도 합니다.

어린아이의 머릿속에 '개'라는 스키마가 있기 때문에, 어린아이는 다리가 네 개가 있고 털이 있는 것은 무조건 개로 받아들이게 됩니다. 이것이 없다면 개를 볼 수는 있지만 이해할 수는 없다는 것입니다. 어느 날 네 다리에 털이 있는데, 기존의 개와는 다른 행동을 하는 동물이 나타납니다. 사뿐사뿐 걷고, 소리도 멍멍이 아니라 야옹이라고 냅니다. 어린아이가 가지고 있는 기존의 '개'의 스키마에 이 동물이 들어올 수 없기에 새로운 스키마를 만들어 내지 않으면 안 됩니다. 네 다리에 사뿐사뿐 걸으면서 야옹하는 소리를 내는 동물을 '고양이'라고 이해할 때, 비로소 '고양이'라는 스키마가 생긴다는 것입니다.

결국 인간의 머리가 자란다는 것은 이렇게 스키마가 자극을 받아 변경되고 확장된다는 것과 같은 말입니다. 그런데 스키마는 익숙한 것이 나타날 때에는 반응을 하지 않습니다. 기존의 틀 속으로 그냥 집어넣어서 이해하기 때문입니다. 낯선 것이 등장할 때 비로소 스키마는 자극을 받아 운동한다는 것입니다. 어린아이는 고양이라는 낯선 동물을 처음 발견할 때 관심을 보이고 이놈이 무엇인가 궁리하기 시작한다는 것입니다.

이러한 관점에서 보면 데미안은 싱클레어의 스키마를 자극하였다고 볼 수 있습니다. 싱클레어는 카인과 아벨의 이야기를 기독교 교리라는 큰 스키마 안에서 이해했습니다. 그렇기에 성서 공부시간에 똑같은 이야기를 반복하는 것은 싱클레어의 사고를 움직일 수 없었습니다. 그런데 데미안은 익숙한 이야기를 낯설게 보기 시작합니다. 데미안이 주목한 것은 카인의 이마에 새겨진 표적입니다. 카인이 형제 살인의 죄를 짓고 쫓겨날 때 카인의 호소에 하느님이 응답하여 이마에 표적을 찍어 둡니다. 비록 추방되었지만 이 사람은 나의 자식이니 함부로 건드리지 말라는 일종의 안전 장치였습니다. 내가 약하니까 누군가의 도움을 받아서 나의 안전을 지키겠다는 약한 자의 두려움이 이 표적을 만들었다는 것입니다. 그런데 데미안은 정반대로 이 표적을 이해합니다. 이것은 지극히 강한 자의 정신적 상징이라는 것입니다.

여기 강한 자가 있습니다. 그는 신체가 튼튼할 뿐만 아니라 대범한 정신과 담력을 가지고 있었기 때문에 다른 사람들이 함부로 대할 수가 없습니다. 힘이 필요할 때 그는 앞장서서 자신의 힘으로 다른 사람들을 도와줍니다. 사람들 사이에 일어난 갈등도 그의 지혜를 통해서 해결합니다. 점점 그는 사람들한테 인정을 받고 찬양받기 시작합니다. 한편 사람들은 그를 부러워하면서도 마음속에 두려움을 갖기 시작합니다. 혹시 저 사람이 나를 해치지는 않을까. 만약에 저자의 힘이 나한테 미친다면 나는 속수무책으로 당할 수밖에 없을 텐데. 사람들은 점차 그를 경계하기 시작합니다. 그 와중에 실제로 다툼이 생깁니다. 강한 자와 약한 자가 시비가 붙어서 약한 자가 죽임을 당했습니다. 이제 사람들의 두려움과 공포는 더욱 커집니다. 그렇다고 그에게 맞서 싸울 수도 없습니다. 그는 강하니까요. 대신에 사람들은 정신적으로 그에게 복수하기 시작합니다. 그는 원래 악한 사람이다. 그는 힘을 제멋대로 사용하고, 자기 뜻대로 살아가는 사람이다. 그 때문에 그는 하느님한테 죄를 지었고 벌을 받으면서 살아간다. 우리가 그를 해칠까봐 하느님이 보호하기 위해서 표적을 만들어 주었다. 우리들이 겁이 나서 그를 피하는 것이 아니다. 우리들은 정의로운 사람으로서 그를 해쳐서는 안 되기 때문이다. 이제 그를 나타내는 표적으로서 강함과 우월함은 범죄를 짓고 쫓기는 자의 약함과 두려움의 상징으로 뒤바뀌게 된 것입니다. 이것은 곧 원래 약한 사람들이 강한 자에 대적할 수 없는 자신들의 비겁함을 가리기 위해서 가치를 역전시킨 것이라고 볼 수 있습니다.

가치와 도덕에 대한 이러한 생각은 망치를 든 철학자 니체F. Nietzsche를 본받은 견해라고 볼 수 있습니다. 새롭게 집을 짓기 위해서는 망치로 기존의 건물을 부수어야 합니다. 니체는 새로운 생각의 집을 짓기 위해서 기존의 생각을 여지없이 부수어 버립니다.

원한 자체가 창조적으로 되어 가치를 낳을 때 도덕에서 노예 반란이 시작된다. 여기서 원한이라고 하는 것은 행위에 의한 실제적인 반응을 할 수 없어서 상상의 복수를 통해서만 자위하고 마는 자들의 원한이다. 모든 고상한 도덕이 자기 자신을 의기양양하게 긍정하는 데서 생겨나는 반면, 노예 도덕은 애당초부터 '외부적인 것', '다른 것', '자기 자신이 아닌 것'을 부정한다. 그리고 이 부정이야말로 노예 도덕의 창조적인 행위이다. 이처럼 가치를 정하는 시선을 바꾸는 것, 이렇게 시선을 자신에게 되돌리는 대신 반드시 바깥을 향하는 것이 사실 원한에 속한다. 즉 노예 도덕이 생기기 위해서는 언제나 먼저 반대 세계, 외부 세계가 필요하다.

– 니체, 『도덕의 계보학』 중에서

✝ 주인의 도덕

니체에 따르면 원래 도덕이란 자기 긍정에서 출발합니다. 자신의 힘과 정신을 믿고 자기를 존중할 때 고상한 도덕은 시작합니다. 니체는 이것을 주인의 도덕이라고 말합니다. 주인이란 스스로 판단하고 행동할 줄 아는 사람입니다. 도덕의 주인이 된다는 것은 스스로 옳고 그른 것을 세울 수 있고, 자신의 믿음과 가치에 따라서 움직이는 사람입니다. 반면에 노예는 항상 주인의 눈치를 살핍니다. 주인이 무슨 생각을 하고 어떤 행동을 원하는지에 맞추어 따라 하기만 하면 됩니다. 노예 도덕이란 이렇게 다른 사람이 정해 놓은 가치 기준에 무조건 순종하는 도덕입니다.

니체는 노예 도덕이 생기게 된 원인을 원한이라는 상상의 복수를 통해서라고 합니다. 약자가 자신의 비굴함과 생각 없음을 숨기기 위해서 강자가 가진 자기 긍정과 창조성을 부정하게 된다는 것입니다. 도덕은 스스로를 존중하는 고귀한 감정에서 출발하는데, 이제 다른 사람을 부정하는 원한의 감정이 새로운 도덕의 힘이 됨으로써 가치의 뒤바뀜, 역전이 일어났다고 니체는 바라보고 있는 것입니다. 우리가 지키는 도덕과 규범을 우리는 과연 얼마나 주인 된 자로서 자긍심을 가지고 바라보고 있나요. 혹시나 니체가 비판하듯이, 그저 처벌이 두려워서, 남들의 이목 때문에, 아니면 힘 있는 사람들한테 잘 보이기 위해서 무조건 순응하고 있는 것은 아닌가요.

이러한 관점에서 카인은 강한 자라고 볼 수 있습니다. 데미안은 카인의 표적을 이러한 주인의 도덕을 가진 자들의 상징으로 이해합니다. 카인은 죄인이 아닙니다. 약한 자들이 자신의 비겁을 숨기기 위해서 카인한테 덧씌운 위장을 뚫고 똑바로 카인을 바라보라고 말하는 것입니다. 이러한 주장에 싱클레어는 충격을 받습니다. 어릴 때부터 집과 학교, 교회에서 수십 번 들어왔던 이야기와는 완전히 달랐기 때문입니다. 이것은 기존의 기독교 교리와 다른 해석이었기에 싱클레어의 스키마를 자극하기에 충분하였습니다.

하지만 단순한 충격이 아니라 싱클레어의 마음을 깊이 움직이기에는 무언가 부족함이 있습니다. 어떤 이야기가 사람의 머리가 아니라 마음을 움직이기 위해서는 또 다른 무엇이 필요합니다. 곧 그것이 자신의 이야기가 되어야 합니다. 자신의 고민과 문제점에 닿을 수 있을 때, 그 이야기는 피와 살이 될 가능성이 있는 것입니다. 그런데 데미안의 새로운 해석은 지금 싱클레어가 당하고 있는 고통에 새로운 빛을 비추게 됩니다. 훌륭한 스승은 익숙한 것을 낯설게 할 수 있는 능력뿐만 아니라, 그것으로 자신의 삶을 돌아볼 수 있게 만들 때 완성되는 것입니다.

나는 한때 완전하고 깨끗한 세계에 살았다. 나 자신이 일종의

아벨이었다. 그런데 … 불행이 시작되었던 그 운명의 저녁, 아버지와 사건이 있었던 그날, 나는 한순간 빛과 지혜를 꿰뚫어 보았고, 그것에 대한 경멸감을 느꼈다. 그렇다. 바로 그 순간은 나 자신이 표적을 한 카인이었다. 그리고 표적은 수치가 아니라고 상상했다. 악의와 불행을 겪었기 때문에 나는 아버지보다, 경건하고 올바른 사람들보다 더 높이 있다고 생각했다.

✝싱클레어, 아벨과 카인이 되어보다

싱클레어는 크로머에게 계속 괴롭힘을 당하고 있습니다. 만약 크로머보다 싱클레어가 강하였다면 그렇게 당하고만 있지 않았을 것입니다. 크로머가 싱클레어보다 강하다는 것은 몸이 크고 힘이 세다는 것만이 아닙니다. 크로머는 싱클레어보다 경험이 많습니다. 물론 나이가 많기 때문에 경험이 많은 것도 있지만, 싱클레어가 접해 보지 못한 어두운 세계에 대한 다양한 경험이 있었습니다. 싱클레어가 밝은 세계를 벗어나 어두운 세계에 대한 호기심을 가지고 있었기에, 크로머는 이 세계에서는 단연코 싱클레어를 지배할 수 있게 된 것입니다. 그래서 싱클레어는 자신이 아벨과 같이 괴롭힘을 당하는 존재였다고 생각합니다. 어떤 이야기가 자기 이야기가 되기 위해서는 이야기 속의 인물과 자신이 같아질 때 가능합니다. 이것을 인물과의 동일시, 또는 공감이라고 말합니다. 인물의 생각과 느낌이 나의 생각과 느낌과 맞아 떨어질 때, 상상을 통해서 이야기 속 인물과 나는 하나가 되는 것입니다.

데미안이 카인과 아벨 이야기를 새롭게 들려주기 시작하기 전까지, 싱클레어는 결코 카인이나 아벨을 자신과 연결 지어 생각해 보지 않았습니다. 그런데 이제 싱클레어는 아벨이 되고 카인이 되어 봅니다. 그들의 입장이 되어서 그들과 동일시를 하는 것입니다. 싱클레어가 아벨과 동일시하였을 때에는, 크로머를 만나기 전, 그러니까 밝은 세계에서 살고 있을 때의 자신을 말합니다. 거기에는 큰 갈등이 없습니다. 아버지의 법칙이 있었고, 그것에 맞추어 살아가는 가족 모두들은 행복한 삶을 살았습니다. 막내로서 싱클레어는 아벨과 같이 착한 삶을 살았습니다. 아벨이 아무 이유 없이 형한테 죽임을 당한 것 같이, 싱클레어도 원래 자신은 큰 잘못이 없었지만 크로머한테 시달림을 당하고 있습니다. 이렇게 약자로서 느끼는 공통의 감정이 아벨을 자신과 동일시한 이유가 되었을 것입니다.

하지만 밝음의 세계를 벗어나 어두움의 세계를 직접 경험하면서 이제 싱클레어는 자신이 카인이 될 수도 있다는 것을 어렴풋이 깨닫기 시작합니다. 아벨은 결국 약자이기에 강자인 형한테 당한 것입니다. 싱클레어도 자신이 약하기 때문에 크로머를 두려워하고 있다는 것을 잘 알고 있습니다. 만약 덩치가 컸다면, 크로머도 알 수 없는 경험이 있었더라면 그렇게 무시를 당하지는 않았을 것입니다. 약자가 자신의 비겁함을 숨기기 위해서 강자를 악인으로 만들었다는 데미안의 새로운 해석은 카인을 이전과 달리 평가하게 만듭니다. 그래서 싱클레어는 자신도 카인과 같이 우월함을 느꼈던 순간이 있음을 떠올립니다. 크로머를 만나 밖에서 나쁜 일을 저지르고 집에 돌아왔지만 아버지는 모릅니다. 처음으로 자신의 비밀을 가졌을 때입니다. 밝은 세계에서 모든 것이 드러났는데, 이제는 자신만의 세계를 가지게 되었던 것입니다. 짧은 순간이었지만 아버지를 이겼다는 쾌감을 느꼈던 것입니다. 아버지는 밝은 세계에 있기 때문에 결코 내가 경험한 어두움을 모를 거야. 아버지는 내가 여전히 밝은 세계의 규칙을 따르고 있다고 생각하지만, 나는 이제 어두운 세계의 비밀을 알고 있어. 아버지가 모른다는 것, 그리고 아버지의 법칙을 깨었다는 것을 싱클레어는 새로운 경험으로 기억하는 것입니다.

이렇게 강자가 가진 우월감을 통해서 카인과 동일시를 해 보는 것입니다. 강자로 살아가는 것은 자신의 존재감을 느끼며 살아가는 것입니다. 누구한테 구속당하지 않습니다. 싱클레어는 밝은 세계에서 아버지의 법칙에 얽매인 생활을 하였습니다. 단정하고 올바른 생활을 하였지만 그러한 생활이 따분한 것임을 깨달았습니다. 자신의 존재 가치를 발견하지 못하였던 것이지요. 그래서 새로운 세계를 탐험하기 시작합니다. 자신의 새로운 존재를 찾아 나서기 시작한 것이지요. 새로운 세계에서는 강한 사람이 되어야 합니다. 밝은 세계에서 아벨과 같은 순진함으로는 어두운 세계의 주인공이 될 수 없습니다. 약한 아벨로서 싱클레어는 강한 크로머한테 쉽게 굴복당하고 맙니다. 그래서 데미안이 말한 강자로서 카인에게 싱클레어는 끌리기 시작하였던 것입니다. 카인을 동경하고 그와의 동일시를 시도해 보는 것입니다. 카인은 새로운 존재자였습니다. 자신도 카인과 같이 될 수 있습니다. 그리고 그렇게 말하는 데미안이 바로 카인 같은 인물이 아닐까 생각하기 시작한 것입니다.

╪경험을 받아들이는 자세

이렇게 데미안은 카인과 아벨 이야기를 통해서 싱클레어와 관계를 맺기 시작합니다. 한 번 만나 헤어지는 것이 아니라, 무엇인가를 계속 주고받으면 관계가 만들어집니다. 싱클레어와 데미안은 이야기를 통해서 관계가 맺어진 것이죠. 그리고 이야기가 가진 뜻을 주고받으며 정신적인 관계를 유지하게 됩니다. 싱클레어는 처음 정신적인 충격을 데미안을 통해서 받게 되는 것이죠. 크로머 역시 싱클레어에게 자극을 주었지요. 어두움의 세계를 직접 경험하게 만들고, 악이 무엇인지를 크로머는 행동을 통해서 보여 주었습니다. 싱클레어가 밝음의 세계를 벗어나 또 하나의 세계를 알기 위해서는 반드시 크로머와 같은 악을 경험해야 하지만, 그것만으로 충분하지 않습니다. 누구나 경험을 하지만 그것이 독이 될 수도 있고 약이 될 수도 있습니다. 크로머는 자신의 경험을 잘못 사용하고 있기에, 어두움의 세계에 계속 머물러 있을 수밖에 없습니다. 만약 싱클레어도 어두운 세계의 경험 자체에만 빠져 버리면 크로머와 같이 될 수 있습니다.

인간이 새로운 존재가 되기 위해서는 그 경험을 어떻게 받아들이느냐가 중요합니다. 이것은 몸이 체험한 것을 정신이 자신의 양식으로 만들 수 있어야 한다는 것입니다. 악의 경험을 삶의 지혜로 만들어야 한다는 것이지요. 데미안이 가르쳐 준 강한 사람이란 결국 지혜로운 자가 되는 길과 연결될 수도 있습니다. 싱클레어는 그 방법을 데미안을 통해서 전달받기 시작합니다.

✚ 생각의 밑바닥으로 통하는 길, 꿈

반쯤 미친 채 깨어나는 가장 끔찍한 악몽이 아버지를 습격하여 살해하는 것이었다.

싱클레어가 데미안을 만난 이후로 갈등의 폭은 더 깊고 넓어집니다. 크로머한테 몸이 시달렸다면 데미안을 통해서 정신적인 혼란이 오기 시작한 것입니다. 이런 갈등과 혼란은 꿈에서 다시 나타납니다. 꿈은 뚜렷한 우리의 생각(의식)에 나타나지 않는 것들입니다. 우리들 생각에 감추어진 어떤 것들입니다. 생각하고 있지만 분명하지 않은 것들, 또는 차마 생각으로 나타낼 수 없는 어떤 소망이나 욕망 같은 것들이 생각 밑에 깊숙이 있다가 꿈을 통해서 드러나는 것입니다. 그래서 꿈을 생각의 밑바닥(무의식)으로 가는 통로라고도 합니다. 싱클레어가 꾼 아버지를 습격하여 살해하는 꿈은 실제로는 생각에 올라올 수 없는 것들이지요. 그런데 싱클레어는 이 꿈을 자주 꿉니다. 싱클레어 생각의 밑바닥에 무엇이 있기에 그는 아버지를 죽이려는 꿈을 꿀까요.

심리학에서 싱클레어의 꿈을 '오이디푸스 콤플렉스 Oedipus complex'라는 말로 설명할 것입니다. 그리스 신화에서 오이디푸스는 아버지를 죽이고 어머니와 결혼하여 자식을 낳는 비극적 운명에 놓이게 되죠. 프로이트J. Freud라는 심리학자가 여기에서 발상을 얻어 남자 아이의 무의식을 설명합니다. 남자 아이는 무의식적으로 어머니를 욕망합니다. 하지만 강한 아버지에 가로막혀 자신의 소망을 접어야 합니다. 대신 아버지와 같이 됨으로써 이러한 열등감을 극복한다는 것입니다. 결국 인간이 성장한다는 것은 아버지가 됨으로 아버지의 법과 규칙을 받아들이는 과정이지만, 그속에는 자신의 열등감이 숨겨져 있는 것입니다. 프로이트가 보았을 때, 인간이 만들어 놓은 도덕과 문화는 아버지의 법칙을 인정하고 그 속에서 살아가는 삶입니다. 하지만 인간의 생각 밑바닥에는 항상 아버지를 넘어서 자신의 욕망을 실현하려는 의지가 꿈틀되고 있다는 것입니다.

아버지의 법칙은 밝은 세계의 법칙입니다. 싱클레어는 이 법칙을 어렸을 때 잘 따랐습니다. 하지만 새로운 세계로 나아가는 데 있어서 이 법칙은 이제 걸림돌이 됩니다. 아버지를 살해하는 꿈은 곧 이 법칙에 대한 도전입니다. 꿈에서 크로머는 싱클레어한테 칼을 주고 살인을 부추깁니다. 폭력을 통해서 크로머는 어두운 세계로 나아가야 한다고 가르쳐줍니다. 그러기 위해서는 걸림돌인 아버지를 해치워야 한다고 속삭이는 것이지요. 현실 세계에서 크로머한테 잡혀 있는 싱클레어는 아버지를 넘어서야 한다는 것은 알지만 그것을 폭력적인 방법으로 실현하는 데에는 고통과 저항감을 갖습니다.

그런데 비슷한 상황에서 데미안이 등장하는 꿈을 꾸기도 합니다. 그런데 이때에는 반항하는 것이 아니라 기쁜 마음으로 기꺼이 그것을 받아들이고자 합니다. 곧 아버지의 법칙을 넘어서는 방식에 두 가지가 있다는 것입니다. 지금까지는 크로머의 방식으로 우월감을 느끼기도 하였습니다. 그런데 데미안을 만난 이후로는 새로운 가능성이 있다는 것을 알게 됩니다. 이제 크로머보다는 데미안에게 더 관심이 가기 시작하는 것이죠.

†정신의 힘

확실히 데미안은 크로머보다 더 강하였습니다. 크로머는 몸집을 통해서 상대방을 제압합니다. 그리고 어두운 세계의 경험을 통해서 밝은 세계 밖에 모르는 싱클레어를 괴롭혔던 것이지요. 그런데 데미안은 달랐습니다. 물론 신체로서 크로머를 기죽게 만드는 것도 있었지만, 자신만의 개성과 비범한 정신을 가졌던 것이지요. 한마디로 포스가 달랐던 것이지요. 그래서 크로머와 데미안이 맞붙으면 상대가 될 수 없는 것이지요. 데미안은 싱클레어의 고민을 알아차립니다. 뭔가 두려움에 빠져 있으면 그것이 얼굴에 나타나기 마련입니다. 싱클레어와 관계를 맺기 시작한 데미안이 이것을 놓치지 않습니다. 싱클레어는 쉽게 고민을 털어 놓지는 않습니다. 하지만 데미안은 무엇이 문제인지 꿰뚫어 봅니다. 그리고 충고를 합니다.

누군가를 두려워한다면, 그건 그 사람한테 지배할 힘을 내주었기 때문이야.

두려움이 우리를 완전히 파괴하는 거야. 네가 제대로 된 인간이 되기 위해서는 단지 그것을 없애면 되는 거야.

사실 우리들이 겪는 많은 고민은 우리가 어떻게 할 수 없기 때문에 생기는 것이지요. 그것을 내 마음대로 할 수 있다면 고민은 생기지 않습니다. 결국 고민의 대상이 우리들을 지배하기 때문에 우리들은 고통에 빠지는 것입니다. 싱클레어는 거짓말을 했고, 그것 때문에 계속 나쁜 행동을 해야만 했습니다. 그리고 크로머는 이 사실을 알았기에 주도권을 가지고 상대방을 지배하게 된 것이지요. 비밀을 안다는 것은 그만큼 큰 힘을 가지게 되는 것입니다. 그렇다면 두려움에서 벗어나기 위해서는 지배당한 힘을 되찾으면 됩니다. 빼앗긴 주도권을 돌려받으면 됩니다. 내가 상황을 지배하면 됩니다. 육체적으로 힘을 키우는 것도 한 방법이 될 수 있지만, 정신적인 지배권을 갖는 것이 더 중요합니다. 사실 육체적인 힘은 아무리 키워도 한계가 있고, 상대방을 이기지 못할 수 있습니다. 그렇지만 정신적인 힘은 무한합니다. 그리고 생각하는 방식을 바꾸면 쉽게 이룰 수 있는 것이기도 합니다. 데미안은 정신의 근육을 키우는 방식으로 자신의 강함을 보여 줍니다. 이후 싱클레어도 데미안의 길을 따라가게 됩니다.

싱클레어는 무엇 때문에 고민을 하게 되었는지를 비로소 알게 됩니다. 단순히 크로머한테서 시달림을 받고 있다는 사실이 아니라, 왜 시달림을 받는지 그 이유를 들여다보게 된 것이지요. 어떤 문제가 생기면 그것을 정면으로 볼 수 있는 용기가 있어야 하는데, 많은 사람들이 그렇게 하지 못합니다. 똑바로 보면 그 속에 해결 방향이 들어 있습니다. 데미안은 싱클레어한테 그것을 일깨워 준 것입니다. 우리들은 믿을 만한 사람과 이야기를 통해서 무엇이 진짜 문제인지 아는 경우가 있습니다. 싱클레어도 조금씩 데미안에게 마음을 열기 시작하면서 자신의 고민을 다루는 힘을 갖기 시작합니다. 그래서 싱클레어는 고해를 한 것과 마찬가지의 후련함을 느낍니다.

고해란 가톨릭에서 하느님을 대신한 신부님한테 자신의 잘못을 고백함으로써 용서를 구하는 것을 말합니다. 결국 하느님이 죄를 용서하는 것이지만, 내가 그것을 드러낸다는 측면에서 스스로를 치유한다고 볼 수도 있을 것입니다. 싱클레어는 자신만의 비밀을 가짐으로써 아버지보다 우월하다는 생각을 처음 하기도 했습니다. 비밀을 아는 것은 힘을 가지니까요. 하지만 그 비밀을 크로머 역시 알기에, 싱클레어는 크로머한테 지배를 당하는 꼴이 되었습니다. 이제 싱클레어는 크로머한테 당하고 있는 비밀을 데미안과 나눕니다. 당연히 이제 데미안이 상황에 대한 지배력을 가지게 됩니다.

예상대로 더 이상 크로머가 싱클레어를 괴롭히지 못합니다. 데미안의 힘에 밀리고 만 것이지요. 덩치에서 뿐만 아니라, 정신의 힘으로 제압했을 것입니다. 무엇보다 데미안은 그 상황을 잘 파악하고 있었기에, 크로머를 쉽게 물리칠 수 있었을 것입니다. 싱클레어는 올가미에서 벗어나서 해방감을 느낍니다. 그리고 데미안에게 고마움과 찬탄을 느낍니다. 그리고 그에 대한 존경심이 더해 갑니다.

그렇지만 한편으로 싱클레어는 부끄러움도 느낍니다. 자신의 잘못이 누구한테 알려졌다는 부끄러움입니다. 그리고 데미안을 더욱 존경하게 되었지만 거부감도 동시에 느낍니다. 나는 도저히 그렇게 될 수 없다는 열등감이 생길 수 있는 것입니다. 결국 싱클레어는 자신의 문제가 무엇인지 깨닫기는 했지만 스스로 문제를 풀지는 못하는 한계를 나타낸 것입니다. 아직 힘이 부족하였던 것입니다. 진정한 강자가 되기에는 가야 할 길이 멀리 있습니다. 다만 데미안을 통해서 강자의 모습을 관찰할 기회를 가졌던 것에 만족해야 합니다.

✝ 가족에 되돌아가기

그래서 순간적으로 싱클레어는 다시금 옛날 세계로 돌아갑니다. 그렇게 자신이 뛰쳐나오고 싶었던 밝음의 세계, 가족으로 돌아갑니다. 그동안의 잘못을 모두 털어 놓습니다. 가족은 다시 따뜻하게 그를 맞이해 줍니다. 이제 옛날과 같이 살아가면 평온한 나날들이 계속될 것입니다. 그런데 그렇게 되지 않습니다. 어두운 세계였지만 새로운 세계를 맞본 사람이 옛날로 돌아가는 것은 쉽지 않습니다. 그동안 너무 힘들었기에 잠시 쉬고 싶었겠지만, 싱클레어는 데미안이 불러일으킨 새로운 길에 대한 열망을 쉽게 잊을 수 없습니다. 그래서 그는 크로머에 대한 예속을 다시금 가족에 대한 의존으로 바꾸어 놓을 수 없다고 고백합니다. 그렇다고 데미안에게 달려갈 수도 없는 진퇴양난이 되었습니다.

나는 크로머와 악마의 손에서 벗어났다. 하지만 내 자신의 힘과 노력이 아니었다. … 나는 더 어리고, 의존적이고, 어린아이 같이 변했다. 나는 크로머에 대한 의존을 새로운 누구에게로 바꿔야 했다. 홀로 길을 갈 능력은 없었기 때문이다. … 데미안이 부모님보다 훨씬 더 많은 것을 요구하였다. 그는 설득, 경고, 조롱, 반어를 통해 나를 더 독립적으로 만들려고 했을 테니까. 아, 이제야 깨닫는다. 자신에게 이르는 길을 걷는 것보다 더 힘든 일은 세상에 없다는 것을.

✝ 앎의 실현과 앎을 나누는 친구

이번 장에서는 싱클레어가 데미안을 만나서 세상을 읽고 살아가는 새로운 방법이 있다는 것을 깨우쳐가는 과정을 살펴보았습니다. 데미안은 익숙한 이야기를 낯설게 볼 수 있는 능력을 가졌고, 그렇게 자신만의 관점을 발전시켜 개성 있는 삶을 살아가는 인물입니다. 사실 데미안은 우리

시대의 스승이요, 친구라고 볼 수 있습니다. 그리고 싱클레어와 데미안이 나눈 이야기들은 우리가 공부하는 주된 목적이라고 볼 수도 있습니다.

공부의 목적은 앎을 실현하는 것입니다. 앎이란 세상에 이미 있는 지식일 수도 있고, 내가 현재의 문제를 해결하는 데 필요한 삶의 지혜일 수도 있습니다. 앎은 자연스럽게 얻어지는 것이 아니라 의식적인 노력이 있을 때 깨우쳐지는 것입니다. 그리고 알기 위해서는 먼저 앎에 대한 욕구와 호기심이 있어야 하는 것이고요. 사람은 누구나 앎에 대한 기본적인 욕구를 가지고 태어난다고 합니다. 어릴 적 폭발적으로 증가하는 질문을 생각하면 잘 알 수 있을 것입니다. 그리고 이러한 앎은 홀로 이루는 것이 아니라 누군가의 도움을 통해서 효과적으로 달성될 수 있습니다. 어릴 적에는 가족, 자라면서 친구가 앎의 동료가 될 수 있습니다. 그리고 앎을 보다 체계적이고 효율적으로 가르치기 위해서 학교라는 제도가 만들어졌고, 선생님이라는 앎의 모범을 통해서 배움이 일어나고 있는 것이 오늘날 공부의 모습입니다.

앎이 원래 흥미롭고 유익한 것이지만, 그리고 앎은 더불어서 즐길 때 더욱 넓어지고 깊어지는데, 오늘날 공부는 그렇지 못한 것이 현실입니다. 경쟁을 위한 공부, 공부의 결과를 통한 사람의 평가가 앎의 원래 목적을 방해하고 있는 것입니다. 그래서 앎에 대한 호기심이 사라지고 생각

없이 교과서의 지식을 외워서 시험 치는 것이 공부가 되어 버렸습니다. 나를 위해서 공부하는 것인데, 그렇게 아는 것이 나한테 힘이 되어야 할 텐데, 보여 주고 평가받기 위해서 공부를 합니다. 그리고 대부분은 공부의 결과로 자신을 원망하고 자존감을 잃어버립니다.

데미안은 이렇게 잃어버린 앎의 원래 의미를 되돌아보게 합니다. 익숙한 이야기를 낯설게 함으로써 앎의 호기심을 되살려 놓습니다. 그리고 앎을 통해서 두려움을 없애고 자신감을 회복하는 방법을 일러 줍니다. 데미안은 이러한 과정을 자극하는 엄한 스승으로, 그리고 그 길을 함께 가는 다정한 친구로서 싱클레어의 앎을 이끌어 준다고 볼 수 있습니다. 이러한 자극과 안내가 없다면 앎으로의 길은 결코 일어날 수 없습니다.

데미안이 스승과 친구의 역할을 충실히 하지만, 결국 길은 자신이 가는 것입니다. 대신 머리를 빌려 올 수는 없습니다. 스스로 고민하고, 결정하고 행동해야 하는 것입니다. 스스로 설 수 있을 때 앎은 완성되는 것입니다. 이것은 평생의 길입니다. 싱클레어는 간신히 한 발짝 이 길에 발을 내딛은 것입니다. 스스로 주인이 되는 것이 무엇인지 고민해 본 것이지요. 약한 자로서 노예같이 항상 순종하며 남이 시키는 데로만 하는 것이 아니라, 강한 자로서 주인 같은 꿋꿋함이 무엇인지를 싱클레어는 처음 생각해 봅니다.

결국 우리가 잃어버린 앎을 되찾기 위해서는 이 세상에 존재하는 모든 것을 낯설게 볼 수 있는 시선을 가져야 합니다. 비판적인 사고는 이러한 시선의 한 방식입니다. 너무나 친숙한 것이 낯설게 나타날 때, 그 속에 진리가 살짝 나타납니다. 그러한 진리의 한 귀퉁이를 계속 엿보며 때로는 붙들고 나가다 보면 어느새 스스로가 삶의 주인이 될 수 있습니다. 예수가 말한 "내가 곧 길이요 진리요 생명"인 순간이 바로 진정한 삶의 주인, 곧 강자가 되는 것입니다. 그리고 이러한 앎의 길동무인 친구, 스승을 주위에서 구하려는 노력이 필요합니다. 싱클레어와 데미안이 관계를 맺어 서로 대화를 나누듯이, 말이 통하는 동무를 구하는 것이 앎의 길에서 절대적으로 중요합니다. 책이 친구가 될 수도 있지만, 살아서 감정을 주고받는 사람만한 친구보다 좋은 것은 없습니다. 정신을 나누는 앎의 친구보다 더 귀한 존재는 세상에 없습니다.

생각하고 같이 이야기해 봅시다

1. 나한테 공부는 어떤 의미가 있나요. 자신의 공부 경험을 이야기해 보고, 학교나 학원 같은 배움의 장소가 제 역할을 잘하고 있는지에 대해서도 말해 봅시다.

2. 성서에서 '카인과 아벨'의 이야기를 직접 읽어보고, 우리들은 그것을 어떻게 해석할 수 있을지 얘기해 봅시다.

3. 우리들이 생각하는 도덕은 어떤 것인가요. 도덕은 꼭 지켜야 하는 것인가요. 도덕과 가치를 스스로 만들어 낸다는 것은 무엇을 의미하는 것일까요.

4. 진정한 배움의 친구이자 스승은 어떤 모습이 되어야 할지를 데미안의 자세를 참고하여 알아봅시다.

더 알아봅시다

 니체와 초인(超人)

인간의 정신이 발달하는 대략적인 모습을 살펴봅시다. 첫 단계에서는 사회에서 가르쳐주는 지식과 가치를 그대로 수용합니다. 무엇을 하고 말지, 어떤 것이 옳고 그른지를 가족과 학교가 가르치는 데로 행동합니다. 사회에 적응하여 원만하게 살아가기 위해서는 이러한 사회화의 과정을 거칠 수밖에 없지요. 하지만 사회가 가르쳐 준 모든 것들이 누구에게나 항상 똑같이 적용될 수 있는 것들은 아니지요. 그 속에는 시대의 한계와 인간의 편견이 들어 있을 수 있고, 상황에 따라 달리 적용되어야 하는 것들도 있지요. 인간의 정신이 커감에 따라서 이렇게 내가 배운 가치와 지식을 의심하고 그것을 비판하는 단계에 이르게 됩니다. 무엇이 올바른 것인지, 지금 상황에 가장 어울리는 것이 무엇인지를 고민하게 됩니다. 그리고 때에 따라서는 이전의 지식과 가치를 버리고 새로운 것을 찾아 나서게 되죠. 가장 원숙한 정신의 단계에서는 스스로 가치를 판단하고 만들게 됩니다. 누가 만들어 놓은 가치 체계를 아무 생각 없이 수용하거나 이를 약간 변형하여 적용하는 것이 아니라, 자신만의 고유한 가치를 세우게 됩니다. 스스로 가치의 재판관, 입법자가 되어서 살아가는 것이 주인 된 삶이라고 볼 수 있겠지요.

니체는 정신의 발달 단계를 비유를 사용해서 낙타의 단계, 사자의 단계, 어린아이의 단계로 설명합니다. 뚜벅뚜벅 인습의 가치를 짊어지고 사막을 걸어가는 낙타, 포효하는 사자와 같이 인습에 대항하고 그것에서 뛰쳐나가는 모습, 춤추고 노래하면서 삶을 즐기고 긍정하는 어린아이의 모습에서 인간이 도달해야 할 가치의 최종적인 지향점을 발견합니다. 결국 어린아이의 단계까지 정신이 나아가기 위해서는 기존의 가치를 넘어서야 합니다. 인습적인 인간의 모습을 초월해야 합니다. 니체는 이렇게 스스로를 넘어서서 가치의 창조자가 된 인간을 초인이라고 부릅니다. 초인은 무엇보다 자신의 삶을 긍정하고 고귀한 가치를 추구합니다. 단지 누가 시켜서 하는 착한 것, 감상적으로 남을 동정하는 것을 넘어서 주인 된 자로서 자신의 의지를 강하게 실현하는 자입니다. 그리고 초인은 이 세상이 영원히 반복될 것 같이, 순간순간을 충만하게 살아가는 자입니다.

프로이트와 오이디푸스 콤플렉스

인간이 성장한다는 것을 정신의 발달 단계로 설명할 수도 있지만 다른 것을 통해서 말할 수는 없을까요. 보통 정신을 얘기하면 인간이 이성적으로 생각하고 판단하는 것을 그 특징으로 듭니다. 하지만 우리들 마음을 유심히 살펴보면 많은 경우 그렇게 합리적으로 생각하고 행동하는 경우보다 무언가 충동에 이끌려 일을 저지르는 경우가 많습니다. 우리가 의식하지는 못하지만 무엇인가 의식 안에 숨어서 우리의 마음과 행동을 조종하는 것이 있다는 것입니다. 전통적으로 철학은 인간의 정신을 파악하는 데 몰두하였지만, 인간 내면의 심리에 대해서는 큰 관심을 가지지 못하였습니다. 오늘날 이것은 철학에서 분리된 심리학이라는 분야에서 집중적인 연구의 대상이 되고 있지요. 이 세상 만물에 에너지가 작용하는 것과 같이 프로이트는 인간의 몸에도 에너지가 넘쳐서 흐르고 있기에 사람이 살아간다고 생각합니다. 에너지는 정신을 움직이는 힘이기도 한데, 그중 성적인 에너지가 가장 강력한 힘이라고 프로이트는 생각합니다. 프로이트는 이것을 '리비도'라고 말합니다. 그런데 이러한 리비도는 자연적인 본능이지만 인간의 문명을 위해서는 적절히 가려지고 눌려져 있어야만 하는 것입니다.

리비도의 활동에서 오이디푸스 콤플렉스는 어린 남자아이가 직면한 중요한 심리적 상황을 말합니다. 어머니에 대한 성적인 욕망이 있지만, 강한 아버지의 존재 때문에 심리적 갈등을 겪게 된다는 것이지요. 어머니를 두고 아버지와 경쟁하지만 아버지의 강한 힘으로 내가 거세당할 수 있다는 불안감에서 오히려 아버지를 좇아 그와 동일시하게 된다는 것입니다. 이렇게 아버지의 법과 가치를 그대로 받아들이면서 인간의 도덕과 양심이 생깁니다. 프로이트는 이것을 '초자아'라고 말하지요. 반면에 계속 잠재된 인간의 원시적 욕망은 '이드'의 상태로 꿈틀거리고 있습니다. 도덕과 양심이라는 초자아의 명령에 따라 이드가 때로는 분출되고 때로는 억압되어 있는 상태가 인간의 '자아(에고)'인 현재의 우리들 마음입니다.

예수 옆에 매달린 도둑, 종교의 이유를 묻다

┼ 성장하는 싱클레어

싱클레어는 밝은 세계와 다른 어두운 세계가 있음을 알고 그것에 호기심을 나타냈습니다. 그리고 크로머를 통해서 어두운 세계를 직접 체험하기도 하였습니다. 두 세계의 규칙은 달랐기 때문에 싱클레어는 혼돈과 갈등을 느낍니다. 그렇다고 다시 밝은 세계로 돌아가서 그곳에 주저앉을 수는 없습니다. 새로운 세계의 경험을 통해서 자신이 성장하고 있음을 느꼈기 때문입니다. 그렇다면 어느 한 세계를 선택하는 것이 아니라 두 세계를 똑같이 인정하고 받아들이는 자세가 필요합니다. 싱클레어는 어렴풋이 이것을 깨닫지만 어떻게 해야 할지는 아직 모릅니다. 정신적으로 해결해야 하는 것들이 많이 남아 있기 때문입니다. 이때 데미안이 정신적 스승이자 친구로서 나타납니다. 싱클레어가 자신의 고민을 똑바로 볼 수 있도록 자극하고, 무엇이 부족한지, 어떠한 자세를 가져야 할 지 알려 줍니다. 데미안을 통해서 싱클레어는 자신의 내면에 깔린 두려움을, 그리고 그것을 이길 수 있는 용기가 무엇인지를 깨우치기 시작합니다. 데미안은 세상을 달리 볼 수 있는 지혜를 전하는 스승으로, 새로운 길을 같이 가는 다정한 친구로서 등장한 것입니다. 새로운 세계를 온전히 감당하기에 싱클레어는 벅찹니다. 그래서 다시금 아버지의 밝은 세계로 잠시 후퇴하기도 합니다. 자신의 문제를 스스로 해결할 때 자신의 길이 열리지만, 아직까지 싱클레어는 데미안에 의존할 수밖에 없기 때문입니다.

잠시 따뜻한 가족의 세계로 피신하지만 계속 거기에 머물 수는 없습니다. 이제 싱클레어의 유년 세계는 거의 막바지에 이르렀습니다. 유년의 세계는 무너져야 합니다. 성장의 새로운 건물을 짓기 위해서 이전의 낡은 건물을 허물어야 하는 것입니다. 유년의 혼동과 갈등을 벗어나기 위해서 싱클레어는 마지막 진통을 겪습니다. 이 진통은 싱클레어의 유년기 환경과 관련된 것입니다. 데미안을 통해서 싱클레어는 자신의 익숙한 환경과 문화를 다르게 볼 수 있다는 것을 처음 깨닫습니다. 그리고 혼란스럽지만 자신의 고민을 새로운 방식으로 해결할 수 있다는 것도 배웁니다.

이번 장에서는 싱클레어 유년 세계의 배경인 기독교 문화에 대해서 생각해 보도록 합시다. 인간의 삶에서 종교는 어떤 의미가 있는지, 종교생활을 할 때 무엇이 문제가 될 수 있는지를 싱클레어가 대면한 종교 갈등을 중심으로 살펴보도록 하죠.

✝기독교 복음의 전파

싱클레어는 엄격한 기독교 문화를 배경으로 유년기 시절을 보냈습니다. 기독교 문화는 그리스 문화와 더불어서 서양인들의 생활과 사고의 중요한 기초를 이루고 있습니다. 기독교는 하느님의 구원의 역사를 믿는 종교입니다. 처음에는 이스라엘과 계약을 맺어 구원을 약속하였지만, 이후에 예수를 통해서 모든 사람의 구원과 해방을 선포하였습니다. 기독교에서는 예수를 그리스도, 곧 기름 부은 자로서 인간을 구원할 메시아로 믿습니다. 예수 그리스도는 하느님의 대행자로서 잠시 인간의 모습으로 살다가 고난을 받고 죽임을 당합니다. 예수는 하느님 나라가 곧 다가올 것을 선포하였고, 죄의 회개를 통하여 자신의 길을 따르라고 말하였지만, 이를 의심하는 사람들에 의해서 희생을 당한 것입니다.

예수의 가르침은 그를 따르던 제자들에 의해서 예수의 죽음 이후에 오히려 더 널리 퍼지게 됩니다. 예수가 살던 시대는 로마 치하였기에, 예수를 따르던 무리들은 로마로부터 핍박을 당하게 됩니다. 하지만 끝까지 자신의 믿음을 지켰고, 많은 제자들이 순교를 당하기까지 합니다. 조금씩 사람들의 마음을 움직이기 시작한 기독교는 마침내 로마의 콘스탄티누스 황제에 의해 공식 종교로 인정받게 됩니다. 이러한 기독교 복음의 전파에는 바울이라는 사람이 큰 역할을 합니다. 그도 처음에는 기독교를 박해하는 로마의 관리였지만, 환상 속에서 예수를 만난 이후에 회심하여 적극적인 기독교의 전파자가 되었습니다. 이후 기독교는 서양의 많은 나라에서 공식 종교로 국가의 직접적인 보호를 받으면서 사람들의 사고방식과 문화의 바탕을 이루게 됩니다. 우리 역사에서 고려 시대에는 불교가, 조선 시대에는 유교가 지배적인 문화를 이룬 것과 비슷하다고 볼 수 있을 것입니다.

✝종교 제도와 정신의 관성화

기독교가 서양에서 보편적인 종교가 됨으로써 역사적인 인물로서 예수는 이제 신앙의 대상으로서 숭배되기 시작합니다. 예수의 죽음 이후 하느님의 말씀을 선포하는 자의 권위를 부여받은 교황이 등장하게 되고, 이 세상과 구별된 공간으로서 구원의 장소인 교회가 만들어지게 되는 것이지요. 이제 사람들은 교회를 통해서, 교회의 우두머리인 사제의 인도를 따라야만 구원의 길에 들어갈 수 있습니다. 교회가 많아지고 사제의 가르침이 조금씩 달라지면서 기독교는 가르침의 핵심을 교리로 만들어서 다양한 견해를 하나로 통일하게 됩니다. 역사적인 인물로서 메시아인 예수가 직접 가르침을 선포하고, 그를 따르던 무리들이 예수와 함께 행동하던 시대와 달리 기독교가 하나의 종교가 됨으로써 몇 가지 유의해야 할 점이 생깁니다.

종교는 사회제도입니다. 제도는 비슷한 가치와 신념을 가진 사람들이 공통의 목적을 위해서 지속적으로 만남으로 만들어지게 됩니다. 남녀가 사랑을 하고 자식을 낳아 키우기 위해서 결혼이라는 제도를 활용하고, 공부라는 목적을 위해서 학교 제도가 만들어진 것과 같이 종교도 하나의 제도입니다. 종교 제도는 우리의 신앙생활을 목적으로 만들어진 것입니다. 제도를 통해서 우리들은 안정적인 사회생활을 할 수 있습니다. 가족이 있기에 우리들은 마음의 안식을 얻고, 학교를 통해서 배움을 쉽게 구할 수가 있습니다. 교회나 절에 나감으로써 신앙생활을 계속할 수 있는 것이지요.

그런데 사람들은 제도를 만듦으로써 안정적인 사회생활을 할 수가 있지만 원래의 정신을 잃어버리는 경우가 생깁니다. 사랑으로 가족을 이루지만, 사랑이 식으면서 형식적인 가족생활을 하는 경우가 생깁니다. 공부를 위해서 학교를 만들었는데, 이제 학교는 가기 싫은 공간이 되어 버렸습니다. 믿음의 공동체가 교회나 절인데, 일주일에 한 번 교회나 절에 가는 것으로 신앙생활을 다했다고 자만합니다. 이것을 정신의 관성화 또는 매너리즘이라고 합니다. 원래 관성이란 물체가 현재의 상태를 유지하려는 속성을 말하는 것이지요. 정신이 관성화된다는 것은 정신이 기계적으로 움직이면서 환경에 반응하는 것을 말합니다. 매너리즘에 빠진다고도 말하지요. 틀에 박힌 방식이나 태도를 취하는 자세가 바로 이것입니다. 태초의 정신을 기억해서 되새기는 것이 아니라, 제도가 주는 안정성에 그냥 수동적으로 맡겨버리는 상태를 말하는 것이지요. 이렇게 되면 사람들은 자발성을 잃어버리고 습관적으로 생각하고 행동하게 됩니다.

제도가 갖는 또 하나의 위험성은 제도 안과 밖의 경계를 엄격하게 구분하여 사람들의 자유를 억압한다는 것입니다. 결혼이라는 제도에 들어가지 않고 홀로 사는 독신자들이나 커플들이 있습니다. 학교를 다니지 않고 공부하는 사람들도 있지요. 교회나 절을 다니지 않고 신앙생활을 실천하는 신자들도 있습니다. 다수가 제도 안에서 살아간다고 하더라도 그러한 제도 바깥에 있는 사람들이 항상 생기기 마련입니다. 스스로 제도 밖을 선택한 사람들도 있고, 제도 안에 들어가고 싶지만 그렇지 못한 상태에 있는 사람들도 있습니다. 동기나 이유가 어떻든 간에 제도 안에 있는 사람들을 기준으로 바깥을 평가하면 문제가 될 수 있습니다. 보통 사람들은 제도 안에 있는 사람들은 정상으로, 그렇지 않은 사람들을 비정상으로 간주하는 경향이 있는데 이것은 무척이나 편의적이고 배타적인 생각이라고 할 수 있습니다.

특히 종교 제도의 경우는 이것이 심할 수가 있습니다. 종교는 가치나 신념의 절대화를 추구하는 경향이 있습니다. 그렇기에 안과 밖의 경계가 강할 우려가 있습니다. 자신의 종교 제도 안에 있을 때에는 선이고 구원이지만, 그밖은 악이고 타락이라고 쉽게 간주합니다. 그리고 종교는 이러한 믿음을 확고히 하기 위해서 교리라는 것을 만들어 끊임없이 외우고 이에 따른 실천을 권장합니다. 다른 종교뿐만 아니라 같은 종교 안에서도 교리의 차이에 따라서 여러 분파가 만들어지고, 때로는 이것이 종교 갈등의 원인이 되기도 합니다.

⸙기독교에서 빛과 어두움

싱클레어는 안정적인 종교 제도 안에서 유년기를 보냈습니다. 부모님을 따라서 가족이 함께 교회를 다녔을 것입니다. 교회에서 신부님을 통해서 기독교 교리를 숱하게 들었을 것입니다. 집안에서도 기도와 찬송이 끊이지 않았고,

부활절이나 크리스마스와 같은 교회 절기는 집안 잔치로 치렀을 것입니다. 싱클레어가 다니는 학교 역시 기독교계 학교로서 성서와 교리를 배우는 시간이 따로 있었습니다. 이렇게 기독교 문화 속에서 자연스럽게 성장한 싱클레어의 정신세계를 지배하고 있는 것은 기독교적 가치관과 세계관이라고 볼 수 있을 것입니다. 기독교 안에서도 여러 분파가 있지만, 싱클레어가 믿고 있는 기독교는 다수의 서양인들이 믿는 기독교 분파라고 할 수 있을 것입니다.

일반적인 기독교 교리는 밝음과 어두움을 분명하게 나누어 설명합니다. 하느님은 빛이요 지극히 높은 선입니다. 인간은 감히 하느님을 볼 수도 없습니다. 너무 밝으니까요. 순수한 선으로서 하느님은 자신의 형상을 본떠 인간을 만들었습니다. 하지만 인간은 에덴동산에서 죄를 범함으로써 자신 속에 어두움을 드리우게 됩니다. 선함을 본질로 하지만 유혹으로 끊임없이 악에 빠질 수 있는 것이 인간의 현실이 된 것이지요. 하느님은 자신의 계율을 지키면 구원과 해방으로 이끌어 주겠다고 약속하지만, 사람들은 번번이 이를 어깁니다. 하느님은 예수를 통해서 다시금 구원의 가능성을 열어 둡니다. 빛의 자식으로서 예수는 이 세상에 왔지만, 어두움의 세상이 그를 알아보지 못하고 죽입니다. 이러한 하느님의 구원의 역사를 믿고 예수의 가르침을 따라 사는 사람들은 빛의 나라인 천국에서 영원히 살지만,

그렇지 못하면 어두운 지옥에서 형벌을 받을 것이라고 기독교 교리는 가르칩니다.

로마의 박해를 받는 엄혹한 생활을 이겨나가기 위해서 초기 기독교인들은 자신의 목숨을 걸고 신앙의 순수성을 지키려고 했습니다. 자신들을 탄압하는 세상의 무리들은 어두움의 세력이요, 끝까지 신앙을 지키면 결국 하느님이 자신들을 구원해 줄 것이라는 믿음이 있었습니다. 위기의 상황에서는 이렇게 빛과 어두움이 쉽게 구별될 수 있습니다. 그리고 이러한 구별을 통해서 집단의 결속을 다지고 미래의 희망을 기다리는 버팀목으로 삼을 수 있을 것입니다. 하지만 일상생활에서 모든 것을 빛과 어두움으로 나누어 어느 하나를 선택하는 것은 힘든 일입니다.

종교는 일반적으로 생활에서 해야 할 것과 하지 말아야 할 것을 세부적으로 나누어서 이것을 지킬 것을 강요합니다. 신앙을 위해서, 인간의 삶을 위해서 만들어 놓은 규칙이 잘못되면 우리가 그것을 위해서 맞추어 살아야 하는 이상한 일이 생기게 되는 것입니다. 그리고 빛과 어두움의 경계가 강해지면 인간의 자연스러운 감정이나 본능들이 어두움으로 처리되어 그것을 생각하는 것조차 죄책감으로 느끼게 됩니다. 하느님을 생각하고 구원을 열망하는 것은 순수한 종교적 감정으로 빛의 영역이지만, 일상의 모든 시간들이 그것으로 채워질 수는 없습니다. 생존을 위해서는 본능에 충실해야 할 때도 있습니다. 본능 자체가 아름답지는 않지만 어두운 그 무엇도 아닐 것입니다. 그리고 어두움이라고 생각할 수 있는 인간의 깊은 내면을 잘 드러내면 훌륭한 예술이 될 수도 있을 것입니다.

✝성과 사춘기

밝은 세계에서는 숨겨야 하는 욕망이 내 안에 존재한다는 것을 알아차려야 하는 시기가 왔다. 어떤 사람이나 그렇듯, 하나의 적이자 파괴자로서, 금기와 유혹, 죄악으로서 성욕이 슬금슬금 깨어나서 나를 사로잡기 시작했다.

싱클레어가 유년기를 지나면서 밝음과 어두움이라는 세계로 설명할 수 없는 것들이 나타나기 시작하는 데, 그중에서 가장 강력한 것이 바로 성性에 대한 욕구입니다. 사춘기의 일반적인 특징 가운데 하나가 성에 대한 호기심이 증가한다는 것이지요. 신체에서 2차 성징이 나타나 성과 관련된 신체 기관이 급격하게 발달하게 되고, 더불어서 성적인 관심이 많아진다는 것입니다. 싱클레어 역시 사춘기를 통과하고 있다고 볼 수 있습니다. 다만 사춘기라는 시기가 누구에게나 정해진 똑같은 날짜에 찾아오는 것은 아닙니다. 개인별로 차이도 있지만, 사실 문화적 차이에 의해서 지역에 따라, 시대에 따라 사춘기는 고정된 것이 아닙니다. 신체에 영양을 공급하는 조건에 따라 2차 성징의 시기가 달라질 수도 있지만, 무엇보다 그 사회가 성을 어떻게 바라보고 관리하느냐에 따라 사춘기의 성격은 변합니다. 가령 오늘날은 조선 시대에 비해서 영양 상태가 좋기에 신체적으로 2차 성징의 시기가 빨리 나타난다고 볼 수 있을 것입니다. 하지만 조선 시대에는 아이를 성인으로 인정해 주는 시기가 요즈음보다 훨씬 빨랐죠. 15세쯤 되면 남녀 모두 성인식이라고 할 수 있는 관례와 계례를 치를 수 있었고, 성인의 역할을 감당하게 됩니다. 그만큼 조선 시대에는 성인으로서 성을 일찍 경험할 수 있었기에 요즈음과 같은 성적인 고민으로서 사춘기의 특징이 나타난다고 볼 수 없지 않을까요.

더 나아가 사실 사춘기라는 성인과 청소년을 가르는 구분 자체가 문제가 될 수도 있습니다. 사춘기를 성적인 호기심이 높아지는 시기라고 보았을 때, 이것은 곧 어른이 되기 전까지 성이라는 것은 함부로 말하거나 경험할 수 없는 것이라는 전제가 있는 것입니다. 동서양을 막론하고 대부분의 문화권에서 사실 성이라는 것은 가장 은밀하고 비밀스러운 것입니다. 함부로 말하거나 드러내 놓지 않고, 밀실속에서 개인적으로 경험하는 것이 성이었습니다. 이것은 곧 성에 대한 금기와 규칙이 사회적으로 많았다는 것을 말하는 것이지요. 그런데 인류학자들의 보고에 따르면 문명화되지 않은 사회에서 성은 훨씬 자연스럽습니다. 남태평양 섬에서 어떤 부족의 아이들은 어린 나이에 성기를 가지고 장난을 치거나 놀이를 하는 것이 아주 흔합니다. 그들이 청소년이 되면 남녀 간의 성적인 결합이 자연스럽게 일어나며, 누구도 그것을 비난하지 않습니다. 사랑하는 파트너가 생겨도 다른 사람과의 성적인 관계가 문제가 되지 않습니다. 여기에서 성은 금기의 대상으로 어두운 밀실 속에 있는 것이 아니라 집단적인 게임이요, 공개적으로 열정을 주고받는 행위인 것이지요. 그렇기에 이 사회에서 성에 대한 관심으로 사춘기라는 것은 있을 수 없는 것입니다.

하지만 싱클레어는 원시 부족 사회의 어린이가 아닌, 가장 문명화된 서구 사회의 아이입니다. 더구나 성에 대한 금기와 규칙이 강하다고 볼 수 있는 기독교 전통을 가진 문화에서 성장하고 있는 것입니다. 기독교는 교리적으로 성에 대한 금기와 규칙이 강한 종교입니다. 기독교의 초기 핵심 규칙이라고 할 수 있는 십계명을 보면 성에 관련된 계명이 두 가지 있습니다. '간음하지 말라'와 '네 이웃의 아내를 탐내지 말라'는 것이 바로 그것입니다. 예수님은 마음에 음욕을 품는 것 자체가 간음한 것과 마찬가지라고 경고하기도 합니다. 이후 기독교 역사에서 성인聖人들 역시 성적인 방탕을 가장 경계해야 할 죄악으로 보고 금욕적인 생활

태도를 중요하게 생각합니다. 특히 종교의 자유를 위해 영국에서 미국으로 건너간 청교도 기독교인들이 성에 대한 엄격한 전통을 받들었고, 이것이 오늘날까지도 기독교 성윤리의 바탕을 이룬다고 볼 수 있습니다.

앞에서 얘기했듯이, 기독교가 하나의 종교 제도가 되고, 종교를 이끌어 가기 위해서 기독교 교리가 만들어지면서 여러 가지 변화가 생기게 됩니다. 안정적인 종교생활이 가능해지지만 종교인의 자발성과 자유가 손상 받을 수 있다는 것입니다. 교리는 종교의 핵심 가르침입니다. 교리를 통해서 종교는 사람들한테 설명하고 자신의 종교를 전파합니다. 자신들 안에서 생기는 다른 생각들을 교리를 통해서 통일하고, 자신의 가치를 지켜 나갑니다. 그러나 이것이 지나치면 그 속에 있는 사람들의 자유로운 생각과 행동을 막을 수 있습니다. 어떤 사람의 말이나 행동은 한 가지 뜻만 가지는 것이 아니라, 여러 가지로 이해될 수 있습니다. 어떤 의도를 가지고 말했는지, 그것을 받아들이는 사람은 어떤 동기를 가지고 있는지, 그러한 말이 오가는 상황이 무엇인지에 따라서 말과 행동은 여러 가지로 해석될 수 있는 것입니다.

종교적 가르침 역시 수많은 시간이 흐르면서 같은 종교 안에서도 무척이나 다양한 견해가 생길 수 있는 것입니다. 많은 사람들이 생각하는 견해가 반드시 올바른 견해는 아닙니다. 말과 행동을 이해하고 해석한다는 것은 옳고 그름을 따지기보다는 그것을 나(우리)한테 적용했을 때 얼마나 진실한 의미를 가지는지를 찾아내는 것입니다. 교리는 한 가지 해석을 고집하는 경향이 있기에, 이와 어긋나는 이해는 잘못된 해석으로 몰아서 자신의 경계 밖으로 쫓아내는 위험성이 있습니다.

✝기독교 성윤리

성과 관련해서 전통적인 기독교 교리는 매우 엄격하다고 했습니다. 기독교 교리가 밝음과 어두움, 선과 악을 구분하여 분명하게 나누는 경향이 있기에 성 문제 역시 분명합니다. 기독교에서 성은 인간이 거룩하게 되는 데 방해가 되는 욕구입니다. 하느님이 주신 빛과 생명을 드러내기 위해서는 인간의 욕망을 최대한 죽여야 합니다. 성이라는 것은 가장 쾌락적인 욕구이기에 여기에 빠지면 우리의 영혼을 보살필 수 없다고 보기 때문입니다. 그래서 한때는 결혼을 부정하고 홀로 살아가는 것이 가장 아름다운 기독교인의 삶의 자세라고 말하기도 했습니다. 지금 결혼을 부정하지는 않지만, 전통적인 기독교에서는 성적인 욕구를 쾌락을 충족하는 수단으로 삼는 데에는 여전히 반대합니다. 성이라는 것은 임신과 출산을 위해서만 의미가 있는 것이지 개인의 쾌락을 위해서 존재하지 않는다는 것입니다.

하지만 이러한 엄격한 규칙은 몸의 자연스러운 성장과 어긋날 수 있습니다. 그리고 오늘날 자신의 신체에 대한 자기 결정권이 강조되는 시대에 뒤떨어지는 견해가 될 수도 있습니다. 몸에서 성적인 활동이 활발한 것은 건강하다는 표시입니다. 그리고 사랑하는 사람과 성적인 관계를 이루는 것은 사람들 간의 아름다운 소통의 하나입니다. 하느님은 자신의 형상을 따라서 인간을 만들고 아름답다고 말합니다. 그러한 형상 속에는 분명 성적인 기관도 있을 것입니다. 자신의 신체를 하느님의 모습으로 거룩하게 생각하고, 그것을 아름답게 사용하면 되는 것입니다. 물론 다른 사람의 신체 역시 하느님의 형상을 가지기에, 그것을 존중할 수 있어야 할 것입니다.

인간의 성에는 쾌락과 사랑이 함께 들어 있습니다. 어느 하나 무시할 수 없는 선물입니다. 사랑 없이 쾌락에만 빠지면 성적인 쾌락은 허무하고 쾌락 자체가 고통으로 변합니다. 사랑 역시 쾌락을 통해서 오래 지속되는 특징이 있습니다. 십계명에 말한 성적인 계명은 성 자체를 억누르는 것이 아니라, 다른 사람의 신체, 특히 약자인 여성의 몸을 지켜주어야 한다는 것이지요. 예수의 말씀 역시 규칙을 중시하는 사람을 향해서 얼마나 그것을 철저히 지킬 수 있는지 반문하는 질문이라고 볼 수도 있습니다.

싱클레어는 데미안을 통해서 교리적으로 성서를 읽는

것이 아닌 다른 방법이 있다는 것을 알았지만 자신의 고민 역시 새롭게 바라볼 수 있다는 것을 깨우치기에는 아직 이릅니다. 그래서 기독교적 가치관 속에서 성적 욕망을 두려움과 양심의 가책으로 받아들이고 있습니다. 하지만 교리가 몸의 자연스러운 욕구를 막아낼 수는 없습니다. 싱클레어는 겉으로는 밝음을 따라서 성에 대해서 무관심한 척하지만 어두움 속에서 꿈틀거리는 성의 비밀을 다양한 방법으로 느끼고 있음에 틀림없습니다. 오늘날 청소년들이 음지 속에서 성을 얘기하고 경험하는 것과 마찬가지입니다.

이렇게 이중적인 생활을 하면서 싱클레어는 자신의 유년 세계가 붕괴하고 있음을 직감합니다. 유년기와 같이 부모님이 이 문제를 해결해 줄 수가 없습니다. 부모님은 모른 척 할 수밖에 없습니다. 싱클레어는 스스로 문제를 해결해야 합니다. 골칫거리가 자신 속에서 생겨난 것입니다. 이전에 크로머라는 바깥의 인물이 자신을 위협하는 존재였다면 이제는 내 자신이 문제가 된 것입니다. 그렇습니다. 성장의 고통은 바깥에서 시작되기보다는 내면에서 울려나는 것입니다. 그 소리를 듣기 시작할 때부터 어른이 되는 것입니다. 싱클레어는 본격적으로 자신과 대결하면서 성장을 향해 나아가고 있습니다.

싱클레어가 자신의 내면을 보기 시작하면서 크로머의 존재감은 사라집니다. 어두운 세계를 알려 준 크로머는 그만큼의 역할을 하고 싱클레어에게 더 이상 의미 없는 존재가 되어 버린 것입니다. 어두움이라는 것은 그 속에 있을 때에는 갈피를 잡지 못하지만, 막상 벗어나보면 아무것도 아니게 됩니다. 그런데 크로머를 물리친 것은 사실 싱클레어 자신의 힘이 아니라, 데미안이라는 또 다른 외부의 인물을 통해서였습니다. 만약에 스스로 크로머를 이겼다면 싱클레어는 자신 속에서 생겨나는 문제 역시 쉽게 해결할 수 있었을 것입니다. 자립의 힘을 아직 충분히 얻지 못하였고, 그 방법을 어렴풋이 데미안을 통해서 엿보았기에 이번에도 데미안은 스승이자 친구의 역할을 다합니다. 사실 사람 사이에서 완전한 자립이란 있을 수 없고, 항상 누군가와 도움을 주고받으면서 우리들은 살아갑니다. 다만 의존하지 않고 자신의 관점에서 도움을 요청하고 베푸는 것이 중요하지요.

✝아우라

자신의 법칙에 따라서, 아우라에 에워싸인 독립된 별처럼 낯설고 외롭게, 조용히 거닐고 있는 모습이 보인다.

데미안은 무리들 가운데 있지만 자신의 존재감을 분명하게 드러내고 있습니다. 정신적으로 무엇인가 포스를 데미안은 가지고 있는 것이지요. 이것을 아우라aura라고 말할 수 있습니다. 원래 아우라는 복제품이 아닌 예술 작품의 진본이 가지고 있는 독특한 분위기를 말합니다. 그 누구도 흉내될 수 없는 자신만의 카리스마를 데미안은 지니고 있는 것 같습니다. 싱클레어는 카인과 아벨의 이야기를 통해서 그것이 카인의 이마에 찍힌 인장일 수 있음을 배웠습니다. 그리고 순간적이지만 아버지를 속이는 행동을 통해서 자신도 그 분위기를 어렴풋이 느끼기도 했습니다. 이제 데미안이 가지고 있는 그 아우라를 자신의 것으로 만들어서 싱클레어 자신의 법칙을 수립하는 것이 싱클레어의 앞으로 과제로 남게 됩니다.

이렇게 자신만의 독특한 분위기를 풍기는 데미안은 곳곳에서 싱클레어의 시선 속에 들어오게 됩니다. 싱클레어의 집 현관문 위의 문장을 유심히 관찰하는 데미안, 거리에서 벌어진 사건을 멀찍이 바라보는 데미안. 싱클레어는 데미안의 얼굴에서 성과 나이, 시대를 초월한 듯한 모습을 발견합니다. 어떤 인물을 이상적으로 동경하게 될 때, 그 인물은 현실을 벗어난 영웅으로 상상됩니다. 지금 싱클레어는 현실 속의 데미안을 한 명의 영웅으로 이상화하고 있는 것입니다. 데미안의 독특한 분위기와 어울려서 지금 데미안은 싱클레어에게 유령같이 존재하고 있습니다.

이렇게 유령같이 떠도는 인물인 데미안에게 갖은 소문

이 따라 다닙니다. 유태인, 이교도인, 무신론자 등 갖가지 꼬리표가 붙어 다닙니다. 데미안의 어머니는 이러한 소문에 둘러싸인 아들의 장래가 걱정스러웠는지 아들에게 교회의 정식 구성원으로 인정받는 입교식을 받게 합니다. 기독교 문화에서 교회를 다니지 않는다는 것은 모난 행동으로 간주되기에, 아들이 사람들한테 무난하게 받아들여지기를 바랐던 것 같습니다. 입교식을 위해서는 입교식 수업을 받아야 합니다. 이때 싱클레어도 입교식 수업을 받게 됩니다. 이제 멀리서 바라보던 데미안이 다시 현실의 인간으로 싱클레어에게 다가오는 기회가 마련됩니다.

같이 입교식 수업을 듣지만 수업 내용에 집중할 수가 없습니다. 싱클레어는 성에 대한 고민이 당면한 최고의 고민이기에 기독교 교리를 설명하는 입교식 수업은 따분할 수밖에 없습니다. 데미안 역시 자신만의 관점으로 성서를 이해하고 있기에 수업에서 목사님의 설명이 눈에 들어오지 않았을 것입니다. 앉아 있지만 서로 다른 생각을 하는 두 사람의 시선이 마주치는 일이 생깁니다. 카인과 아벨의 이야기가 수업 내용에 나왔을 때입니다. 목사님은 옛날 방식으로 이야기를 설명하였을 것입니다. 하지만 카인의 표적을 달리 이해했던 싱클레어와 데미안에게 목사님의 설명은 우스웠을 것입니다. 그들은 목사님과 다른 자신들만의 견해를 통해서 영혼이 서로 연결되어 있음을 묘하게 느낍

니다. 정신적으로 같은 생각을 한다는 것은 영혼의 친구가
되는 것입니다. 그들은 그 순간 친구가 된 것입니다.

이제 싱클레어의 수업태도가 바뀌기 시작합니다. 영혼의
친구가 있기에 목사님의 수업 내용에 동의하지 않더라도
자신들만의 방식으로 그것을 새롭게 이해합니다. 데미안은
비판과 의심을 통해서 재미없는 수업에 재미를 더해 줍니
다. 훌륭한 친구라고 말할 수 있습니다. 데미안과 수업을
같이 하면서 싱클레어는 데미안에게서 소중한 진리를 하나
깨우치게 됩니다. 인간의 의지와 집중력에 관한 것입니다.

모든 힘을 어떤 목적에 집중하면 그것을 이룰 수 있어.

**어떤 상황이라도 북극에 가겠다고 상상한다면, 그걸 이루기
위해서는 내 모든 존재가 그것을 지배할 수 있도록 강하게 원해
야 하는 거야. 네 자신 안에서부터 그렇게 되도록 명령받을 때,
그걸 이룰 수 있고, 말 잘 듣는 말처럼 의지를 마음껏 사용할 수
있는 거야.**

✝ 의지와 집중력

싱클레어는 데미안이 사람의 행동을 정확하게 예측하거
나 자신의 뜻대로 움직이게 하는 신기한 능력을 가진 것에
놀랍니다. 데미안은 수업 시간에 친구가 목덜미를 긁는 순

간을 예측합니다. 선생님의 시선을 자신한테 돌리게 하여 숙제를 해 오지 않은 싱클레어를 구해 주기도 합니다. 싱클레어는 이러한 데미안의 능력을 자유의지라고 생각합니다. 그리고 더 많은 것을 보여 달라고 요청합니다. 데미안은 이것이 자유의지가 아니라 사람을 유심히 관찰하는 데에서 나온 것이라고 말합니다. 어떤 것을 집중해서 관찰하면 어떤 일을 예측할 수 있다는 것이지요. 아마 친구를 유심히 관찰하면서 친구가 목덜미를 긁는 습관을 발견하고 어떤 시기에 그것을 하는지를 알았기에 친구가 긁는 순간을 정확히 예측할 수 있었을 것입니다. 이것은 곧 주의력을 가지고 어떤 대상을 꼼꼼히 관찰하면 그것을 충분히 알 수 있다는 것입니다. 상대방도 모르는 것을 오히려 내가 더 잘 알 수도 있다는 것이지요. 문제는 의지와 집중력입니다.

싱클레어는 데미안이 인간에겐 자유의지가 없다고 말했는데, 어떻게 의지와 집중력을 가지면 목표를 달성할 수 있느냐고 반문합니다. 이제 싱클레어도 비판하고 의심할 수 있는 능력이 생긴 것입니다. 데미안은 싱클레어의 반문에 흡족해 하면서 설명합니다. 의지라는 것은 만능열쇠와 같이 모든 것을 해결할 수 있는 것이 아니라 가능성과 한계를 정확히 알고, 그것을 충분히 소망할 때 비로소 실현되는 것이라고. 나는 달에 가고 싶은 의지를 가질 수는 있지만 현재의 조건으로는 거의 불가능함을 알기에 그러한 의지를 실행하려고 감히 생각하지 않습니다. 그것은 다만 상상 속의 여행으로만 가능하기 때문이죠. 하지만 북극에 가고 싶은 의지가 정말로 있다면 그것을 온전한 자신의 소망으로 만들 수 있습니다. 나는 그것을 이루기 위해서 체력 훈련을 할 수도 있으며, 필요한 돈을 모을 수도 있겠죠.

이렇게 소망이 자신의 본질이 될 때, 비로소 의지는 실현되는 것입니다. 그리고 의지를 가지고 있으면 어떤 기회가 생기면 그것을 자신의 것으로 즉시 만들 수가 있습니다. 마음속에 항상 준비를 하고 있어야 한다는 것입니다. 막연하게 북극에 가고 싶다는 꿈만 가지면 막상 기회가 생겨도 무엇을 어떻게 해야 할지 몰라서 그 기회를 놓쳐 버리게 되는 것입니다. 철저한 관찰을 통해서 자신의 가능성과 한계를 정확히 구별할 수 있어야 하며, 온전한 소망과 의지로 항상 기회를 준비하는 자세를 가질 것을 데미안은 구체적 사례를 통해서 알려 준 것입니다.

인간이 절대적 자유의지를 가진다는 것과 이 세상의 모든 것은 원인과 결과의 연결 고리에 따라 이미 결정되어 있다는 결정론의 대립은 오래된 논쟁입니다. 자연의 법칙이 있는 것과 같이 사회 현상에도 일정한 법칙이 있을 수 있습니다. 종교에서는 신이 모든 것을 결정한다는 주장도 있지요. 분명 우리들은 자연의 한계 속에서 살아갑니다. 누구도 생로병사의 자연의 법칙을 뛰어넘을 수가 없습니다.

사회 속 인간의 행동 역시 사회적 환경의 영향을 받지 않을 수 없지요. 남한과 북한의 사회적 환경이 다르기에 남한 주민과 북한 주민이 생각하고 행동하는 방식은 너무나 다르다고 볼 수 있습니다. 하지만 자연적이고 사회적 환경의 한계 속에서도 인간은 자신의 장래를 설계하고, 그것을 실현하기 위해서 뜻을 모아 나갑니다. 인간의 생각과 행동에 자유가 바탕이 되지 않으면 우리는 어떤 일에 책임을 질 수도 없습니다. 그래서 자유의지는 인간의 도덕적 삶을 위해서 현실적으로 요청되는 측면도 있는 것입니다. 그래서 도덕철학자 칸트l. Kant는 이렇게 말합니다.

이성적인 존재의 의지는 오직 자유의 이념 아래에서만 자기 자신의 의지일 수 있으므로, 〔자유의 이념은〕 실천적인 관점에서 모든 이성적인 존재에게 주어져야 한다.

– 칸트, 『도덕형이상학을 위한 기초 놓기』 중에서

✝ 도덕과 자유의지

여기서 칸트는 인간의 도덕이 가능하기 위해서는 자신이 스스로 도덕 법칙을 세울 수 있어야 하고, 그것을 실행에 옮길 능력이 있어야 한다고 생각합니다. 그것은 오직 이성적 인간에게나 가능한 일이지요. 본능의 요구에 따라 먹이를 사냥하는 동물한테 왜 살생하냐고 책임을 묻지 않습니다. 정신이상자가 범죄를 저지르면 역시 당사자한테 책임을 물을 수 없습니다. 이성이 마비되었다고 보기 때문이죠. 칸트는 모든 것이 결정되어 있는 자연 세계와 달리 인간은 자율적으로 법칙을 만들 수 있다고 생각합니다. 특히 선한 행위를 하려는 의지는 강제가 아닌 스스로 세운 자신의 도덕 법칙이 있기 때문에 가능한 일이라고 볼 수 있습니다. 이렇게 원래 자유의지는 인간의 자율적인 삶과 도덕을 위해서는 핵심적인 요소라고 볼 수 있습니다.

그런데 데미안이 겉으로 자유의지를 부정하는 것은 기독교 교리가 말하는 인간의 죄악을 설명하기 위한 수단으로서 자유의지를 비판하기 위한 것입니다. 기독교에서는 선한 하느님이 어떻게 세상의 악을 허용할 수 있는가의 문제에 인간의 자유의지를 가지고 설명합니다. 이것은 곧 선과 악이 분명하게 대비되는 두 가지 세계의 논리에 기초하고 있는 것입니다. 기독교에서는 이 세상은 선하게 창조되었지만 하느님의 질서가 흐트러질 때 악이 생긴다고 봅니다. 선하게 창조된 인간이 자유의지를 잘못 사용함으로 악이 생기기에 인간은 자신의 의지를 신의 뜻에 맞게 올바르게 사용해야 한다는 것입니다. 데미안은 악을 인간의 타락한 행위로 바라보는 기독교의 교리에 반대합니다. 데미안은 자유의지가 종교적 의미로만 이해되어서는 안 된다고 생각하는 것 같습니다. 악은 선이 부족하거나 타락해서 생기는 것이 아니라 그 자체로 존재하는 어떤 것입니다. 인간이 의지를 잘못 사용해서 죄악의 구렁텅이에 빠지는 것이 아닙니다. 선한 세계와 마찬가지로 악의 세계 역시 원래 존재합니다. 인간의 의지를 부정적으로 생각하고 자기 밖의 어떤 기준에 맞추려는 태도는 진정한 자유인의 정신이 아닐 것입니다. 종교적 의미에서 신의 뜻에 맞추려는 자유의지가 아닌 자신의 온전한 소망을 실현하는 수단으로 인간의 자유의지가 사용되어야 한다는 말입니다.

✝예수 옆에 매달린 도둑

데미안이 또 하나의 세계인 어두움의 세계를 밝은 세계와 같은 비중으로 생각하고 있다는 것을 싱클레어는 성서 속에 나오는 이야기를 통해서 알아채기 시작합니다. 싱클레어가 그렇게 고민하고 있던 어두움의 세계가 어떤 의미를 가지는지 데미안은 처음으로 일깨워 줍니다. 두 사람은 수업 시간 중에 성서 속에 나오는 예수 옆에 매달린 도둑 이야기를 하게 됩니다. 예수는 사람들을 선동하고 하느님을 불경스럽게 했다는 죄목으로 고소되어 죽음의 십자가형에 처하게 됩니다. 예수의 십자가 양 옆에는 두 명의 도둑이 역시 십자가형으로 죽음을 기다리고 있습니다. 죽음이 임박해지자 한 명의 도둑은 예수에게 하느님의 아들로서 능력이 있다면 자신을 살리고 우리도 살려 보라고 조롱

합니다. 반대편의 도둑은 이 분은 죄가 없이 십자가에 매달렸다고 하면서, 예수가 다시 올 때 자신을 기억해달라고 부탁합니다. 예수는 이 도둑을 축복합니다.

기독교 교리에서는 죽음의 순간에 예수를 인정하고 자신의 죄를 회개함으로써 구원을 얻은 도둑의 예를 들어서 마지막이라도 예수를 받아들이면 누구나 구원을 받을 수 있다고 설교합니다. 그런데 데미안은 정반대로 끝까지 자신의 길을 간 다른 도둑이 오히려 당당한 개성을 가진 인물로 높이 평가해야 한다고 말합니다. 말 한마디로 자신의 이전 모든 행동을 뒤바꾸려는 자세를 쩨쩨하고 비겁한 행동이라고 데미안은 평가합니다. 듣기 좋은 말이 아니라 자신의 행동에 끝까지 책임을 지고 간 도둑이 오히려 진실한 친구의 자격을 가질 수 있다는 것입니다. 그리고 이 도둑 역시 카인의 후예처럼 정당한 평가를 받지 못하고 잘못 이해되고 있다고 바라봅니다. 싱클레어는 이 장엄하고 비극적인 고난의 장면조차도 새롭게 해석하는 데미안의 의견에 순간적으로 저항합니다.

데미안은 사실 도둑에 대한 평가 자체를 바꾸어 보려는 의도보다는 기독교 교리가 가진 편협함을 일깨우기 위해서 이 일화를 출발점으로 삼은 것입니다. 데미안은 기독교의 신이 지극한 선, 아름답고 고귀한 특징만 가진 것으로 숭상 받고 있기에, 이 세상의 다른 절반을 온전히 포함할 수 없다고 말합니다. 이 세상에 있는 온갖 죄와 악들은 신과 관련이 없는 악마의 소행으로 넘겨진다는 것입니다. 그래서 데미안은 선언합니다. 세계 전체를 존경하고 간직하기 위해서는 신에 대한 예배와 더불어 악마 예배도 만들어야 한다고 말입니다.

단지 억지로 분리된 반쪽뿐만 아니라 모든 것들을 신성하고 완전한 세계로 받아들여야 한다는 것이야! 곧 신에 대한 예배와 더불어 악마한테도 예배를 드려야 한다는 것이야. … 그렇지 않다면 악마를 포함한 신을 자신을 위해 만들어야 해. 세상일들이 일어날 때 그 앞에서 눈을 감을 필요가 없는 신 말이야.

✝죄와 악을 받아들이기

데미안은 선과 악으로 세계를 나누어 선만을 숭배하는 기독교의 신에 의문을 제기합니다. 기독교에서 하느님은 선이요, 세상의 악은 잘못된 인간의 의지로 인한 선의 부족 때문에 생긴다고 말합니다. 결국 세상에서 일어나는 여러 가지 일들에 대해서 신은 책임이 없거나 돌아 앉아 있는 꼴이 되어버립니다. 데미안은 죄와 악을 모른 척하는 것이 아니라 일어날 수 있는 자연스러운 일로 받아들이고 그것을 똑바로 바라볼 것을 요청하는 것입니다.

싱클레어는 자신 안에 들어 있는 어두움의 세계를 끄집

어내어 확인해 주는 데미안의 지혜에 두려움과 경외감을 느낍니다. 크로머를 통해서 그렇게 들어온 또 하나의 세계인 어두움이 드디어 자기 이름을 찾기 시작한 것입니다. 현재 자신의 내면에 있는 성적인 욕구가 결코 수치스럽거나 더러운 것이 아니라는 것도 깨닫기 시작합니다. 밝음에서 나오지는 않았지만 그것 역시 하나의 세계로서 존중받을 수 있다는 것입니다.

두 세계의 모습과 관계가 어렴풋이 떠오르며 자신의 고민이 해결되고 있음을 느끼면서도 싱클레어는 두려움의 감정을 가지게 됩니다. 또 하나의 세계로서 어두움을 인정하라고 말했을 때, 모든 죄악을 행해도 좋다는 말은 아닌가. 싱클레어는 실제 금지된 일들이 있지 않느냐고 질문합니다. 살인과 거짓말과 같이 인간의 삶에서 금지된 것과 허용된 것이 분명히 있습니다. 인간은 어떤 일이라도 할 수는 없는 것입니다. 데미안은 싱클레어가 가질 수 있는 오해를 지금 시점에서 속 시원히 풀어 줄 수는 없지만 한 가지 힌트를 줍니다. 최종 해답은 결국 싱클레어 자신이 풀어야 하는 것이지요.

데미안은 무엇이 허용되고 무엇이 금지되어 있는지를 스스로 묻고 찾아야 한다고 말합니다. 살인은 일반적으로 금지된 것이지만, 정당방위와 같은 특수한 상황에서는 허용되기도 합니다. 더 큰 이익을 위해서 선의의 거짓말을 하기도 합니다. 누군가 정해 놓은 금지와 허용이 모든 상황에서 누구한테나 적용될 수는 없다는 것입니다. 그것에 맞추어 살아 갈 때 우리들의 개성과 자유는 오히려 사라질 수 있다고 데미안은 생각하는 듯합니다. 무엇이 금지되어 있는지, 어떤 것을 해도 좋은지에 골몰하면서 살아가기 보다는 어떤 일이든 가능하다는 적극성을 가지면서, 자신의 행동에 책임지며 살아가는 것이 오히려 자주적이고 주체적인 삶이라고 볼 수 있을 것입니다.

✝ 사상과 개성의 종단

내가 받아들여질 곳은 교회가 아니라 완전히 다른 어떤 곳이었다. 그곳은 지구 어딘가에 존재함에 틀림없는, 그 대표자나 사신이 내 친구라고 생각되는 사상과 개성의 종단(宗團)이었다.

싱클레어와 데미안은 입교식을 통해서 정식으로 교회의 구성원이 됩니다. 하지만 그들은 교리적으로 성서를 해석하고, 이 세상의 한 부분만을 인정하는 전통적인 기독교와는 다른 길을 가게 됩니다. 생각의 자유와 개성 있는 삶이 무엇인지 데미안은 이미 그 길을 보여 주고 있습니다. 싱클레어는 데미안을 따라서 주저하면서도 기꺼이 그 길을 받아들이게 됩니다. 온갖 진통을 겪으면서. 사실 기독교인 중

에서도 데미안과 같이 인간의 자유와 개성을 숭상하면서
도 하느님을 믿고 있는 사람들이 많이 있습니다. 그들은
교리적으로 정해진 신의 모습을 성서에서 발견하려고 하
기보다는 충분한 생각을 통해서 하느님의 뜻이 무엇인지
를 가늠하고자 합니다. 그리고 기독교의 계율에 얽매이기
보다는 그러한 계율의 원래 취지가 무엇인지, 오늘날 그것
을 어떻게 적용할 것인지를 고민합니다. 그들은 세상의 밝
은 면만 보는 것이 아니라, 어두움을 늘 직시하며, 어떻게
세상을 평화로운 곳으로 만들 것인지 묻고 행동을 합니다.
여기 한 신비주의 기독교 사상가의 글에는 인간의 온전한
자주성이 결국 신적인 경지에 이르는 모습을 볼 수 있습니
다. 그리고 세상의 만물이 결국 하나로 소통하는 일체감을
느낄 수 있습니다.

내가 한 인간이라는 점은
모든 사람과 나의 공통점이다.
내가 보고 듣고 먹고 마신다는 점은
모든 동물과 나의 공통점이다.
그러나 내 본성은 오로지 내 것이며,
내 안에 있어야 마땅하고
다른 누구의 것도 아니며
천사나 하나님의 것도 아니다.

내가 하나님과 하나가 되어 있다는 점 말고는.

-프롬, 『너희도 신처럼 되리라』 중에서

┼종교적 마음

싱클레어의 유년기가 무너져 내려가는 모습을 기독교 교리에 대한 이해를 중심으로 살펴보았습니다. 따뜻하고 친밀한 가족의 분위기가 싱클레어의 어릴 적 감정세계를 만들었다고 한다면 기독교의 문화는 싱클레어 정신세계의 밑바탕이 되었습니다. 그런데 싱클레어가 접한 기독교의 세계는 이미 수천 년의 역사가 된 거대한 유산으로 어린 싱클레어에게 질문을 허락하지 않는 교리로서 기독교였습니다. 예수의 드라마틱한 삶과 죽음, 그를 따르고 믿었던 사람들의 희망과 열정이 모두 한 줄의 교리 문답이 되어 암기 대상이 되었던 기독교였습니다. 생동감이 사라진 기독교 신앙은 싱클레어의 성장을 감당하지 못합니다. 육체와 정신은 나날이 자랍니다. 세상을 향해서 온갖 호기심과 욕구가 생기기 마련입니다. 여기에는 미리 정해진 정답으로 해결할 수 없는 자신만의 문제가 들어 있습니다.

일반적으로 종교는 인간이 삶에서 해결할 수 없는 문제에 나름의 해답을 줍니다. 우리가 왜 살아가야 하는지, 어떻게 살아가야 하는지, 죽음 이후의 삶은 어떤 것인지에 대해서 종교는 대답을 가지고 있습니다. 인간은 현실에 붙

들려 살아가는 것이 아니라, 무엇인가 현실을 초월하여 더 나은 어떤 것을 염원한다는 측면에서 종교적 마음을 가지고 있다고 볼 수 있을 것입니다. 예수나 부처 같은 성인聖人은 먼저 깨달은 자로서 우리들이 나아가야할 바를 먼저 살아간 사람이라고 볼 수 있습니다. 하지만 아무리 위대한 사람이 깨달은 삶의 진리라고 하더라도 그것이 나의 피와 살이 되기 위해서는 내 속에서 각성이 일어나야 합니다. 성인의 깨달음은 종교적 교리를 통해서 우리들한테 쉽게 전해집니다. 그렇지만 그것이 우리 자신의 진리가 되지는 않지요. 싱클레어가 현실 속에서 자신의 문제를 풀어 나가는 데 기독교 교리가 큰 도움이 되지 않았던 것은 그것을 몸소 자신의 문제로 생각할 기회가 없었기 때문입니다.

종교인뿐만 아니라 공부를 하는 사람들은 모두 싱클레어와 같은 문제에 직면할 수 있습니다. 위대한 사상이 도대체 나의 삶과 어떤 관계가 있느냐는 것입니다. 현재 내가 살아가는 데 종교와 사상이 큰 영향을 끼치지 않는다면 그것은 쓰레기가 될 수도 있겠지요. 그런데 시대와 역사를 견뎌서 지금 우리한테 전해진 종교와 사상은 사실 그 안에 훌륭한 의미들을 가지고 있습니다. 다만 그것들을 현재에 어떻게 살려 내느냐에 따라서 보석이 될 수도 있고, 그렇지 않으면 돌멩이에 지나지 않을 수도 있습니다. 좋은 공부를 하는 사람, 참된 종교인은 이렇게 그 지식과 깨달음을 직접 몸에 입기 위해서 부단히 노력하는 사람입니다.

현대 사회와 같이 세속적인 사회에서 종교가 더 이상 가치가 없다고 주장할 수도 있겠네요. 실제로 종교를 가지지 않은 사람들도 많이 있습니다. 그런데 종교를 특별한 종교 교리나 종교 의식을 통해서 파악하기보다는 사람들의 어떤 마음가짐으로 파악한다면 인간은 모두 종교인이라고 볼 수도 있습니다. 엘리아데M. Eliade같은 종교학자는 종교를 이 세상 속에서 성스러운 것들이 나타나는 현상으로 파악하고 있습니다. 속俗된 이 세계에서 성聖이 없다면 인간은 삶의 가치와 의미를 잃어버린다고 합니다. 성스러운 것이란 무엇인가 대단한 것이 아니라 일상의 삶에서 우리가 알게 모르게 실천하고 있는 것들입니다. 똑같은 시간의 흐름인데, 우리들은 어떤 날을 기념일로 만들어 그날을 축하하지요. 평범한 한 그루 나무인데 어떤 나무들은 마을을 수호하는 신으로 생각하여 제사를 지내기도 하지요. 엘리아데는 원시 시대부터 인간은 시간과 공간을 성스럽게 만듦으로 이 불안하고 보잘 것 없는 삶을 무엇인가 안전하고 소중한 것으로 만들었다고 생각합니다. 성스러운 것을 추구하는 것과 같은 종교적 마음이 없다면 인간의 삶은 불가능하다고 엘리아데는 생각하는 것 같습니다.

종교를 어떻게 바라보든, 종교적 계율을 단순히 지키는 것이나 종교 의식에 참여하는 것으로는 종교의 진정한 가치를 맛볼 수 없습니다. 때로는 고민과 갈등, 방황이 있더라도 자신의 종교를 철저하게 탐구해 보는 자세가 필요합니다. 종교인이 아니라도 자신의 삶을 되짚어 보고 그 의미를 탐색해 보려는 노력은 있어야 할 것입니다.

생각하고 같이 이야기해 봅시다

1. 나는 종교를 가지고 있나요. 나의 종교를 설명해 보고 내가 종교를 가진 이유를 말해 봅시다. 종교가 없다면, 특별한 이유가 있는지 말해 보고, 종교인에 대해서 느끼는 감정을 나누어 봅시다.

2. 우리 주위에서 성(性)은 어떻게 보여 지고, 이야기되고 있나요. 성교육 경험을 이야기해 보고 성을 어떻게 가르치면 좋을지 말해 봅시다.

3. 인간의 자유의지와 결정론 중 어떤 것이 더 설득력이 있다고 생각하나요. 자신의 경험을 통해서 자유의지와 결정론을 설명해 봅시다.

4. 왜 이 세상에 악(惡)이 생길까요. 여러 가지 입장에서 우리들 마음 속의 악이나, 사회 속 악의 원인을 설명해 봅시다.

칸트와 도덕적 자유

나는 지금 중요한 시험을 앞두고 시험 장소로 급히 가고 있습니다. 그런데 한적한 골목에서 자전거를 타고 오던 한 친구와 자동차가 충돌해서 친구가 심한 부상을 입게 되었습니다. 자동차는 재빠르게 도망을 갔습니다. 친구를 도와주고는 싶은데, 그렇게 하면 시험에 늦을 것이고 일 년의 노력이 헛수고가 될 것이 뻔합니다. 여러분이라면 어떻게 할 것인가요. 도덕적 답은 그 친구를 도와야 한다는 것이죠. 그런데 왜 굳이 나의 이익을 포기하면서 그를 도와야 하는 것일까요. 내가 그를 도와야 하는 필연적 이유가 있는 것일까요. 칸트는 그것을 도덕적 의무에서 찾습니다. 의무란 반드시 해야 하는 것으로 모든 사람들이 따라야하는 법칙이라고 할 수 있습니다. 물은 아래로 흐른다는 자연법칙이 있는 것과 같이 인간들의 도덕세계에도 도덕법칙이 있을 수 있으며, 그러한 도덕법칙이 있다면 그것은 누구에게나 적용되어야만 하는 보편적인 것이라고 생각합니다. 칸트는 이러한 도덕법칙은 무조건적인 명령('정언명령')에서 유래한다고 봅니다. 어떤 목적을 이루기 위한 수단으로서 명령이 아니라 그 자체 힘과 구속력을 가진 명령입니다. 수단으로서 명령('가언명령')은 목적이 바뀌면 변화할 수 있기에, 그리고 같은 목적이라도 여러 수단이 있을 수 있기에 그 자체로 따르기에는 한계가 있다는 것입니다. 왜 인간은 도덕적 명령을 따라야 하는 것일까요. 인간 자체가 하나의 목적으로 가장 존엄한 존재이기 때문입니다. 목적으로서 인간성을 실현하기 위해서 도덕적 의무를 실천해야 한다는 것이지요. 그렇게 하기 위해서는 인간에게 도덕적 자유가 필수적으로 요청됩니다. 인간은 도덕적 의무를 따를 수도 있고, 자신의 욕망이나 다른 목적을 쫓을 수도 있지요. 자유란 스스로(自) 말미암는다(由)는 것을 말합니다. 자기 바깥에 있는 것을 따를 때, 그것은 자유롭지 않다는 것입니다. 개인의 욕망이나 이기심은 자신한테서 나오는 것이라고 생각할지 모르지만, 다른 목적을 이루기 위한 수단이기에 진정 자신의 것이라고 할 수는 없지요. 진정한 자유란 선한 행동을 하려는 의지 그 자체('선의지')에 있을 뿐이라고 칸트는 생각합니다. 그리고 그러한 선의지를 통해서 스스로 도덕법칙을 세우고 그것에 충실히 따를 때 자율적 인간이 된다고 합니다.

따라서 나의 이익을 위해서 그 친구를 지나치는 것뿐만 아니라, 어떤 종교적 명령이나 칭찬의 유혹, 또는 자기 만족감을 위해서 친구를 돕는다고 하더라도 칸트적 의미에서는 진정한 도덕적 행위가 아닐 것입니다. 단지 그 친구 자체를 인간으로 존중하고, 위험에 빠진 사람은 도와야 한다는 마음 자체에서 우러난 행동만이 도덕적 행위로 인정받을 수 있다는 것입니다.

 ## 엘리아데와 성스러움(聖)

세계적으로 유명한 예술품의 전시회가 우리나라에서 가끔 열리는 때가 있습니다. 이 예술품을 보기 위해서 사람들은 몇 시간 줄을 서서 기다립니다. 비록 그 작품을 볼 수 있는 시간이 몇 분으로 제한되어 있지만 사람들은 아랑곳 하지 않고 힘들게 긴 줄을 섭니다. 막상 그 작품을 대면하면 꼼꼼하게 그것을 감상할 여유도 없지만 관람자들은 무엇인가를 이루었다는 뿌듯한 마음으로 그 자리를 벗어납니다. 목적은 다르지만 죽은 자를 참배하기 위해서 분향소 바깥까지 긴 행렬이 이어지는 것을 보기도 합니다. 작품 감상이라는 정신적 쾌락과 죽은자에 대한 애도의 감정은 상반되는 정서이지만 무엇인가 그것을 꿰뚫는 공통점이 있다고 볼 수는 없을까요. 이것은 흡사 우리가 사원이나 예배당에서 종교의식을 치를 때 느끼는 감정과 크게 다르지 않습니다. 마음을 가다듬고 어떤 거룩한 공간에 다가가서 경건하게 신령한 사물을 대한다는 것, 그리고 그것과 대면하고 나서 무엇인가 마음이 정화되었다는 느낌을 갖는 것이 일종의 종교적 감정과 비슷하다는 것입니다.

이러한 현상은 현대인들이 세속적 사건 속에서도 성스러운 것들을 경험하는 것이라고 볼 수 있습니다. 달리 얘기하면 인간은 사람과 사물, 시간을 성스럽게 만들지 않으면 삶의 의미와 가치를 발견하지 못한다고 말할 수도 있을 것입니다. 이렇게 거룩함이 일상적으로 드러나는 것을 엘리아데라는 성스러움의 드러남(聖顯)이라고 말합니다. '성현'은 태초부터 인간의 기본적 조건이었기에 굳이 그것을 종교적 현상으로만 파악할 필요가 없다고 엘리아데는 말합니다. 태초에 신이 천지를 창조하여 질서와 조화의 코스모스를 창건한 것과 같이 인간은 공간과 사물에 거룩함을 부여함으로 그것을 의미있게 만들고자 합니다. 나무와 돌을 숭배하는 것은 그 자체를 숭배하는 것이 아니라 그것이 인간사에 영향을 끼치는 거룩한 것이라고 생각하기에 숭상하는 것이지요. 사원과 예배당과 같은 공간은 전형적으로 인간의 거룩함이 집중된 곳으로 인간은 그것을 세상의 중심으로 삼아서 숭배합니다. 그 속에서 인간 자신이 우주 창조 질서에 참여한다는 생각을 가지게 되고 세상의 중심으로 자신을 거룩하게 여기게 되는 것입니다. 인간은 시간 역시 거룩하게 만듭니다. 정월 초하루나 생일날, 국경일, 연인과 만난 날 등을 평범한 시간의 흐름에서 분리하여 특별하게 만들고자 합니다. 이역시 흘러가버리는 시간들을 순환시켜서 그것을 자신의 시간으로 만들려는 창조적인 욕구와 관련된다고 볼 수 있습니다. 성스러움과 세속이 교차한다는 측면에서 인간은 원초적으로 종교적 인간이라고 말할 수도 있을 것입니다.

4장

베아트리체, 사랑을 주다

이번 장에서는 싱클레어의 고독과 사랑에 대해서 같이 생각해 보겠습니다. 우리들은 언제 외로움을 느끼는 것일까요. 고독의 감정은 어떤 것인가요. 고독은 우리들의 삶에 필수적인 것인가요, 가급적 없는 것이 좋을까요. 반대로 우리는 사랑을 언제 경험하나요. 사랑은 누구와의 관계이며, 어떤 느낌으로 다가오는 것인가요. 사랑에도 기술이 필요한 것인가요. 사랑 때문에 끊임없이 상처를 받으면서도 왜 사람들은 그것에 몰두하는 것일까요.

╫개인 그리고 사회적 인간

사람은 하나의 개인입니다. 서양에서 개인individual이란 더 이상 나눌 수 없는in + dividable 가장 작은 단위를 뜻합니다. 몸과 정신이 제 역할을 해서 스스로 살아갈 수 있는 힘을 가질 수 있을 때 하나의 개인이 되는 것입니다. 개인으로서 인간은 사람답게 살아갈 권리를 가지며, 또한 인간된 도리와 의무를 다할 수 있습니다. 그 어떤 다른 누구도 아니기에 개인은 외로울 수 있습니다. 스스로 설 수 있는 개인이 되기 위해서는 다른 것들로부터 독립할 수 있어야 하기에 고독을 감수할 수 있는 용기도 필요한 것입니다.

사람은 개인이면서도 더불어 살아가는 사회적 인간입니다. 한문으로 사람 인人에서 서로 기대는 두 형체를 볼 수 있듯이 개인은 누군가를 필요로 합니다. 우리의 몸이 누군가에서 온 것과 같이 정신 또한 무수한 것들과의 관계를 통해서 만들어지는 것이지요. 사람사이의 관계에서 나타나는 것이 사랑입니다. 혈육의 보살핌에서 시작하여, 친구 사이의 우정, 이성 또는 동성 간의 연애에 이르기까지 관계를 맺고 살아가기 위해서는 사랑이 필요합니다.

✝내면의 적

싱클레어는 이제 유년기와 아동기를 지나서 청년기로 접근하고 있습니다. 그 과정에서 여러 가지 홍역과 같은 아픔을 겪고 있습니다. 새로운 세계의 등장으로 익숙한 세계가 이제 불편해졌습니다. 비판과 의문이 무엇인지도 알게 되어서 자신의 종교를 새롭게 바라보기 시작하였습니다. 개성과 용기를 가지고 사는 사람들의 본보기도 알게 되었습니다. 하지만 스스로가 그렇게 변하는 것이 쉽지는 않습니다. 이제 아버지에게 무조건 복종하지는 않지만 결정적인 순간에 다시 따뜻한 가족의 세계로 돌아가기도 합니다. 성서의 익숙한 이야기를 다르게 이해할 수 있다는 것을 배우지만 스스로의 믿음 위에 서는 방법은 모릅니다. 결국 자신의 문제입니다. 이전에는 크로머와 같이 자기 바깥에 적이 있었지만, 자기 안에도 적은 숨어 있습니다. 눈에 보이는 적은 쉽게 물리칠 수 있습니다. 어떤 것이 적인지, 적의 능력이 무엇인지를 파악하면 그것에 대처할 수가 있기 때문입니다. 그런데 안에 있는 적은 쉽게 발견할 수 없습니다. 그것의 정체가 무엇인지, 이놈의 파워가 어떤 것인지, 무엇으로 대처해야 할 지 갈피를 잡기가 어렵습니다.

싱클레어는 자기 안에서 답을 구해야 하는 것은 알았습니다. 자신에게 이르는 그 길이 고통스럽다는 것을 깨우쳐 나가고 있습니다. 하지만 쉽게 포기하지는 않습니다. 데미안이 그것에 이르는 길을 보여 주고, 넌지시 방법을 알려주기도 합니다. 하지만 결국 스스로 걸어가야 하는 길입니다. 자신의 내면을 보기 위해서는 홀로 있는 시간이 필요합니다. 정신이 스스로에 집중하는 데 누가 도와줄 수는 없지요. 그러한 분위기와 환경을 만드는 것이 중요합니다. 데미안은 이러한 내면의 길을 자극하고 당분간 조용히 싱클레어를 떠나가 있습니다. 싱클레어는 혼자 남게 됩니다. 다행히 가족의 품에서 벗어날 수도 있게 되었습니다. 대학 진학을 위한 기숙학교인 김나지움에 입학하기 때문입니다.

‡ 정신적 의존에서 벗어나기

우리가 온전히 성장하기 위해서 어릴 적에는 따뜻한 관계의 품이 필요합니다. 1장에서 말했듯이, 가족이 주는 친밀감은 성인이 되어서도 안정적인 인간관계를 맺는 데 바탕이 됩니다. 누군가 나를 보호하는 든든한 버팀목이 있다고 생각할 때, 인간은 적극적으로 낯선 세상을 향할 수 있다는 것입니다. 특히 아기와 부모가 맺은 애착관계는 인간의 성격 형성에 큰 영향을 끼친다고 많은 사람들이 얘기합니다. 정서적으로 가족이 사람의 성장에 중요한 역할을 하지만, 어른이 되기 위해서는 또한 가족의 울타리를 넘어설 줄 알아야 합니다. 경제적으로 부모님한테 독립하는 것, 그리고 무엇보다 정신적인 의존에서 벗어나는 것이 진정한 성장의 길입니다.

싱클레어는 따뜻한 가정을 배경으로 안정적으로 자랄 수 있었습니다. 하지만 밝은 세계에서 이루어지는 애착 관계와는 다른 것을 동경하게 됩니다. 어두움의 세계에서 맺은 크로머와의 관계는 애착이 아닌 지배, 곧 사랑에 따라 서로를 배려하기 보다는 힘을 바탕으로 한 자기 이익 추구의 관계였습니다. 어두움을 감당하기에 싱클레어는 몸과 정신이 아직 자라지 못하였습니다. 데미안은 어두움에 맞서는 방법으로 개성과 용기를 가르쳐 줍니다. 이것은 가족이 가르쳐주지 못하는 것입니다. 그리고 이것은 가족의 애착 관계를 넘어설 때 가능한 것입니다. 하지만 싱클레어는 주춤하였고 다시 가족의 품 안으로 피신합니다. 데미안은 계속 속삭입니다. 카인과 같은 우월성의 인장을 품으라고. 예수 옆에 매달린 도둑같이 자신의 길을 부인하지 말고 계속 갈 수 있는 줏대를 가지라고. 싱클레어는 다시 각성합니다. 이제 몸도 자연스럽게 자라서 가족에 대한 의존도가 사라지고 있습니다. 정신적으로 독립할 시기가 다가왔습니다.

내면에서 가족과 이별할 준비를 충분히 하였기에, 그러한 기회가 실제로 다가오자 싱클레어는 담담하게 떠나갑니다. 물론 다른 가족들은 애착 관계를 쉽게 놓지 않으려고 하지요. 우리는 떠나야 할 때 떠날 수 있어야 합니다. 아름다운 이별을 할 수 있는 용기가 필요합니다. 내면의 욕구에 따라서 떠나는 자리에서 성장의 싹이 자라나는 것입니다. 싱클레어는 이제 가족 관계와 같은 사람들 사이의 관계에 끌리기보다는 자신의 내면에서 일어나고 있는 소리에 더 관심이 갑니다. 비록 성性과 같은 금지된 영역에서 생기는 은밀한 소리들이지만 이것들과 마주합니다. 그리고 그것들이 감추어져야 하는 것들이 아니라 자기 목소리를 정당하게 주장할 수 있는 또 하나의 세계라는 것을 어렴풋이 감지합니다. 데미안은 이러한 생각을 더욱 분명하게 할 수 있도록 자극을 계속 줍니다.

기숙사와 같은 하숙집에서 싱클레어는 자신의 세계에 더욱 몰두하게 됩니다. 가족이 아니기에 하숙집의 사람들은 적당한 관심을 보이지만 깊이 관여하려고 하지 않습니다. 싱클레어는 괴짜로 취급을 받지만 오히려 그것을 즐깁니다. 스스로 고독 속에서 살아가는 삶을 선택합니다. 학교의 공부도 친구 관계도 흥미를 끌지 못합니다. 내면의 고민에 빠진 싱클레어에게 친구들은 철없는 아이들로 보였을 것입니다. 학교 공부 역시 절실한 자신의 문제를 짚어주지는 못하고 있습니다. 그렇게 싱클레어는 한 해를 고독하게 보냅니다.

╫ 생각의 속도

날씨야 어떻든 짧은 산책을 하며 생각에 잠기곤 하였다. 우울, 세상과 자신에 대한 경멸로 가득 찬 일종의 희열을 맛보았다.

고독은 산책과 벗하기에 좋습니다. 생각의 깊이는 속도와 반비례합니다. 빠른 흐름 속에서는 생각하기 힘듭니다. 달리기를 할 때 여러 생각들이 스쳐 지나가지만 어떤 한 생각에 몰두할 수는 없습니다. 생각 역시 몸에서 이루어지는 것이기에 몸이 빨라지면 생각의 깊이는 그만큼 얕아진다고 할까요. 장거리 달리기를 오래 하다 보면 더 이상이 생각이 나지 않는 순간에 도달한다고 합니다. 생각 없는 상태에서 몸의 리듬으로 달려 나가는 것이지요. 때로 우리들은 생각을 지워버리는 훈련도 필요하지만 일상생활에서 생각 없이 지낼 수 없습니다. 깊고 풍부하게 생각할 수 있는 능력은 인간이 누릴 수 있는 기쁨이라고 할 수 있습니다. 모든 것이 빠르게 돌아가는 현대 사회의 문명은 우리들의 이러한 기쁨을 앗아가고 있습니다. 그리고 우리들의 부주의와 생각 없음 속에서 오늘날 여러 가지 사고와 불행들이 생기고 있지요.

산책은 느리게 걷는 것이지요. 더 이상 신체의 빠름에 정신이 따라갈 필요가 없습니다. 몸이 속도에 집중하지 않아도 될 때, 신체의 모든 기관들이 활짝 열립니다. 눈은 드디어 풍경을 볼 수 있습니다. 귀는 미세한 소리를 듣게 됩니다. 냄새가 있다면 후각도 열리게 되지요. 이때 생각도 여러 다발로 일어나게 됩니다. 꼬리에 꼬리를 물고 생각이 일어나기도 하고, 어느 하나에 집중하기도 하지요. 싱클레어도 이러한 산책 중에 생각을 하는 즐거움에 빠져듭니다. 생각의 즐거움은 신체의 쾌락과 달리 자극적이지 않으며 정신이 느끼는 서늘한 그 무엇입니다. 생각에 빠질 때 슬픔을 느끼기도 합니다. 자연은 그대로 있지만, 나는 부서지기 쉬운 존재라는 것을 절감할 때 우리들은 슬픕니다. 아무 일 없다는 듯이 세상이 굴러가는 모습을 볼 때, 그 세상의 일원으로 보잘 것 없는 삶을 살아가는 나를 바라볼 때 모든 것이 경멸스럽기까지 합니다. 싱클레어는 그렇게 낙엽 쌓인 길을 걸으며 생각을 곱씹습니다.

╫ 루소의 산책

근대 사회에서 독특한 사상을 전개했던 루소J. Rousseau가 생애 말년에 자신의 삶과 사상을 돌아보면서 마지막 집필을 써나갑니다. 그는 대략 삼 년 동안 산책을 하면서 떠오르는 생각들을 자유롭게 기술하여 『고독한 산책자의 몽상』이라는 글로 펴냅니다. 모두 열 번의 산책이 기록되어 있는데 그 중 두 번째 산책에 이러한 글이 나옵니다.

사람이 이 세상에서 경험할 수 있는 가장 기묘한 처지에 놓인 내 영혼의 평상시 모습을 그리고자 計劃한 나는, 이 計劃을 완수하는 가장 간편하고 확실한 방법이란 나의 고독한 산책이나 그때그때의 몽상을 충실하게 기록해 두는 길밖에 없다는 것을 알았다. 그 까닭은, 그럴 때 내 머리는 완전히 자유로우며 또 여러 가지 생각들이 아무런 저항도 구속도 없이 머릿속에서 뛰놀기 때문이다. 이 고독과 명상의 시간이야말로 하루 중에서 내가 온전히 나 자신일 수 있는 유일한 때이다. 마음을 뒤흔드는 요소도 없고 방해하는 것도 없어서, 지금의 내가 자연이 바라는 대로의 나라고 진정하게 단언할 수 있는 유일한 시간인 것이다.

– 루소, 『고독한 산책자의 몽상』 중에서

　루소는 당시에는 혁명적인 사상이라고 할 수 있는 생각들을 연이어 책으로 발표합니다. 특히 어린이의 자연적 성장의 힘을 믿고 아동기의 독자적 가치를 주장한 『에밀』, 자유로운 인간의 계약에 의해 사회가 만들어졌다는 『사회계약론』 같은 책들은 당시 보수파들의 반감을 사게 됩니다. 책이 불살라지고, 박해를 받아 도망을 다니면서 루소는 자연스럽게 고독한 삶을 살지 않을 수 없게 됩니다. 자신의 가치를 알아주는 사람의 호의를 받기도 하고 사상의 친구를 얻기도 하지만 피해망상 속에서 큰 고통을 짊어지고 살아가게 됩니다. 말년에 루소는 고독한 산책을 통해서 그러한 고통을 차츰 감당할 수 있게 됩니다. 그리고 인간이란 무엇인지, 도대체 나란 누구인지에 대해서 근본적으로 묻게 됩니다. 파란만장한 삶 속에서 이러한 궁극적인 물음을 통하여 그는 위로를 받게 되는 것입니다.

　고독한 산책 속에서 벌이고 있는 자기 탐구의 길에서 그는 자신의 과오를 솔직하게 인정하기도 하고, 자식을 고아원에 보낸 일과 같은 세상의 비난에 맞서기도 합니다. 자연의 아름다움에 행복해 하기도 하고 신앙의 본질을 고백하기도 합니다. 루소에게 고독한 산책은 자신의 내면을 깊게 파고드는 방법이면서도 마음을 치유하는 길이기도 하였던 것입니다. 싱클레어가 고독한 산책길에서 경험한 우수와 경멸 역시 이러한 자아 탐구의 길에서 느끼는 내면의 감정 입니다. 그것이 어떠한 감정이든 자신에게 솔직하다면 문 제될 것이 없습니다. 그것을 드러내고 마주할 용기가 있느 냐가 더 중요한 것입니다.

✝ 고독과 사색

나는 가로수길 끝에서 어정쩡 멈추어 섰다. 검은 이파리들을 응시하면서 축축한 부패와 사멸의 향기를 한껏 들이마셨다. 내 속에 있는 어떤 것이 반갑게 응답하였다. 아 삶이란 얼마나 김 빠진 맛들인가!

고독을 통해서 삶의 다양한 빛깔과 향기를 음미할 수 있 는 것은 인간의 축복입니다. 지금 싱클레어는 고독 속에 폭 **빠져서** 한 명의 젊은 사색가가 되어 있습니다. 고독과 사색을 통해서 자신의 내면을 깊이 들여다보고 있는 것입 니다. 이런 싱클레어에게 다시 친구가 나타나기 시작합니 다. 사람은 계속 고독하게 지낼 수는 없습니다. 고독과 생 각에만 **빠지면** 위태로울 수 있습니다. 고독 속에 있으면 생각이 나래를 폅니다. 생각에 생각이 꼬리를 물면서 자기의 생각들이 만들어지는 것입니다. 그런데 이러한 자신의 생각은 다른 생각들과 대화할 때 건강해질 수 있습니다. 자신의 생각에만 빠지면 독단이 되어 우물 안 개구리가 되거나, 환상 속을 날아다니며 현실을 제대로 보지 못하게 됩니다. 생각은 항상 검토, 비교, 수정, 보완, 교체와 같이 변화를 향해 열려 있어야 한다는 것입니다. 어떻게 보면 고독 속에서 하는 사색이란 다른 생각과의 대화를 위해서 자신과 미리 대화하는 것이라고 볼 수 있습니다. 자신이 충분히 준비되어 있을 때 좋은 대화가 일어나는 것과 같이, 자신의 생각을 미리 영글어 놓을 때, 의미 있는 대화가 일어난다고 볼 수 있습니다. 생각만 하지 말고 대화하라는 말을 우리는 공자의 말씀에서도 발견할 수 있습니다.

공자께서 말씀하셨다. "배우기만 하고 생각하지 못하면 엉성하고, 생각만 하고 배우지 않으면 위태롭다(子曰, 學而不思則罔, 思而不學則殆)."

　　　　　　　　　　　　　　　　　　－『논어』, 위정편 중에서

✝위대한 사상과의 대화
공자는 생각과 대화가 모두 중요하기에 어느 하나에만 집중할 수 없다고 말합니다. 학문을 통한 배움이라는 것이 바로 다른 위대한 사상과의 대화라고 볼 수 있습니다. 우리가 공부한다는 것은 다른 사람의 생각에 참여하고 그것과 대화하며 배워 나가는 시간입니다. 공자가 배울 때 생각하라는 것은 집중해서 그 배움에 몰두하라는 것과 더불어서 생각을 통해서 다른 사람의 배움을 온전한 자신의 생각으로 바꿀 수 있어야 한다는 것입니다. 생각 없이 외워서 시험에 사용하고 잊어버리는 지식으로는 밑 빠진 독에 물 붓는 격으로 엉성할 수밖에 없습니다. 공자는 생각이 위태로울 수 있다고 봅니다. 자기만 옳다는 독선, 한 쪽 면만 보는 편견, 생각과 행동이 다른 위선 등 생각에는 함정들이 많습니다. 이것을 견제하기 위해서는 다른 생각들이 필요하고, 가장 좋은 방법은 학문을 통해서 다른 생각들과 대화를 나누는 것입니다.

✝일상생활의 대화

고독은 자신과의 대화이며, 다른 생각과의 대화를 위한 준비 과정이라고 말했습니다. 그리고 대화는 공부를 통해서 다른 생각들을 접하는 것이 중요합니다. 공부를 통해서 엄격하게 정리된 생각들을 배우는 것도 하나의 대화이지만, 사실 우리들은 일상생활에서 다양한 사람들과 만나서 끊임없는 대화를 나누고 있습니다. 일상의 대화 또한 일종의 대화이며 이것에서도 배움은 일어납니다. 사실 인생에서 많은 가르침은 사소한 대화를 통해서 얻는 경우가 많습니다. 삶의 대화는 구체적이고 직접적입니다. 얼굴과 얼굴을 맞댄 대화에서 우리들은 서로를 믿기에 편하게 얘기할 수 있습니다. 일상의 대화에서 우리는 정보를 교환하기도 하지만, 무엇보다 정서적 만족감을 느낍니다. 곧 끊임없는 대화와 이야기를 통해서 우리들은 삶을 견뎌내고, 삶을 살아가는 기술을 배우고, 삶의 의미를 발견해 나간다는 것입니다.

싱클레어는 데미안을 통해서 엉성한 자신의 배움을 되돌아보게 됩니다. 그리고 새로운 앎의 욕구를 가지게 되지요. 이제 싱클레어는 고독의 시간에 자신의 생각을 곱씹으며 내면을 더욱 깊게 들여다봅니다. 고독의 시간이 넘쳐나자 다시 대화의 모드에 들어가게 됩니다. 하숙집 선배인 알폰스 벡이 대화의 상대자가 됩니다. 우연히 산책길에서 만난 벡은 단번에 싱클레어가 외롭다는 것을, 말상대가 필요하다는 것을 알아챕니다. 벡은 대화의 고수입니다. 일상의 대화를 잘 엮어가는 사람은 상대의 마음을 가늠하는 능력이 탁월해야 합니다. 그리고 다양한 경험이 많을 때 대화를 이끌어 나갈 수 있습니다. 대화는 경험의 주고받기를 통해서 일어나기 때문입니다.

벡은 오히려 자신이 외롭다고 하면서 싱클레어를 대화의 마당으로 이끌어 냅니다. 그리고 싱클레어가 동하는 마음이 생기자 자리를 달리하여 본격적으로 대화를 이어 갑니다. 두 사람이 마주한 자리는 술자리입니다. 술의 힘과 술자리의 편안함을 배경으로 고독은 깨지고 이야기의 샘물이 솟아납니다.

곧 술에 익숙지 않아 말이 많아 졌다. 내 속에서 세계를 향한 창이 하나 열린 듯했다. 그렇게 오랫동안 누군가와 말을 해 본 적이 있었던가? 상상의 나래가 펼쳐지기 시작했고, 마침내 카인과 아벨 이야기를 화제로 올리기 시작했다.

✝ 감정이 주도하는 세계

싱클레어는 그동안 금지되었던 또 하나의 세계를 경험하고 있습니다. 성性과 마찬가지로 술 역시 어린이와 성인을 나누는 한 가지 기준입니다. 싱클레어는 금지된 술을 통해서 어른 세계에 접근하고 있습니다. 술은 이성을 해체하고 감정을 드러나게 합니다. 이성이 주인이고, 감정은 이성에 따라야 한다는 규칙이 밝은 세계의 법칙이었습니다. 그런데 이제 감정에 따라 마음껏 자기가 하고 싶은 얘기를 터놓습니다. 벡은 적절하게 상대의 감정을 북돋아주면서 대화를 격려해 줍니다. 싱클레어는 이런 세상도 있다는 것을 맛봅니다. 그동안 엄격한 이성을 따라 살았습니다. 밝은 세계의 법칙인 이성이 만들어 놓은 금지와 규칙의 틀 속에서 살아갈 것을 명령 받았습니다. 그런데 비록 술의 힘이었지만 감정이 주도하는 세계 역시 나쁘지 않다는 것을 체험한 것입니다.

싱클레어는 고독 속에서 스스로 생각한 내용을 벡에게 털어놓습니다. 벡은 잘 들어줍니다. 좋은 대화의 상대자는 잘 듣는 사람입니다. 서로의 경험이 오가면서 대화는 무르익어 갑니다. 이때 다시 성(性)이 대화의 주제가 됩니다. 서로의 경험이 비슷하면 이야기는 폭발하지만, 성의 경험은 그렇지 않았습니다. 싱클레어는 가슴 속에 성이 들어 앉아 있었지만 구체적인 경험은 없었습니다. 그래서 더 이상 할 말이 없어집니다. 그런데 벡은 다른 아이들이 경험하는 것 이상의 성과 관련된 사건들을 가지고 있었습니다. 싱클레어는 그 이야기에 빠져 멍하니 듣습니다.

사실 그것은 가장 고통스러웠지만, 반란과 방탕의 축제이자 삶이며 정신이었다.

술자리를 통해서 싱클레어는 고독과는 다른 세계를 경험하고 있는 것입니다. 온갖 이야기들이 술술 풀려나옵니다. 밝은 세계가 묶어 둔 성의 이야기 역시 재미있는 화제가 됩니다. 어두운 것들이 너무나 자연스럽게 위로 올라오는 것을 체감하면서 싱클레어는 술이 일으키는 반란에 놀라워하면서도 기꺼이 그것을 즐깁니다. 이러한 정신으로 살아갈 수 있다면 내 속에 억눌려 있는 온갖 어두움과 갈등들이 해결될 수도 있지 않을까 생각하고 있습니다. 새로운 삶의 방식인 술을 통하여 자유로움을 계속 누리기를 기원하고 있는 것입니다.

그런데 술이 제공한 한 순간의 황홀함은 그 대가를 요구합니다. 싱클레어는 자기 몸을 가누지 못하며 간신히 기숙사로 돌아옵니다. 잠시 잠든 후 고통에 잠이 깹니다. 이제 온갖 숙취가 시작됩니다. 두통, 속 쓰림, 구토…. 술 마시던 시간과 완전히 다른 시간이 도래하는 것입니다. 어제의 일들이 뒤죽박죽 지나갑니다. 더 멀리의 과거의 시간들도 주마등처럼 나타났다 사라집니다. 희희낙락 기고만장하게 떠들던 나의 모습은 오간데 없고, 술의 후유증에 완전히 거덜 난 초라한 몸만 남아 있습니다. 술을 통해서 내면의 고통을 날려 버릴 수도 있다는 희망을 가졌는데, 이제 가슴이 더 아파 옵니다. 싱클레어는 회한에 빠져 오히려 자신을 더 세차게 몰아붙입니다.

세상을 빙빙 돌며 경멸하던 사람이 나였다! 정신적으로 우쭐하고 데미안과 생각을 나누었던 사람이 나였다. 그런 사람이 나였다. 인간쓰레기에 오물이었다. 취하고 더러웠으며, 구역질나고 비열했다. 야비한 충동을 받은 방종한 괴물이었다. 그런 사람이 나였다. 모든 것이 정결하고 빛나며 우아한 정원에서 온 내가, 바흐 음악과 아름다운 시를 사랑하던 내가 그런 사람이었다. 구역질과 분노를 느끼며 여전히 삶에서 들려오는 소리를 듣는다. 술 취해 자제력을 잃고 멍청하게 헉헉대며 떠드는 웃음소리를. 그게 나였다!

✝ 술의 대가

과거의 나와 현재의 나가 엄청 다르다는 것, 술 마실 때와 그 후가 기분이 완전 딴판이라는 것. 그래서 어떤 것을 따라야 할지 몰라 갈팡질팡하며, 자신의 참모습을 발견하지 못하고 혼란 속에 빠진 상태. 이것은 일종의 분열 상태입니다. 이 상태가 오래가면 정신분열중에 빠지게 되는 것이지요. 싱클레어는 서로 다른 '나' 사이에 갈등하면서도, 술이 주는 마력에서 쉽게 빠져나오지 못합니다. 숙취의 고통이 있지만, 술자리의 자유분방함을 잊을 수 없기 때문입니다. 술자리가 그리워서도 그렇지만, 술은 기본적으로 중독성 약물입니다. 지속적으로 몸이 그것에 집착하도록 만든다는 것입니다. 그래서 싱클레어는 이전보다 더 대담하게 술판을 이어갑니다. 더불어서 술자리 이후의 고통은 커지고 자신에 대한 책망 역시 높아만 갑니다.

벡을 통해서 조심스럽게 술의 세계에 들어갔는데, 이제 싱클레어는 술자리의 주인공이 됩니다. 술자리의 영웅이 되기 위해서는 생활 속의 많은 것을 포기해야 합니다. 이제 술자리가 아닌 세계에서 싱클레어는 기피의 대상이 됩니다. 스스로 관계를 피하기도 합니다. 고독에서 벗어나기 위해서 술의 세계로 들어갔는데, 술자리를 통해서 폭발적인 대화를 경험했는데, 다시 고독해지기 시작한 것입니다. 술꾼으로 하숙집과 친구들한테 찍힌다는 것은 학생으로서 자격을 점점 잃어간다는 것을 말합니다. 학교 공부는 바닥으로 떨어졌고 노는 아이, 불량 학생으로 곧 학교를 그만둘 것으로 모두들 생각하게 됩니다. 경고장이 발부가 되어서 급히 아버지가 소환되었지만 엎질러진 물을 담을 수는 없었습니다. 이제 부모님도 포기 상태에 들어갑니다. 잠시 휴가와 방학 때 고향에 내려가 보지만 반가운 것이 아무것도 없습니다. 가족들의 한숨 소리와 안쓰러워하는 시선만 접할 뿐입니다. 이제 싱클레어 자신이 나자빠집니다. 학교에서 배움의 의미는 사라졌고, 자신을 인도할 데미안 같은 친구도 주위에 없습니다. 외상값만 늘어가고 더 이상 나빠질 것이 없음을 느낍니다. 자포자기 상태에서 운명의 처분을 기다리던 싱클레어에게 불현듯 구원자가 나타납니다.

갑자기 하나의 새로운 영상, 고귀하고 드높은 영상이 내 앞에 떠올라 왔다. 내 안에 있는 그 어떤 욕구와 충동도 그것을 경배하고 찬양하려는 마음만큼 깊거나 격렬하진 않았다. 나는 그것에 베아트리체라는 이름을 붙여주었다.

✝베아트리체

다시 홀로 되어서 산책길에 오른 싱클레어는 한 여성을 만납니다. 이전에 알폰스 벡을 만나서 고독의 상태에서 탈출했던 싱클레어는 다시금 한 사람을 만나게 된 것입니다. 그리고 한 순간에 그녀에게 빠져버립니다. 다가가 직접 말을 걸어보지는 못하였지만 그녀는 싱클레어의 마음에 깊은 인상을 남기고 떠나갑니다. 어떻게 말 한마디 나누지 못한 존재가 그렇게 강한 영향을 끼칠 수 있을까요. 관계가 끌어당기는 이러한 강한 흡입력을 우리는 사랑이 아니고서는 설명할 수가 없습니다. 특히 연인 간에 일어나는 사랑의 감정은 이성의 논리로 충분히 설명할 수 없는 묘한 성질을 가지는 것입니다. 물론 싱클레어가 감정의 밑바닥에 와있기에 이제 그것을 치고 올라갈 일만 남았고, 그 순간에 한 여자가 나타났다고 말할 수 있습니다. 싱클레어가 구원을 갈망하였기에, 구원자가 등장하였다고 볼 수 있다는 것입니다.

하여튼 싱클레어는 이 여성에게 붙들린 존재가 됩니다. 그리고 베아트리체라는 이름을 지어줍니다. 묘한 이미지만 남기고 사라진 존재를 영원히 내 것으로 만들기 위해서 구체적인 형상을 만들어 내는 것입니다. 이름은 그 첫 작업입니다. 베아트리체는 역사적 실존 인물로 단테A. Dante를 통해서 지고지순한 여성으로 알려지게 되었습니다. 중세의 끝자락 이탈리아 피렌체에서 작가 단테는 베아트리체를 평생의 연인으로 사모하였고 그러한 감정을 자신의 작품에 새로운 스타일로 잘 나타내었습니다. 단테는 아홉 살에 베아트리체를 처음 만나 깊은 인상을 가지고 베아트리체를 마음에 담아두게 됩니다. 그리고 구 년 후 열여덟 살에 운명적인 재회를 하게 되고, 사랑에 빠지게 됩니다. 하지만 가문이 다른 두 사람은 각기 다른 사람과 결혼을 하게 됩니다. 그렇다고 단테의 연정이 사라진 것은 아닙니다. 더욱 정신적으로 그녀를 흠모하게 됩니다. 불행하게도 베아트리체가 스물네 살의 나이에 죽지만 단테는 저 세상에서 다시 만날 날을 고대하며 그녀를 마음속에 계속 지니게 됩니다.

베아트리체를 향한 단테의 사랑은 육체적 사랑이 아니었고, 지극한 아름다움의 대상으로 자신의 가치를 이끌어 주는 정신적 사랑이었습니다. 신에 대한 사랑만이 인정되는 중세 시대에 단테는 이러한 인간적인 사랑을 찬양하였고, 자신의 감정을 아름다운 문체로 표현하게 됩니다. 단테가 열어 놓은 이러한 새로운 감정이 바로 르네상스라는 인문주의 시대의 바탕이 된 것이지요. 또한 단테는 자신의 작품에서 삶의 구원자로서 베아트리체를 직접 등장시킵니다.

단테의 작품 중에 『신곡』이 무엇보다 유명한데, 『신곡』은 단테가 지옥과 연옥, 천국을 여행하는 가운데 자신의 구원을 갈망하고 성취하는 내용이 주를 이룹니다. 작품 속에서 베아트리체는 천국에 살면서 단테의 천국 여행을 이끌어 주는 동행인이자, 영원한 사랑의 대상이기도 합니다.

내가 저 아래 세상에서 보기 힘든
사랑의 열기로 그대를 태워서 그대의 시력을
빼앗는다 해도 놀라지 마세요.

내 사랑의 열기는 보면 볼수록
선을 터득하게 되는 완전한
시각으로부터 나오기 때문이에요.

나는 그대의 정신에서 영원한 빛을
보고 있습니다. 그 빛은 보이는 즉시
사랑을 영원히 타오르게 합니다.

– 단테, 『신곡–천국』 중에서

✝ 성스러운 종교로서의 여인
지금 베아트리체가 단테에게 말하고 있습니다. 천국에서 자신이 내뿜는 사랑의 열기가 단테를 지고의 선으로 향하게 만드는 힘이 되고 있다고. 단테는 베아트리체가 가진 사랑의 열기에 의해 자신의 정신이 활활 타오르는 것을 느낍니다. 베아트리체의 사랑의 빛은 단테의 정신을 사랑으로 물들게 하고, 영원한 선으로 이끌게 합니다. 육체적 욕망과 이해관계에서 벗어난 순수한 사랑이 과연 있을 수 있는가라고 물을 수 있지만 분명 사랑의 힘은 상당한 마력을 가지는 것이 사실입니다. 싱클레어가 지금 산책길에서 만난 여인한테서 사랑을 구하는 것은 바로 이러한 단테식의 정신적인 사랑입니다.

단테가 베아트리체를 통해서 자신의 감정을 정련하고 영원한 선에 이르는 길을 모색한 것과 마찬가지고 싱클레어는 미지의 여인을 베아트리체로 만들면서 바닥에 뒹굴고 있는 자신의 감정을 다시금 추스르고 새로운 삶의 목적을 발견하게 됩니다. 단테에게 베아트리체는 순수한 사랑이요, 절대적인 선입니다. 결코 도달할 수 없지만 자신을 보호하고, 자신을 고양시키는 성스러운 존재인 것입니다. 신과 같은 역할을 하는 것이지요. 베아트리체가 단테의 종교였다고 말할 수도 있겠네요. 종교란 속된 세계와 구별된 성스러운 어떤 것을 내세웁니다. 베아트리체는 단테가 세상에서 당하는 고통을 참고 이기며, 마침내 자신을 구원할 수 있는 힘을 준다는 측면에서 성스러운 종교의 역할을 한다는 것입니다. 마찬가지로 싱클레어는 미지의 여인을 자신의 종교로 만들고 있습니다.

자신의 영상을 내 앞에 보여 주었다. 그녀는 나를 신성한 제단으로 인도했다. 나를 변화시켜 사원에서 경배하게 만들었다. … 이제 나는 무언가를 사랑하고 숭배해야 했다. 나는 다시 이상을 되찾았다. 삶은 다시 비밀스러운 예감과 찬란한 여명으로 가득했다.

✝사랑의 힘

사랑에 빠진 사람이 온갖 사물을 아름답게 여기는 것과 마찬가지로 싱클레어는 사랑을 통해서 다시 세계와 관계를 회복하기 시작합니다. 고독에서 술이 구원해 줄 것이라고 믿었지만, 더 큰 자책과 상실감만 안겨 준다는 것을 알았습니다. 사랑의 묘약을 마심으로써 이제 싱클레어는 새롭게 삶을 건설하고 있는 것입니다. 술을 통한 방탕과 도취, 육체적 쾌락 대신에 사랑에 의해서 자신을 다스리고 창조적 에너지를 뿜어냅니다. 이제 그는 흐트러진 몸을 다시 정결하게 가꿉니다. 실제 연인이 보지 않더라도 자신의 신체를 단정하게 하는 사람처럼 싱클레어도 몸을 성스럽게 만드는 것입니다. 이제 생활력이 회복되었습니다. 멀어진 사람들과 관계가 다시 돌아오기 시작하였고, 학업도 정상 궤도에 올라섰습니다. 사랑은 사람을 변화시키는 강력한 힘입니다.

그리고 싱클레어는 미지의 여성을 종교화시키는 또 하나의 작업을 합니다. 베아트리체라는 구체적 이름으로 그녀와 관계를 만들기 시작했다면, 이제 그녀를 직접 그려봄으로써 그 실체를 더욱 잡아 두고자 합니다. 많은 종교적 그림이 신자들한테 구체적 이미지를 통해서 신앙심을 불러일으키듯, 싱클레어는 베아트리체 그림을 통해서 자신의 이상과 염원을 더욱 확고하게 만들고자 합니다. 그녀의 직접적인 인상은 이제 거의 남아 있지 않습니다. 싱클레어는 자신의 내면에서 떠오르는 상들을 표현하는 방식으로 그녀의 형상을 만들어 나갑니다. 그리기를 반복하면서 드디어 하나의 형상이 완성되었습니다. 그런데 그 모습에는 무엇인가 익숙한 것이 남아 있습니다.

완성된 그림 앞에 앉아 있자니 묘한 느낌이 들었다. 그림은 신상(神像)이거나 신성한 가면을 닮았다. 그것은 반은 남성이고 반은 여성이었고, 나이가 없고, 의지가 굳세면서도 몽상적이었다. 단호하면서도 조심스럽게 살아있는 듯했다. 얼굴은 나한테 무언가 말하려는 듯했다. 그것은 나의 일부였고 나에게 요청을 하고 있었다. 그것은 다른 누군가를 닮았는데, 그게 누군지는 아직 몰랐다.

✝잃어버린 분신을 찾는 과정

숭배의 대상으로 그렸기에 성인聖人의 이미지가 있습니다. 성인은 현실의 육체를 초월하기에 남녀노소의 구분 속에 들어올 수는 없습니다. 그런데 그것이 바로 싱클레어 자신의 일부라는 것을 깨우치게 됩니다. 싱클레어는 여인을 잠시 만났지만, 그녀와 계속 관계하고 있는 것은 바로 정신이었습니다. 자신의 정신을 그녀에게 비추어서, 자신이 상상하는 인물로 그녀를 바라보고 있었던 것입니다. 그래서 마음을 따라서 그린 그녀의 얼굴에는 바로 자신의 모습이 들어갈 수밖에 없었던 것입니다. 결국 베아트리체는 싱클레어의 이성異性적 분신이었습니다. 원래는 한 몸이었는데, 떨어져나간 내 몸의 일부라는 것이지요. 이성에 대한 사랑을 잃어버린 자신의 분신을 찾는 과정이라는 이야기들이 있습니다. 성서에서도 하느님이 남자 인간인 아담을 창조하였고 그 신체의 일부로 여성인 하와를 만들었습니다. 그래서 두 사람의 결합을 분리된 두 신체의 온전한 화합으로 바라봅니다.

사랑을 잃어버린 분신을 찾는 과정이라는 것은 플라톤의 『향연』에서도 발견할 수 있습니다. 『향연』은 사랑에 대한 대화록입니다. 사랑이 무엇인지 그리스의 여러 철학자들이 제각기 주장을 합니다. 그 중에서 아리스토파네스라는 철학자가 바로 분신 찾기로서 사랑의 힘을 주장합니다.

그에 따르면 원래 인간은 남남, 여여, 남녀의 특성을 모두 가진 세 부류의 인종이었습니다. 이렇게 되면 인간의 능력이 너무 커질 것을 염려하여 신이 인위적으로 각 인간을 둘로 나누게 됩니다. 이렇게 원래 한 몸이었던 두 신체가 나누어지자 원래의 신체를 그리워하지 않을 수 없게 되는 것입니다. 동성애를 포함해서 이성 간의 사랑은 본래의 신체를 향한 그리움이라는 것입니다.

싱클레어가 그린 베아트리체를 자신의 완전한 분신이라고 보기에는 미흡한 측면도 있습니다. 그 그림은 현재 싱클레어의 육체를 그대로 다시 나타낸 것이 아니라, 싱클레어의 내면이 투사된 것입니다. 그리고 그렇게 투사된 내면은 현재의 고통과 혼돈을 나타내는 정신이 아니라 앞으로 싱클레어가 이루고 싶은 이상화된 경지에 도달한 아름다운 모습입니다. 그렇기에 싱클레어는 그 그림이 자신의 일부이면서도 자신이 아닌 그 누구가 아닐까 생각하는 것입니다. 그리고 그 누구가 바로 데미안이라는 것을 이내 알아챕니다. 즉 그림은 데미안의 모습도 닮은 것입니다. 데미안이 싱클레어의 정신을 혼든 장본인이자 동경의 대상이었기에, 싱클레어의 내면 속에 데미안의 흔적이 남아 있는 것은 당연할 것입니다. 그래서 무의식적으로 그린 그림 속에서 데미안의 자취를 느낄 수가 있었을 것입니다. 결국 그림은 미지의 여인인 베아트리체의 용모 속에 싱클레어와 데미안의 정신이 겹쳐지면서 묘한 형상으로 나타나게 된 것입니다.

✝ 플라토닉 러브

사랑이라는 것이 단순히 쪼개어진 육체적 분신을 찾는 것 이상의 무엇이 있음을 싱클레어의 그림을 통해서도 알 수 있었습니다. 싱클레어가 베아트리체를 통해서 고독을 극복해 나가는 것과 같이 사랑은 현실의 한계를 돌파하는 힘을 가지고 있습니다. 사랑이 가진 이러한 강한 상승의 힘을 다시금 플라톤의 『향연』에서 발견할 수 있습니다. 여러 사람들의 사랑론을 들은 후에 소크라테스Socrates는 자신이 들은 사랑의 얘기를 펼쳐 놓습니다. 그에게 사랑이란 무엇을 향한 사랑이고, 결핍된 어떤 것을 채우기 위한 사랑입니다. 완전히 갖춘 자는 사랑을 하지 않습니다. 우리의 신체와 영혼은 항상 결핍 상태에 있기에 사랑의 욕구를 가지고 있는 것입니다. 그래서 사랑은 이렇게 결핍 상태에서 우리에게 좋은 것을 바라게 합니다. 우리들은 좋은 것을 영원히 갖고 싶은 욕구를 가집니다. 아름다운 신체를 욕구하고 그것을 영원히 가지기 위해서 출산의 고통을 감수하며 자신을 닮은 아이를 낳은 것과 같이, 사랑은 불멸을 추구합니다. 그래서 몸에 대한 사랑은 사라지지 않는 아름다운 것들에 대한 사랑으로 상승합니다. 자연을 사랑하게 되면 그 아름다움을 놓치지 않기 위해서 예술가가 불멸의 작품을 생산하는 것과 마찬가지 이치입니다.

하지만 궁극적으로 사랑은 아름다움 자체에 대한 사랑으로 상승해야 합니다. 예술 작품도 결국 사라지지만 아름다움 자체는 불멸입니다. 이러한 궁극적 아름다움을 소크라테스의 입을 빌어서 플라톤은 '이데아'라고 얘기하는 것이지요. 플라토닉 러브Platonic love라고 하는 정신적 사랑은 이렇게 현실에서 출발하지만 그것을 통해서 영원한 절대선에 도달하는 원동력이라고 볼 수 있을 것입니다.

그러므로 만일 우리 가운데 누가 저 아름다움 자체를 조금도 흐림 없이 순수하게, 딴 것의 혼합 없이, 인간의 살과 여러 가지 빛깔과 이 밖의 여러 가지 썩을 것에 더럽혀지지 않은 채 볼 수 있다면, 더욱이 이 둘도 없이 특유한 모습을 지닌 이 신적인 아름다움을 바라볼 수 있다고 하면, 우리는 이것을 어떻게 생각해야 되겠습니까? 그것을 바라보며 그 아름다움을 관조-묵상하며 그것과 함께 사는 사람의 생활이 시시한 거라고 당신은 생각하세요? 그 아름다움은 오직 심안으로만 볼 수 있는 것인데, 그것을 보는 심안을 가진 사람이 그 아름다움을 관조하며 그것과 함께 있을 때에만 덕의 그림자가 아니라 참덕을 산출할 수 있는 거라고는 생각하지 않으세요?… 그리고 그가 진정한 덕을 산출하고 그것을 길러내게 되면, 신의 사랑을 받는 자가 되며, 또 인

간에게 불사라는 게 있을 수 있다면, 이 사람이야말로 불사하게
되지 않겠어요?

- 플라톤, 『향연』 중에서

✝ 현실을 끌어안는 사랑의 실현

싱클레어가 궁극적으로 도달하고자 하는 것이 플라톤의
이데아와 같은 정신적인 것은 아니지만, 사랑을 통한 상승
의 욕구를 싱클레어는 충분히 실현하고 있는 것입니다. 싱
클레어는 사랑을 통해서 어떤 누군가와 결합하고자 하는
것은 아닙니다. 그는 외부의 무엇이나 누군가를 향하는 상
승을 추구하지 않습니다. 오히려 내면으로 더욱 깊숙이 들
어가는 방식으로 사랑의 힘을 이용하고 있는 것입니다. 플
라톤은 아름다움을 마음의 눈으로 관조하고 묵상하는 사
람이 진정한 사랑을 실현하는 것이며, 이러한 능력(덕)을
가진 사람이 신의 사랑을 받으며 불사不死한다고 바라봅니
다. 하지만 싱클레어가 생각하는 아름다움은 이것으로 충
분하지 않습니다. 그에게 아름다움은 밝은 세계에서 실현
되는 것뿐만 아니라 어둠의 세계까지 포함하는 무엇입니
다. 그래서 현실을 뛰어넘어 저 너머 있는 아름다움의 세계
로 날아가는 방법이 아니라, 현실을 끌어안고 그 속에 담겨
진 아름다움의 가치를 발견하는 방식으로 사랑을 실현해
나갈 것입니다.

결국 베아트리체와의 사랑을 통해서 싱클레어는 마음의 힘이 가진 놀라운 능력을 새삼 발견하게 됩니다. 이전에는 마음 바깥의 환경에 질질 끌려 다녔다면 이제 마음으로 그것을 조절하는 방법을 알게 됩니다. 어린 시절의 크로머 사건이 이제 우습게 보이기 시작한 것입니다. 나아가 마음의 힘을 통해서 자신의 운명을 만들어 나갈 수도 있다는 것을 어렴풋이 깨우칩니다. 그래서 어떤 책 속에서 읽은 다음의 구절을 그림 아래 적어 놓기도 합니다.

운명과 마음은 같은 개념을 가진 두 개의 이름이다.

그리고 우연히 재회한 데미안이 주는 충고를 마음속에 새기게 됩니다.

우리들 안에 모든 것을 알고 모든 것을 하고자 하며 모든 것을 우리들보다 더 잘 하는 누군가 있다는 것을 아는 것이 좋아.

바깥이 아니라 안을, 마음을 살펴야 합니다. 싱클레어는 데미안의 자취가 남겨진 마음속의 기억들을 쫓아가 봅니다. 그와 나누었던 여러 이야기들이 떠오릅니다. 그의 행동 또한 기억해 봅니다. 싱클레어 집 대문 위에 그려진 문장을 그리던 모습이 마음에 올라옵니다. 데미안이 해 준 여러 이야기들은 싱클레어의 마음이 자라는 자양분이 되고 있습니다. 그렇다면 문장을 그리던 데미안의 행동이 마음속에 올라오는 것은 무엇일까요. 그것은 꿈에서까지 나타나 싱클레어를 괴롭힙니다. 무엇인가 여기에 열쇠가 있는 모양입니다. 싱클레어는 이제 그 문장을 그리기 시작합니다. 어떤 둥우리나 광주리 위에 서거나 앉아 있는 새 모양의 문장을 마음이 시키는 대로 그려서 완성합니다. 그리고 이름을 밝히지 않고 데미안의 옛날 집으로 그것을 보냅니다. 마음의 세계를 믿고 그 힘을 키워나가고 있는 싱클레어의 마음이 데미안에게 전달될 수 있을까요?

✝ 고독과 사랑

이번 장에서는 외로움과 사랑이라는 상반되는 감정을 싱클레어의 갈등을 통해서 살펴보았습니다. 인간이 풍부한 삶을 살기 위해서는 지혜로운 이성도 필요하지만 민감한 감성도 요청됩니다. 인간의 감정 중에서 고독감과 사랑만큼 사람을 깊고 넓게 만드는 것이 있을까요. 외로움과 고립을 애써 떨쳐버리려고도 하지만 인간은 고독을 감당할 수 있을 때 진정 홀로 설 수 있을 것입니다. 의도적으로 따돌림을 당하여 외톨이가 되는 것이 아니라, 무리의 강제나 구속에서 벗어나 자신만의 오롯한 시간을 가지는 것이 자아의 성장에 절대적으로 필요하다는 것입니다. 현대 사회는 고독한 시간을 주지 않습니다. 생활의 리듬은 너무나 빠르고, 살아가기 위해서 원치 않는 관계를 의무적으로 맺어야 하는 경우도 많습니다. 결국 남들이 만들어 놓은 환경과 생각 속에 자신을 집어넣고 거기에 맞추어 살아가는 것이지요. 따라서 오늘날 고독은 자신을 지키는 수단이요, 생각 없는 사회의 흐름에 저항하는 자신의 존재 방식이라고 할 수도 있을 것입니다.

반면에 사랑은 관계를 통해서 이루어집니다. 본능으로서 사랑이든지, 정신적으로 이상화된 사랑이든지 사랑은 누구와의 관계를 바탕으로 합니다. 관계란 자신의 뜻과 의지만을 실현하려고 하면 깨어지기 쉽습니다. 관계는 상호간에 대화하고 협상하면서 조정하는 과정이 있을 때 계속 유지됩니다. 그것이 깨지면 종속적인 관계가 되거나 억압적인 관계로 변합니다. 거기에서는 사랑과 배려의 주고받음이 아니라 강제와 지시가 관계를 억지로 유지시키죠. 그런데 사랑에 빠지게 되면 이러한 상호 존중의 관계가 깨지기 쉽습니다. 특히 연인 간의 사랑은 강렬한 감정을 가져오기에, 관계의 평형을 잃기가 쉽습니다. 연인을 위해서 나의 모든 것을 바치고 쉽고, 상대방도 나만을 사랑해 주기를 원합니다. 이것이 때로는 사랑을 숭고하고 아름답게 만들기도 하지만, 인간을 추하고 탐욕스럽게 만드는 것도 사실입니다. 서로를 향한 사랑의 감정은 강도가 다를 수도 있고, 시간에 따라 변하기도 합니다. 그렇기에 사랑을 온전히 보전하기 위해서는 나의 감정만 아니라 상대의 처지와 감정도 제대로 읽을 수 있어야 합니다. 때로는 현재의 감정을 절제하기도 해야 하고, 상황에 따라서는 대담해지기도 해야 되겠지요. 곧, 사랑에도 기술이 필요하다는 것이지요. 단순히 상대를 유혹하는 테크닉이 아니라, 사람과의 관계를 풀어나갈 수 있는 능력이 사랑에도 요청된다는 것입니다.

고독과 사랑이 상반되는 감정 같지만 결국 우리들 안에 동시에 존재하는 감정 같습니다. 고독하기 때문에 사랑을 찾아 나서지만 사랑이 이루어지고 유지되기 위해서는 고독을 감수할 수도 있어야 합니다. 고독이란 홀로 있음으로 스스로 낯설어지는 연습이라고 할 수 있는데, 사랑이 계속되기 위해서는 익숙한 상대에게 낯설어 질 수 있어야 합니다. 서로 낯설기 때문에 사랑을 하지만 사랑은 관계를 익숙하게 만들어 버립니다. 익숙한 관계는 사랑을 편안하게 만들기도 하지만, 사랑을 소진하게도 합니다. 사랑하는 연인에게서 낯선 얼굴을 발견할 수 있을 때, 스스로 낯선 면을 보여 줄 수 있을 때 사랑의 생명력은 살아 있을 것입니다.

생각하고 같이 이야기해 봅시다

1. 고독과 사랑의 경험을 서로 나누어 봅시다. 우정과 사랑의 공통점과 차이에 대해서도 이야기해 봅시다.

2. 육체적 사랑 없이 정신적 사랑만 가능할까요. 반대로 정신적 사랑 없이 육체적 사랑만 할 수 있을까요. 동성애적 사랑의 방식에 대해서도 이야기해 봅시다.

3. 플라톤의 『향연』을 직접 읽어 보고 사랑을 설명하는 여러 방식을 비교해 봅시다.

4. 영화나 드라마, 소설에서 그려지고 있는 사랑 이야기를 비판적으로 분석해 봅시다.

루소와 인간의 본성

'창조주의 손에서 떠날 때에는 모든 것이 선하다. 그러나 인간의 손 안에서는 모든 것이 타락한다.' 이렇게 인간의 본성은 루소가 바라본 바와 같이 선할까요, 아니면 악한 본능을 가지고 있는 것일까요. 서양 사상에서 루소는 인간의 신성과 도덕적 능력을 긍정한 대표적인 인물이라고 볼 수 있습니다. 하지만 현실에서 발생하는 인간의 타락은 사악한 인간성을 증명하는 사례로 넘쳐납니다. 루소는 문명사회에 살고 있는 인간의 타락은 자신의 본성 때문이 아니라, 학문과 예술과 같이 인간이 인위적으로 만든 가치와 제도 때문에 생기는 것이라고 봅니다. 원시적인 자연 상태에서 인간은 자기를 충실히 보존하려는 자연스러운 욕구와 더불어서 타인에 대한 연민의 감정을 동시에 가지고 있습니다. 인간의 정신과 이성이 발달하고 집단생활을 통해서 사회적 관계가 만들어짐으로서 이익과 손해를 따지게 되고, 자기 것을 지키기 위하여 가치와 힘이 개입된다고 생각합니다. 결국 자연스러운 소박함에 바탕한 평등한 인간성이 가족과 국가라는 사회제도를 통해서 인간적인 능력의 불평등으로 뿌리박히게 된다는 것입니다.

그렇다면 어떻게 자연스러운 인간의 본성으로 되돌아갈 수 있을까요. 문명생활을 포기하고 미개인의 상태로 되돌아가야 하는 것인가요. 물론 그렇게 할 수는 없지요. 루소는 교육과 정치를 통해서 잃어버린 인간의 본성을 되찾아야 한다고 생각합니다. 그렇게 될 때 인간은 원래의 자유를 되찾고 사회 속에서 행복한 생활을 누릴 수 있다고 합니다. 자연성을 회복하는 교육은 인간의 본성에 숨겨진 원래의 감각을 되살리는 것입니다. 이성을 계발한다는 미명하에 유아기부터 지식과 가치를 주입하는 것이 아니라, 아이들 속에 잠재되어 있는 자유스러운 영혼이 자연스럽게 움터 나오도록 보살펴 주고, 조장해주는 것이 필요하다는 것입니다. 사회적으로는 시민들의 자유와 영혼이 활발하게 드러날 수 있도록 정치 제도를 민주적으로 만들어야 하겠지요. 루소는 모든 시민들이 자신의 힘과 자유를 다른 사람들한테 양도하는 것이 필요하다고 봅니다. 모든 사람들이 자신의 자유를 사회에 양도하게 되면 결국 개인은 주는 것 이상의 사회적 자유를 얻을 수 있다는 것입니다. 개인의 생명과 자유가 온전히 보전되는 상태의 사회 계약을 루소는 생각했던 것입니다. 결국 루소는 인간이 가지고 있는 근원적 자유와 도덕적 감각을 신뢰하고 그것을 되찾기 위해서 노력했다고 봐야 할 것입니다.

 단테와 인문주의

　　서양에서 르네상스는 단테를 통해서 개화했다고 말할 수 있습니다. 르네상스는 신중심의 세계관이 바뀌어 인간의 가치가 삶의 중심으로 들어왔다는 측면에서 인문주의라고 볼 수 있습니다. 기독교가 콘스탄티누스 황제에 의해 로마제국의 국교로 인정되던 때가 기원후 4세기입니다. 이후 천 년 동안 서양은 기독교적 세계관에 의해서 역사가 흘러갔습니다. 기원 후 14세기 이탈리아 도시 국가, 특히 피렌체를 중심으로 새로운 기운이 넘쳐나기 시작합니다. 도시의 시민 계급이 경제적으로 영향력을 확대하면서 이전과는 다른 자신들의 목소리를 내기 시작한 것입니다. 물론 이들이 전통적인 기독교 세계관을 버린 것은 아닙니다. 오히려 도시가 확장되면서 수도원이나 성당과 더욱 밀접하게 살아갔지만 자신들의 일상적인 삶의 감정을 대변할 언어를 찾고 있었던 것은 분명합니다.

원래 단테는 피렌체의 이름 있는 귀족 가문 출신이었습니다. 시민으로서 정치적 의무를 다하기 위해서 적극적으로 행정에 참여하기도 하였고, 이후 피렌체의 고위 정치인이 되기까지 합니다. 하지만 피렌체의 정치적 갈등에 휘말리면서 오랜 유배와 방랑의 길에 오르게 되고 죽을 때까지 고향으로 돌아오지 못한 채 삶을 마칩니다. 단테는 많은 작품을 남겼습니다. 서양 중세 사상의 보고요, 근대로 향한 문을 열어 젖혔다고 하는 단테의 『신곡』은 유배 기간 동안 구상되고 작성되었습니다. 자기 삶의 모든 것이라고 할 수 있었던 피렌체에 대한 사랑과 분노, 그리움과 배신의 감정이 이 작품을 통해서 승화되어 나타납니다.

여기에서 단테 자신이 화자이자 작중 주인공이 되어서 지옥과 연옥, 천국을 순례합니다. 자신의 정신적 스승인 로마의 대시인 베르길리우스가 지옥과 연옥을 안내하는 자로 등장하고, 마지막 천국은 평생 사랑의 마음을 품고 가다듬어온 베아트리체가 이끕니다. 『신곡』은 단테 자신의 구원에 대한 갈망을 담은 것이기도 하지만, 당시 인간이라면 누구나 거쳐야 하는 인생의 복잡다단한 모습을 세밀하게 포착하고 있다는 데에 큰 특징이 있습니다. 중세 시대에는 우주와 역사의 주관자인 신의 섭리에 인간의 모든 의지를 맡겼다면, 이제는 인간 자신의 감정이 나타나기 시작하였고 스스로의 눈으로 사회와 역사를 바라보기 시작합니다. 『신곡』은 형식적으로도 절묘한 구조를 이루고 있으며, 당대 지배적인 언어인 라틴어가 아니라 피렌체 방언을 사용했다는 측면에서도 새로운 주체 의식을 나타내었다고 볼 수 있습니다.

새는 알에서 나오려고 투쟁한다, 자기가 되기 위해서

✝껍질 깨기

새는 알에서 나오려고 힘겹게 싸운다. 알은 세계다. 태어나려는 자는 먼저 하나의 세계를 깨트려야 한다. 새는 신에게 날아간다. 신의 이름은 압락사스.

데미안이 유심히 관찰했던 싱클레어 집 대문 위의 문장. 꿈속에서 싱클레어는 문장을 삼키고 그것은 안에서 싱클레어의 온몸을 갈기갈기 찢어 버립니다. 문장은 서양에서 주로 발달하였는데, 귀족 가문이 자신의 권위를 나타내기 위해 동물 모습 등을 상징적으로 그린 마크라고 할 수 있습니다. 그냥 스쳐지나갔던 문장이 기억과 꿈으로 되살아납니다. 그것을 그림으로 그렸고 데미안에게 부쳤습니다. 마침내 데미안한테서 짧은 답장이 온 것입니다. 여기에서 새와 알은 각각 무엇을 뜻할까요. 알이 세계라고 했는데, 깨트려야 하는 세계는 어떤 모습일까요. 그리고 세상을 깨트린 새가 날아올라서 도달한 신은 어떤 성질의 것인가요.

유정란에서 병아리는 약 3주가 지나면 부화를 합니다. 병아리가 세상으로 나오기 위해서는 마지막 단계로 알 안에서 부리로 자신을 감싸고 있는 껍질을 깨어야 합니다. 깨는 작업은 병아리의 몫입니다. 누군가 밖에서 껍질을 깨어주면 그 병아리는 세상에 태어나기는 하지만 병약한 몸으로 쉽게 죽는다고 합니다.

우리들을 한 마리의 새로 생각한다면 우리들 역시 삶을 위한 투쟁을 합니다. 어미의 산고와 태아의 생명의 힘으로 세상의 빛을 봅니다. 우리는 조금씩 성장하기 위해서 저마다 가지고 있는 껍질을 깨야 합니다. 자신이 깨는 껍질만큼 우리들은 성장하는 것이고, 이것은 평생의 작업이기도 합니다. 그렇다면 우리를 둘러싸고 있는 껍질의 정체는 과연 무엇이고, 그것을 깨기 위한 투쟁은 어떻게 하는 것일까요. 이 장에서는 이러한 점을 염두에 두고 싱클레어가 세상과 벌이는 싸움을 알아보도록 합시다.

┼싱클레어의 투쟁

먼저 지금까지 싱클레어가 벌인 투쟁을 정리해 보도록 합시다. 왜냐하면 이제 그 싸움이 중요한 고비를 맞이하고 있기 때문입니다. 싱클레어 투쟁의 정체는 도대체 무엇이고, 그 과정은 어떠했나요. 그 전투에서 싱클레어는 어떤 성과를 거두고 있는 것인가요.

싱클레어의 전투는 밝음과 어두움이라는 두 세계에 관련된 싸움입니다. 밝음이 어두움을 이기는, 한 세계의 패배와 다른 세계의 승리를 둘러싼 보통의 전투가 아닙니다. 그것은 밝음과 어두움이라는 적대적인 성질을 가진 두 세계가 서로 조화를 이루고 공존할 수 있다는 새로운 형식의 싸움입니다. 이 전쟁은 보통의 생각으로는 치룰 수 없는 것입니다. 일반적으로 전쟁은 적군과 아군이 분명하게 나누어 질 때, 우리는 선한 아군이고 상대는 나쁜 적군이라는 생각이 강할 때 불붙기 쉽습니다. 그리고 도저히 상대와 같이 살 수 없다고 생각할 때 일어납니다. 보통은 이념이라는 것이 이것을 나누고 부채질하는 역할을 많이 하죠.

그런데 싱클레어는 두 세계가 적대적이지 않다는 것을 목격하면서 갈등하고 자신 안에서 싸움이 일어납니다. 밝음과 어두움이 적대적이지 않고 상호 보완적인 관계이다, 같이 지낼 수 있는 것이라는 가정 때문에 싸움이 일어나는 것입니다. 그렇기에 이 싸움은 한 세계가 다른 세계를 정복하는 싸움이 아니라 다른 세계를 수용하는 싸움, 그 세계의 존재를 인정하는 싸움입니다. 보통은 밝음이 세상을 주도하기에, 어두움의 세계를 어떻게 바라보냐가 이 싸움에서 중요한 문제가 됩니다. 이것은 세상을 다르게 바라보기 시작할 때 일어나고, 전개되는 새로운 싸움입니다. 익숙한 사고방식으로는 이러한 형식의 싸움은 일어날 수 없습니다. 따라서 이 싸움은 정신이 깨어지는 싸움, 새로운 정신의 구조를 가지는 싸움이라고 할 수도 있겠네요. 데미안이 싱클레어의 사고방식을 계속해서 건드리는 것을 보면 이 싸움의 성격을 짐작할 수 있을 것입니다.

싱클레어가 싸움을 벌여나간 과정을 추적하면 대략 세 시기로 나눌 수 있습니다. 첫 번째 시기는 어두움의 세계를 자각하기 시작하는 유년기(아동기)라고 볼 수 있습니다. 취학 전후 시기인데 이때 그는 어두움의 세계가 있다는 것과 그 세계에 대한 호기심을 나타냅니다. 그리고 구체적으로 크로머라는 악동을 통해서 어두움의 세계를 직접 체험하기도 합니다. 이 시기 그는 어두움의 세계를 기웃거리다가 호된 고통을 당하지만, 그 세계가 가진 묘한 마력을 조금 맛보기도 합니다.

두 번째 시기는 취학 후 김나지움 시절이라고 볼 수 있습니다. 이 시기 그는 데미안을 만나서 자신의 싸움의 정체가 무엇인지 깨달아 갑니다. 데미안은 카인과 아벨 이야기,

예수 옆에 매달린 도둑 이야기를 통해서 두 세계를 나누는 우리들의 생각의 방식이 문제가 있음을 깨우쳐 줍니다. 그리고 새로운 정신으로 세상을 살아가는 사람들의 삶의 자세를 보여 줍니다. 유년기 시절에 밝음과 어두움이 선한 가족(싱클레어)과 나쁜 친구(크로머)의 대립으로 단순하게 나타나고 있다면 이 시기에는 그것이 싱클레어 안에서도 일어나고 있음을 보여 줍니다. 곧 싱클레어는 자기 안에 크로머가 살아 있음을 자각합니다. 유년기 시절 크로머 때문에 거짓말을 하고 돈을 훔치기도 합니다. 심지어 아버지를 살해하는 꿈을 꾸기도 하지요. 곧 자신 역시 어두운 세계의 행동을 하지만 그것은 크로머의 강압 때문에 생긴 것이지, 자신의 본성이 그럴 수 있다는 것은 깨우치지 못합니다.

그리고 김나지움 시절 싱클레어는 자신의 내면에 숨겨진 어두움의 정체 때문에 괴로워합니다. 대표적인 것이 성性에 대한 욕구였습니다. 금지된 욕망으로서 성욕은 왕성하게 살아 꿈틀거리는 것이지만 밝은 세계에 올라올 수 없는 은밀한 어떤 것이었습니다. 싱클레어는 왜 어떤 것은 금지되었고, 어떤 것은 허용하는 것인지, 곧 밝음과 어두움의 경계에 대해서 묻기 시작합니다. 이러한 물음으로 유년의 세계는 붕괴되어 갔고, 경계의 기준은 우리들 스스로 세울 수 있어야 함을 데미안은 알려줍니다. 이제 싱클레어는 자신 안에서 일어나는 밝음과 어두움을 바라보기 시작하는 것입니다. 자신의 내면을 깊이 바라보면서 마음이 어떻게 흘러가는지를 관찰한다는 것입니다.

세 번째 시기는 대학 시절로 내면에서 일어나는 밝음과 어두움의 싸움을 종합하고 새로운 정신을 얻어나가는 시기입니다. 처절했던 그 싸움의 실체를 보다 분명히 깨닫고, 그것을 해결하는 힘을 여러 사람과 사상을 통해서 구할 수 있게 됩니다. 이 시기는 앞으로 우리가 자세히 살펴보게 될 것입니다.

ǂ 두 세계의 통합과 변증법적 사고

그런데 유년기와 김나지움 시기를 거치면서 밝음과 어두움의 세계가 대립되는데, 여기에 싱클레어는 비슷한 행동 패턴을 보여 주는 경향이 있습니다. 곧 처음 밝은 세계에 살면서 어두운 세계에 관심을 가집니다. 그리고 어두운 세계를 경험하지만 이내 밝은 세계로 돌아옵니다. 하지만 잠시 그곳에서 쉼을 갖고 다시 어두운 세계에 몰두합니다. 그리고 이러한 과정은 단순하게 반복되는 것이 아니라, 과정을 거치면서 싱클레어의 정신세계가 깊고 넓어지며, 마침내는 두 세계를 통합하는 단계에 이른다는 것입니다.

유년기 시절까지 싱클레어는 밝은 세계인 가족의 따뜻함을 경험합니다. 이후 어두움을 경험하게 되지요. 데미안의 도움으로 크로머라는 어두움의 존재를 해결한 후에 싱클레어는 데미안이 열어 놓은 세계로 바로 가는 것이 아니라, 이전의 가족의 품에 다시 안깁니다. 김나지움 시절에도 마찬가지입니다. 가족이라는 밝은 세계를 떠나 싱클레어는 고독의 시간을 가집니다. 고독의 묘미를 즐기지만 자신과 세상을 경멸하기 시작합니다. 그리고 술과 방탕에 빠지기 시작합니다. 크로머 같은 존재가 스스로 되어보는 것이지요. 어두움 속에서 갈피를 잡지 못하고 바닥까지 가는 경험 속에서 새로운 구원자를 만납니다. 베아트리체라는 여성을 통해서 싱클레어는 사랑의 지고함을 느낍니다. 단테의 『신곡』에서 베아트리체가 단테의 영혼을 천국으로 인도하는 것과 같이 싱클레어한테 베아트리체는 어두움의 세계를 벗어나 밝음의 세계에 안식할 수 있게 해 주는 존재입니다. 하지만 싱클레어를 구원할 수 있는 것은 베아트리체와 같은 정신적 사랑이 아님을 싱클레어가 그린 그림을 통해서 알 수 있습니다. 베아트리체를 그린 그림이 오히려 데미안이면서도 싱클레어 자신을 닮았습니다. 남자이면서 여자였고, 젊으면서도 노인의 기풍을 가진 얼굴입니다. 곧 세계의 양면성을 가진 인물, 밝음과 어두움을 종합한 정신이 얼굴로 드러난 그림이라는 것이지요.

싱클레어의 정신이 발전하는 과정을 보면 자신 안에 숨어 있는 어두움을 발견하고 이것을 인정하는 과정을 거치고 있음을 알 수 있습니다. 바깥에 있는 어떤 것이 아니라 내면을 살피면 자신의 참모습을 발견할 수 있습니다. 어두움을 밝게 드러내는 작업, 그래서 어두움을 밝음과 같이 인정하는 작업이 진정한 자신에 이르는 길입니다. 이렇게 싱클레어의 정신이 끊임없이 갈등하고 싸우면서, 새로운 종합을 향해 나가는 과정은 '변증법'적 사고와 유사합니다. 변증법이란 갈등과 대립을 통해서 정신이, 나아가 세계가 발전한다는 논리입니다. 그리스 철학자 헤라클레이토스가 처음 변증법적 사고를 얘기했을 때, 그는 만물이 항상 움직이며 운동을 하는 것은 대립적인 것의 갈등과 투쟁이 있기 때문이라는 것입니다. 낮과 밤, 여름과 겨울, 전쟁과 평화와 같이 서로 대립적인 것이 상호 작용하면서 세계는 존재한다는 것입니다.

헤겔F. Hegel은 이러한 사고를 더욱 발전시킵니다. 그는 사고가 발전하기 위해서는 기존의 사고$_正$에 반대되는 사고$_反$가 존재해야 한다고 봅니다. 기존의 사고에 문제가 있을 때 그와 반대되는 사고가 등장한다는 것입니다. 하지만 반대되는 사고 역시 문제가 될 때 제3의 사고$_合$가 나타나는데, 이것은 기존의 두 사고의 문제점은 버리고 장점을 수용하면서 새롭게 구성되는 사고의 총합입니다. 이것 역시 나중에는 문제를 드러내는 정$_正$이 되고 다시 반$_反$을 만나고 합$_合$으로 재구성되는 경로를 반복한다는 것입니다. 후에 마르크스K. Marx는 헤겔의 변증법을 뒤집어서 세계의 발전을 설명합니다. 정신의 변증법적 발전이 세계 발전의 동력이 아니라, 물질세계의 발전이 우선한다는 것입니다. 가진 자와 그렇지 않은 자 간의 물질을 둘러싼 투쟁이 인간 갈등의 근본 원인이며, 역사와 사회는 그러한 계급 간의 갈등과 투쟁의 역사라는 것입니다. 마르크스에 있어서, 공산주의 사회는 모든 갈등과 투쟁을 해결하는 최종적인 합合의 세계라고 볼 수 있습니다.

싱클레어의 사고가 정확하게 변증법적 사고를 통해서 발전한다고 진단할 수는 없지만, 밝음의 세계正를 의문시하면서 어두움의 세계反를 요청하고, 궁극적으로 양자의 공존合을 추구한다는 측면에서 비슷한 궤적을 그린다고 볼 수도 있을 것입니다. 다만 밝음과 어두움이 사라진 종합적인 어떤 사고를 제기한다기보다는 양자의 존재를 긍정하는 수준의 통합이기에 엄격한 의미에서 변증법적 사고와 다르다고 봐야 할 것입니다. 우리들의 일상적인 사고에서도, 어떤 생각에 문제를 느끼면 그것을 해결하려는 새로운 생각을 끊임없이 모색한다는 측면에서 누구나 변증법적 사고를 어느 정도는 한다고 볼 수 있습니다.

✝압락사스

이제 싱클레어가 오래된 싸움을 하고 있는 내면의 갈등이 무엇인지가 구체적으로 밝혀지고 있습니다. 싱클레어는 갈등의 고비마다 꿈을 꿉니다. 데미안이 보내온 편지 역시 김나지움 막바지에 꾼 꿈에 대한 해석의 형식입니다. 자신의 몸 안으로 들어간 문장. 자신의 온몸을 헤쳐 놓고 파괴하고 있는 문장의 꿈. 문장에는 이상한 새의 문양이 들어 있습니다. 꿈이란 우리가 생각하지 못하고 있는 것을 보여 줍니다. 꿈이란 우리의 내면이 드러나는 것이기에, 이를 잘 해석하면 앞으로 우리의 마음이 나아가야 할 길을 알 수도 있습니다. 싱클레어가 문장을 삼키고, 그것이 싱클레어의 몸을 안에서 찢어 놓는다는 것은, 문장으로 인해 싱클레어가 새롭게 태어난다고 해석할 수 있을 것입니다. 싱클레어의 내면으로 들어간 문장이 싱클레어의 내면을 바꾸어 놓는다는 것입니다. 이제 싱클레어는 그 문장의 비밀을 캐내어야 할 것입니다.

우연히 수업 시간에 싱클레어는 문장이 의미하는 바의 실마리를 듣게 됩니다. 문장의 새는 세계를 깨뜨리고 날아올라 신한테 다가갑니다. 그 신의 이름이 압락사스입니다. 압락사스라는 신이 고대 신비주의 종파에서 숭배하는 신의 이름이라는 것입니다. 그리고 그 신은 신적인 것과 악마적인 것을 결합하는 신성을 가진다는 것입니다. 싱클레어는 무엇보다 신이 악마적인 요소를 가지고 있다는 것에 크게 끌립니다. 신은 항상 옳고, 착하며 밝은 곳에 있는데, 악마적인 것을 결합한다는 것에 놀랍니다.

실제로 압락사스는 기독교의 한 종파인 영지주의靈智主義에서 숭배하는 신이었다고 합니다. 주로 사람의 몸과 장닭의 머리, 뱀의 발을 가진 형상으로 나타나는데 우주 전체를 다스린다고 합니다. 압락사스를 그리스어로 나타내면 7개의 문자로 구성되는데, 각 문자가 상징하는 수를 합하면 365가 됩니다. 곧 압락사스는 이 세계 전체를 주관한다고 볼 수 있는 것이지요. 심리학자 융C. G. Jung은 압락사스를 우리가 잃어버린 신들 중의 하나로 보고 있으며, 그 신은 이 세상에 서로 대립되는 것들을 낳는 근원이라고 생각합니다.

이것은 그대들이 모르고 있는 신이다. 인류는 그를 잊어버린 것이다. 우리는 그를 압락사스(ABRAXAS)로 부르며, 이것이 그의 이름이다.

태양신이 말하는 것은 삶이고 악마가 말하는 것은 죽음이다. 그러나 압락사스는 거룩한 말과 저주의 말, 삶과 동시에 죽음인 말을 한다. 압락사스는 진실과 거짓, 선과 악, 빛과 어둠을 같은 말과 행위 속에서 만들어 낸다. 그러므로 압락사스는 외경스러운 존재이다.

　　　　　　　　－융, 『죽은 자를 향한 일곱 가지 설법』 중에서

생명과 진실, 선과 빛의 존재로서 신을 믿어왔던 싱클레어에게 그 반대편의 성질과 직접 관련된 신을 듣는다는 것은 놀라운 사건이었습니다. 얼마 전부터 세계가 양면으로 이루어졌으며, 그것이 자신의 내면에도 들어 있음을 깨달았지만 그것을 분명한 언어로 설명할 수는 없었습니다. 우리들이 세계를 이해하기 위해서는 그것에 적합한 이름(개념)을 붙일 수 있어야 합니다. 이름이란 단순히 무엇을 부르기 위해서 편의적으로 있는 것이 아니라, 세계를 이루는 다양한 사람과 사물의 관계 속에서 만들어지는 것입니다. 싱클레어가 우연히 만난 여인에게 베아트리체라는 이름을 붙여 줌으로써 그 여인과 관계를 만드는 것과 같이, 그리고 우리가 베아트리체라는 역사적 인물을 통해서 육체적 사랑과 구별되는 정신적 사랑을 이해할 수 있듯이 이름을 짓는 것은 중요한 행위입니다. 사물의 이름 속에 세상이 들어가 있고, 이름(개념)을 부름으로 그것은 의미를 가지고 세상에 존재하는 것입니다.

마찬가지로 싱클레어는 지금까지 선악의 양면성을 같이 아우를 수 있는 이름을 갖지 못하였습니다. 하느님의 이름으로는 밝음의 세계를 이해할 수는 있었지만 다른 한 세계를 설명할 수 없었던 것입니다. 물론 기독교 신학과 교리에서도 하느님이라는 이름으로 모든 것을 설명하려고 합니다. 하지만 싱클레어가 이해하는 하느님이라는 개념으로는 선악의 양면성을 설명하기에 무언가 부족함을 느낍니다. 싱클레어가 압락사스라는 새로운 이름, 그리고 그 이름이 가지고 있는 세계에 대한 설명을 들었을 때, 그의 정신은 화들짝 깨어나지 않을 수 없었던 것입니다. 그는 이제 세상을 이해하는 새로운 틀을 하나 더 가진 것입니다. 새로운 스키마가 형성되고 있는 것입니다.

그는 압락사스라는 말에 몰입하게 됩니다. 도서관을 뒤져 그것을 더욱 확인하고 싶어집니다. 이러는 동안 정신적 사랑으로 불타던 베아트리체의 영상은 완전히 사라지게 됩니다. 한 순간 세계를 도약하는 힘을 주었지만 그녀가 깊은 내면의 본질을 건드려주지는 못했던 것입니다. 이제 다시 내면을 깊이 응시하고자 합니다. 새로운 말을 얻었기에 내면을 이해하고 설명하는 것이 한층 쉬워질 수 있을 것입니다. 그래서 싱클레어는 다시금 꿈을 꿉니다. 이 꿈은 분명 압락사스와 관련된 꿈일 것입니다.

집안에서 어머니가 나한테 오신다. 내가 들어서며 포용하려고 하자 그녀는 어머니가 아니라 한 번도 보지 못한 형상을 가진 여인이었다. 그녀는 데미안을 닮아 키가 크고 강했다. 그녀는 내 그림을 닮기도 하였다. … 이 형상이 나를 이끌어 깊고 전율에 넘치는 포용을 했다. 나는 황홀감과 공포를 같이 느꼈다. 포용은 신에 대한 경배이면서 하나의 죄악이었다. … 때때로 나는 깊은 환희를 느끼며, 한편으로는 죽음의 공포와 끔찍한 범죄를 저지른 듯 격심한 양심의 가책을 느끼는 꿈에서 깨어나곤 하였다.

압락사스는 만물을 창조하는 근원이 될 수도 있고, 이 세계의 운행을 주관하는 신이 될 수도 있습니다. 그 속에서 세계의 질서가 만들어지고, 만물이 움직이는 것입니다. 나누어진 두 개의 세계 역시 압락사스의 질서 속에 포함될 수 있을 것입니다. 싱클레어가 꿈속에서 포옹하려는 어머니가 바로 이 압락사스를 상징하는 것은 아닐까요. 친엄마라고 생각하고 다가갔는데 그 분이 아니었습니다. 밝음의 세계를 상징하는 기존의 어머니로는 더 이상 싱클레어를 품을 수 없는 것이지요. 이 인물은 여성적이면서도 힘이 있으며, 데미안을 닮았으면서도 아닌 것 같았습니다. 이 인물과 사랑의 포옹을 했을 때 기쁨과 전율이 느껴집니다. 낯선 것과 새로운 관계를 맺을 때 느끼는 설렘과 행복감일 것입니다. 그렇지만 두려움과 죄책감 역시 느낍니다. 그러한 관계와 만남이 과연 가능한 것인지, 허용될 수 있는 것인지에 대한 두려움이겠죠. 곧 압락사스를 품는다는 것은 양면적인 감정을 수용하는 것입니다. 싱클레어는 새로운 개념을 발견했지만 아직 그것을 자신의 몸에 녹여서 익숙하게 사용할 수 있는 단계에 이른 것은 아닙니다. 개념을 머리로 아는 단계를 넘어서 자신의 영양분으로 삼기 위해서는 어느 정도 숙성의 기간이 필요합니다. 이제 싱클레어가 이루어야 할 내면의 과제는 다음과 같습니다.

그것은 천사와 사탄, 남자와 여자, 인간과 짐승, 최고의 선과 극단의 악을 가진 상(像)이었다. 이 양극단을 살아가는 것, 그것이 나한테 지어진 운명으로 여겨졌다.

싱클레어는 김나지움을 떠나 대학에 가게 됩니다. 싱클레어의 내면이 도달하는 마지막 단계에 이르게 된 것입니다. 싱클레어는 이제 자신의 과제를 분명하게 인식하고 있습니다.

내 속에서 솟아나려는 것을 따라 살기를 원했다. 그것이 왜 그렇게 어려운 것인지?

† 피스토리우스

다른 친구들은 대학 생활을 장래 직업을 얻기 위한 준비 과정으로 삼고 있습니다. 그러나 싱클레어는 교수나 판사, 의사와 예술가와 같은 직업을 삶의 목표로 정할 수가 없었습니다. 그것은 우리들 밖에 있는 것이기에, 그것을 향하도록 하는 마음의 문제가 해결되지 않으면 큰 의미가 없다고 생각했기 때문입니다. 싱클레어는 세상이 정해 준 목표보다는 내면에서 압락사스를 찾는 것이 더 시급한 과제입니다. 다시금 마음의 폭풍이 들이 닥치고 있는 것입니다. 김나지움 시절 고독을 경험했듯이 대학생으로서 다시 고독한 생활을 합니다. 하지만 술과 방탕에 빠지지는 않습니다. 변증법적 정신의 발전이라고 할까요. 옛날의 나쁜 습관들은 사라진 상태에서 새로운 정신이 꿈틀되고 있는 것이지요. 겉으로는 안정된 대학 생활을 합니다. 하지만 내면에서는 알을 깨는 새같이 비상을 위한 고통이 계속 되고 있습니다. 꿈속에서 압락사스의 상징은 계속 반복되어 나타납니다. 이제 압락사스의 기운이 싱클레어를 좌우하기 시작합니다. 머리로 압락사스를 이해할 때에는 그래도 싱클레어의 자유로운 의지가 힘을 발휘했는데, 이제는 압락사스가 싱클레어의 내면을 지배합니다. 마음에는 새로운 힘이 꿈틀거립니다. 폭풍같이 몰아치는 그 힘을 정확한 방향으로 이끌 필요가 생깁니다. 싱클레어가 세계를 깨고 압락사스에 도달하기 위해서는 방법과 기술이 필요합니다. 이때 한 명의 도움이가 나타납니다. 피스토리우스라는 무명의 음악가입니다.

싱클레어는 길을 걷다가 교회에서 울려나오는 한 음악 소리를 듣게 됩니다. 여느 음악과 달리 오르간 소리가 싱클레어의 마음을 끌어당깁니다. 음악, 미술과 같은 예술을 감상하기 위해서는 그 작품이 담고 있는 내용에 대한 기본 이해가 있으면 좋지만, 때로는 그것 없이 어떤 감동이 일어나기도 합니다. 그 예술 작품의 작가가 누구인지, 무엇을 나타내려고 했는지, 어떤 방법을 사용했는지 등을 알면 작품을 더 잘 이해할 수 있습니다. 하지만 '해바라기'라는 작품이 고흐의 작품이고, 진한 유화를 사용했다는 것을 모르더라도, 우리들은 화가의 열정을 느낄 수 있는 것이지요. 작곡가와 연주자를 모르더라도 어떤 음악은 묘하게 우리들을 끌어들이는 것을 자주 경험하게 됩니다. 아는 만큼 예술 작품이 더 잘 이해될 수도 있지만, 감상자의 마음 상태나 갈급함 역시 작품의 의미를 읽는 중요한 요소라고 볼 수 있습니다.

싱클레어는 지금 내면의 폭풍을 경험하고 있습니다. 어떤 것이든 이 내면을 건드릴 수 있으면 싱클레어 마음을 장악할 수 있을 것입니다. 지금 이 음악이 바로 싱클레어의 내면을 건드리고 있습니다. 싱클레어는 밖에서 음악을 계속 듣습니다. 매일 같은 시간에 연주되는 음악을 쫓아 때로는 몰래 교회 안에 들어가 음악에 빠지게 됩니다.

그리움, 세상에 대한 절절한 이해와 난폭한 결별, 자신의 어두운 영혼에 대한 불타는 집중, 경이로움에 대한 헌신과 강한 호기심 같은 것이었다.

음악의 멜로디를 통해서 싱클레어는 연주자의 영혼을 느낄 수가 있었습니다. 무엇인가 세계를 이해하려고 애쓰는 절실한 몸부림. 하지만 끝내 그것에 닿지 못하는 안타까움. 그렇지만 피나는 자신과의 싸움 속에서 느끼는 성취감. 음악을 통해서 흘러나오는 연주자의 영혼은 곧 싱클레어가 지금 겪고 있는 영혼의 상태와 비슷합니다. 그 음악 속에서 싱클레어는 자신을 발견하고 있는 것입니다. 이렇게 예술가의 영혼과 감상자의 영혼이 만날 때 일어나는 스파크는 예술이 우리에게 줄 수 있는 가장 큰 매력 중의 하나입니다.

싱클레어는 그 연주자를 존경하게 됩니다. 그의 영혼을 알고 싶습니다. 그래서 몰래 그를 뒤따라갑니다. 땅딸막하면서도 다부진 체격을 가진 이 연주자와 드디어 직접 만나 이야기를 나누게 됩니다. 싱클레어는 자신의 고민을 털어놓습니다. 천국과 지옥을 오가는 마음의 혼란, 양심의 가책을 느끼지만 도덕을 떠나고 싶은 마음의 상태, 곧 신이면서 동시에 악마인 압락사스를 염원하고 있음을 고백합니다.

압락사스라는 싱클레어의 말에 음악가는 놀랍니다. 피스토리우스 역시 압락사스를 알고 있었기 때문입니다. 두 사람 사이에 범상치 않은 일치점이 있다는 것을 깨닫고 둘은 급속하게 가까워집니다. 피스토리우스는 싱클레어를 집으로 초청합니다. 피스토리우스 역시 싱클레어와 비슷한 배경 속에서 자랐습니다. 유명한 설교자인 아버지 밑에서 피스토리우스는 신학자로 키워졌습니다. 하지만 아버지의 길을 거부하고 남들이 알아주지 않는 음악가의 길을 가고 있는 것이지요. 싱클레어가 밝은 세계의 아버지 법칙을 경멸하고 자신만의 길을 모색하고 있는 것과 같이 피스토리우스 역시 비슷한 과정을 밟고 있는 것입니다. 다만 피스토리우스가 싱클레어보다 앞서 그 길을 가고 있기 때문에 무엇인가 후배에게 들려줄 말이 있을 것입니다. 싱클레어는 피스토리우스한테서 고민의 해답을 찾고 싶습니다.

우리 철학 좀 해보자고. 철학이란 아가리 닥치고, 배 깔고 엎드려 생각하기야.

＃지혜와 진리

이제 피스토리우스는 자신이 터득한 내용을 싱클레어한테 전달해 주기 시작합니다. 먼저 철학에 대해서 얘기합니다. 철학은 지혜에 대한 사랑이라고 말합니다. 이 세상의 지혜를 쫓아서 많은 현인들이 여러 가지 얘기를 합니다. 지혜는 있다 없다, 지혜는 알 수 있다/없다, 지혜는 여러 가지이다/하나이다, 지혜는 불변하다/만들어 내는 것이다, 지혜는 정신으로 인식하는 것이다/몸으로 체험하는 것이다 등등. 지혜의 향연이 철학입니다. 지금 피스토리우스 역시 철학을 말합니다. 그런데 그는 철학을 색다르게 정의합니다. 〈아가리 닥치고 배 깔고 엎드려 생각하기〉가 철학이라고 합니다. 무엇인가 기존의 철학에 대한 냉소와 저주가 들어 있는 표현입니다. 기존의 철학은 인간의 이성 활동을 신뢰하고 이에 근거한 지혜의 탐색을 정당화합니다. 인간만이 가지고 있는 이성의 능력으로 진리를 찾게 됩니다. 그리고 그러한 지혜와 진리는 인간의 바깥에 별도로 존재하는 것이지요. 중요한 것은 인간(주체)이 얼마나 진리(객체)에 정확하게 대응될 수 있느냐 하는 것입니다.

> 나는 여기서 생각이야말로 나에게 속하는 것임을 발견한다. 이것만은 나에게서 떼어낼 수 없다. 나는 있다, 나는 현존한다. 이것은 확실하다. … 그러므로 엄밀히 말한다면 나는 다만 하나의 생각하는 것, 즉 하나의 정신, 하나의 오성 혹은 이성일 따름이다.
>
> － 데카르트, 『성찰』 중에서

근대 철학의 선구자라고 할 수 있는 데카르트는 나의 생각만이 확실한 것이고, 그러한 생각하는 인간으로서 이성의 활동이 인간 정신의 본질이라고 간주합니다. 이렇게 인간의 정신 활동을 통해서 수학 문제를 풀듯이 세계의 모든 경험을 이해할 수 있다고 생각하는 철학을 합리주의라고 합니다. 합리주의는 인간의 정신이 객관적이고 논리적으로 활동할 수 있다는 믿음을 가지고 있습니다. 반면에 선천적인 인간의 이성보다는 감각을 통해서 세계를 경험하는 것이 모든 지식의 근원이라고 생각하는 철학을 경험주의라고 합니다. 우리가 어떤 대상에 접하여 보고 듣고 맛보는 관찰과 경험이야 말로 진리를 발견하는 유일한 방법이라는 것이지요.

합리주의든 경험주의든 공통적으로 인간과 진리를 구별합니다. 진리를 인간의 바깥에서 구하는 것이지요. 그러한 진리가 올바른지를 인간의 이성이나 감각을 통해서 판단할 따름입니다. 이렇게 되면 나와 진리는 밀접한 관계를 맺지 못합니다. 나의 이해와 요구, 나의 고민과 관련 없이 지혜는 이미 그곳에 존재하기 때문에 내가 그것에 맞추어 살아가는 길밖에 없습니다. 이렇게 진리가 인간 주체의 이해와 요구를 떠나서 별도로 존재한다는 진리관을 객관주의 진리관이라고 일컫기도 합니다. 객관주의에서는 진리란 시대와 장소를 가리지 않는 절대적 가치를 지닌다고 많이 생각합니다. 그래서 절대적 진리에 대한 믿음이 강합니다. 반면에 진리란 객관적으로 고정된 어떤 것이 아니라, 사람들의 이해와 요구에 따라 만들어지는 것이라고 생각할 수도 있습니다. 진리의 의미는 집단이나 사람에 따라 달리 드러납니다. 진리의 가치를 불변의 것이 아닌 구성원들이 의미를 만들어 가는 과정으로 보는 진리관을 구성주의적 진리관 또는 과정주의적 진리관이라고 부를 수 있을 것입니다. 여기에서는 진리의 객관성과 절대성보다는 가치의 상대성, 구성원들 간의 합의에 의한 진리의 소통을 중시합니다.

✝ 진리와의 합일

피스토리우스는 이러한 철학의 전통과 달리 나와 진리가 하나가 되는 과정에 주목합니다. 그는 이성이나 감각 경험에 의한 진리의 발견, 또는 개인이나 집단이 의미를 만들어 나가는 과정을 냉소합니다. 그는 진리와 합일하고자 합니다. 나와 진리가 둘로 구별되는 것, 아니면 내가 진리 구성에 참여하는 것에 만족하지 않습니다. 내 자신이 진리가 되는 것, 내 속에 진리가 들어와 사는 것을 추구합니다. 그래서 〈아가리〉 닥치라고 합니다. 기존의 그 고매한 철학의 말씀들이 과연 우리들 중 한 명이라도 진정 구원했냐고 따지는 것입니다. 그래서 고매하게 진리를 사색하고 발견하는 흉내를 내지 말라고 합니다. 철학은 머리에서 나오는 것이 아니라 엎드려 무엇인가를 깊이 응시하는 것에서 출발한다는 것입니다. 철학의 자세는 곧추선 직립에서가 아니라 낮게 포복하면서 시작한다는 의미일 것입니다. 머리(이성)가 아니라 가슴(마음)이 중요하다는 것입니다.

피스토리우스는 구체적으로 나와 진리가 하나가 되는

방법을 시연해 줍니다. 배화拜火교적 전통을 따라서 불을 피우고 불길 속에서 일어나고 있는 다양한 형상들을 관찰하라고 합니다. 싱클레어는 불길이 만들어 내고 있는 문자와 영상, 얼굴들, 동식물들을 찾아냅니다. 그것은 곧 싱클레어의 정신이 만든 추억들입니다. 자신의 정신을 따라서 불길의 형상들이 만들어지고 달라진다는 것입니다. 자신의 내면을 끄집어 내놓을 때 불길이라는 대상은 싱클레어의 정신의 나타남이 되는 것이지요. 피스토리우스는 나와 대상이 하나가 되는 과정을 배화교 의식을 통해서 알려준 것입니다. 싱클레어는 불을 통해서 자신의 내면을 관찰하는 신비한 경험을 하게 되는 것이지요.

그런 형상을 가만히 들여다보면, 비합리적이고 뒤죽박죽인 기이한 자연의 형태에 몰두하다 보면 우리의 내면이 이 형상을 만들게 한 의지와 일치한다는 것을 느낀다. … 우리는 자신과 자연 사이의 경계가 흔들리고 무너지는 것을 본다. … 우리가 얼마나 대단한 창조자인지, 우리 영혼이 세상의 끊임없는 창조에 얼마나 쉼 없이 참여하는지 알아내는 데 이 연습만큼 간단하고 쉬운 것은 없다. 우리들 내부와 자연에서 활동하고 있는 신은 나누어지지 않는 똑같은 신이다.

불길을 통해서 싱클레어는 내면의 온갖 욕구와 이해가

밖으로 드러나는 경험을 합니다. 보이지 않던 모습을 보게 될 때 우리들은 편안함을 느낍니다. 싱클레어는 불길 앞에 서면서 행복감을 느낍니다. 이것은 곧 나와 자연 사이의 경계가 사라진다는 것을 뜻합니다. 불길이 나의 마음의 표현이 되는 것이고, 내 마음은 불길이 되는 것이지요. 전통적인 철학에서는 나와 대상을 항상 구별하려는 습성을 가지고 있습니다. 내가 얼마만큼 바깥에 있는 진리에 도달하느냐에 따라서 나의 능력이나 자긍심이 평가되는 것이지요. 이러한 방법은 결국 나와 진리를 소외시키는 현상을 가져옵니다. 진리 추구를 통해서 즐거움을 맛보거나 그렇게 얻은 진리가 우리를 해방시키기보다는 진리가 고통이 되거나 진리에 집착하는 경우가 많습니다. 피스토리우스는 그러한 진리와 나의 경계를 깸으로써 나를 진리의 압박감에서 해방시켜주고 있는 것입니다.

더 나아가 싱클레어는 중요한 사실을 깨닫게 됩니다. 우리들 자신이 진리를 창조한다고. 우리들 영혼 안에서 진리가 솟아난다는 것을. 구성주의나 과정주의와 같이 진리의 한 자락을 만드는 데 우리가 참여하는 것이 아니라, 우리들 자신이 통째로 진리 자체가 된다는 것을 배우게 됩니다. 진리가 된다는 것은 신이 된다는 것과 같은 말입니다. 서양에서 절대적 진리는 신적인 진리였습니다. 기독교에서는 하느님만이 전지전능하고 절대적인 존재였지요. 하느님을 아는 것이 진리의 완성이었습니다. 하지만 누구나 세속에서는 여기에 도달할 수는 없는 것이지요. 근대 사회에 기독교가 의심을 받게 되면서 절대적 진리는 하느님이 아닌 다른 어떤 것이 되었습니다. 인간이 이성을 통해서 도달할 수 있는 어떤 것이었지요.

그런데 진리란 우리가 애써 도달해야 하는 어떤 것이 아니라 그러한 신적인 능력, 신성 자체가 우리들 안에 있다는 것입니다. 이제 누구나 자신의 내면을 깊이 들여다보면 이러한 신성을 발견할 수 있다는 것입니다. 우리들 자신이 세계의 창조자라는 것이지요. 신성은 바깥세상에도 있습니다. 자연에 진리가 있다는 것이지요. 하지만 이것은 내안의 진리가 다른 모습으로 나타난 것일 뿐입니다. 내 안의 신성을 통해서 찾을 수 있는 것이지요. 나와 세계의 경계가 사라지면서 세계의 진리와 나의 진리는 동일한 형식과 내용을 가지게 됩니다.

얼마나 많은 사람들이 물고기이고 양들인지, 벌레이고 천사들인지! 개미들이고 벌들인지. 그래. 그들 하나하나 속에 인간이 될 가능성이 숨어 있지. 그러나 이러한 가능성들을 예감함으로써, 부분적으로는 그것들을 의식하는 것을 배움으로써만 가능성들이 자신의 것이 된다네.

✝ 원형(Archetype)

너희도 신처럼 되리라. 신성의 가능성은 누구나 가지고 있습니다. 그것을 느끼고 실현하는 방법을 배움으로 신성은 마침내 현실이 될 수 있습니다. 어떻게 신적인 가능성이 우리 안에 들어오게 되었을까요. 피스토리우스는 인간의 무한한 진화의 과정을 통해서 그것을 설명합니다. 인간의 신체기관이 진화의 계보를 통해서 오늘날의 몸을 만드는 것과 같이, 우리의 정신 역시 앞선 시대의 정신 발전과정이 온전히 들어 있다는 것입니다. 인간의 허파는 물고기의 부레와 같은 역할을 오늘날 하고 있죠. 허파 속에는 호흡기가 발전해 온 역사적 과정이 들어 있는 것이고, 오늘날 인간의 삶의 양식에 가장 적합한 형식으로 허파가 활동하고 있는 것입니다. 마찬가지로 우리들의 정신은 고대 인간들의 영혼의 지층이 남아있습니다. 다만 그것이 깊숙이 누적되어 있어서 그 영혼의 지층을 모두 알 수 없지만 오늘날 우리들의 정신은 이전의 영혼을 포함한 가장 발달된 단계에 있는 것입니다. 인간의 영혼이 인류 역사의 모든 경험을 온전히 포괄하고 있다는 측면에서 신성이 들어 있다고 볼 수 있는 것이지요.

융을 대표로 하는 심리학에서는 이렇게 인간 심성 깊숙이 들어 있는 인류의 심리학적 본성을 '원형Archetype'이라는 말로 설명합니다. 이것은 우리들의 무의식 깊숙이 들어 있는 것으로 우리가 의식하지는 못하지만 우리의 정신을 구성하는 중요한 실체입니다. 원형은 개인의 독특한 심리를 형성하는 '자기 원형'도 있지만, 인류의 다양한 종교나 신화에서 공통적으로 발견할 수 있듯이 집단 무의식의 형태를 띱니다. 융 심리학에서는 자신의 내면 깊숙한 무의식을 알기 시작할 때 '자기Self, Selbst'를 실현한다고 말합니다. 물론 우리의 내면성에는 신성뿐만 아니라 악마적 속성이 같이 있습니다. 양자를 동시에 의식해 나가야 한다는 것이지요. 지금 피스토리우스는 신성에 주목해서 내면성을 말하고 있습니다.

모든 대화가 나 자신을 형성하는 데, 허물을 한 꺼풀 벗는데, 껍데기를 부수는 데 도움을 주었다. 그래서 내 머리는 조금씩 높이 더 자유롭게 올라갔고, 마침내 나의 노란 새가 아름다운 맹금의 머리를 산산이 부서진 세계의 껍데기 바깥으로 밀치고 나갈 수 있게 되었다.

싱클레어는 피스토리우스를 통해서 자신의 껍질을 하나씩 부수고 있습니다. 사실 싱클레어의 껍데기 부수기는 유년기 데미안을 통해서 이미 시작된 것입니다. 이제 그것이 한층 더 힘차게 진행되는 것이지요. 예전에는 흐릿했던 껍데기가 이제 분명해지고, 그 껍데기의 정체가 밝혀지고 있기에, 더 용기를 가지고 이 작업에 참여할 수 있는 것입니다. 그러한 작업은 고통스러운 것이지만, 그것이 주는 자유와 해방을 위해서 기꺼이 감수할 수 있는 것입니다. 이제 싱클레어는 날아오를 만반의 자세를 하게 됩니다. 과연 우리들이 맞이하고 있는 껍데기는 싱클레어의 것과 같은가요? 같다면 우리들은 어떤 노력을 하고 있는 것일까요. 다르다면 껍데기의 정체는 무엇이고, 어떻게 해야 그것을 돌파할 수 있을까요?

✝ 철학함

이번 장에서는 싱클레어가 자기 고민의 정체를 보다 분명하게 하고 이것을 해결해 나가는 방법을 얻는 과정을 살펴보았습니다. 여기에서 중요한 역할을 한 것이 바로 '철학함'이었습니다. 철학을 한다는 것은 철학자들의 이름이나 사상을 지식으로 습득하는 것이 아니라, 실제 그 철학자의 고민을 자신의 고민으로 가져와 그것과 대결해 보는 것입니다. 가령 소크라테스라는 철학자가 그리스 시대의 대표적인 철학자라는 것을 배울 수 있습니다. 그리고 소크라테스가 산파술이라는 것을 활용해서 상대방의 무지를 깨우쳐준다는 것도 공부할 수 있습니다. 그런데 소크라테스를 철학적으로 배운다는 것은 단지 소크라테스라는 인물과 그 사상을 습득하는 것이 아니라, 소크라테스처럼 생각하고 말할 수 있을 때 진정으로 일어나는 것입니다. 나는 모든 것을 알고 있지 않다는 지적인 겸손함, 무지를 자각하기 위해서 쉼 없이 대화하고 토론하는 자세, 사회가 습관적으로 믿고 받아들이는 것에 대하여 비판적으로 생각하고 의문을 제기하는 태도 등이 바로 소크라테스처럼 철학하는 것입니다.

정보화 시대에 정보와 지식의 양은 엄청나게 증가하고 있습니다. 우리들은 쉽고 편하게 정보와 지식을 얻을 수 있습니다. 하지만 과연 그것이 얼마나 자신의 고민과 문제가 되어 생각의 힘으로 바뀌는지는 알 수 없습니다. 사실 모든 철학은 철학함을 지향합니다. 무수히 많은 철학자들이 싸워서 얻은 지식이 오롯이 내 것이 되기 위해서는 그들이 만들어 놓은 문제 상황으로 들어가서 같이 싸워 봐야 하는 것이지요. 이렇게 철학함을 통해서 생각의 힘이 키워집니다. 그렇게 하면 다양한 철학자들이 고민과 싸움의 결과 얻은 그들의 해답, 곧 철학적 '개념'을 얻게 됩니다. 인간은 누구나 비슷한 문제 상황을 맞이할 수 있기에 철학 공부를 통해서 얻은 '개념'들은 나한테 생긴 문제들을 푸는 데 유용한 도구가 될 수 있습니다.

하지만 어떤 상황도 완전히 같지는 않습니다. 시대와 장소가 다르고 우리들 각자의 이해와 욕구도 다릅니다. 그래서 우리들은 결국 자신의 개념을 만들어 내야 합니다. 많은 사람들이 만들어 놓은 개념을 참고해서 나에게 가장 적합한 개념을 만들 수 있어야 하는 것입니다. 사실 사람들은 인생을 살아가면서 저마다의 삶의 처세술 같은 것을 가지고 있지요. 그것이 자기만의 임시변통이 아니라, 다른 사람들한테 떳떳이 내놓을 수 있는 것이 되려면 끊임없이 검토를 해봐야 합니다. 소크라테스가 '검토하지 않는 삶은 살아갈 가치가 없다'고 말했듯이, 자신의 삶의 자세와 방법을 되살펴봐야 합니다. 이러한 과정이 곧 철학하는 것이라고 볼 수 있을 것입니다. 그리고 이것을 통해서 자기 삶이 보다 풍부해지고 단단한 기반위에 설 수 있을 것입니다.

생각하고 같이 이야기해 봅시다

1. 지금까지 자신의 성장 과정을 시기적으로 구분해 봅시다. 각 시기의 대표적인 고민과 특징을 이야기해 봅시다.

2. 싱클레어와 같이 내가 깨트려야 하는 세계는 무엇일까요. 이를 위해서는 무엇이 필요하고, 어떻게 하면 될까요. 우리 사회에서도 사라져야 하는 세계가 무엇인지, 어떤 노력이 필요한지를 얘기해 봅시다.

3. 나는 공부를 어떤 방식으로 하고 있나요. 내가 배운 지식은 삶에 어떤 역할을 할까요.

4. 우리들 내면에 있는 악마성에는 어떤 것들이 있나요, 그것이 밖으로 드러난 사례도 찾아봅시다.

더 알아봅시다

 융과 무의식

빙산의 일각이라는 말이 있죠. 수면위로 올라온 빙산의 일부를 보고 바다 속 깊숙이 잠긴 빙산 전체를 만만히 보았다간 큰 코다칠 수 있습니다. 우리 인간의 정신도 보이지는 않지만 심층 깊숙이 가려진 어떤 것이 있지 않을까요. 심리학에서는 이것을 무의식이라고 말합니다. 무의식의 영역을 가장 선도적으로 개척한 사람이 프로이트입니다. 프로이트는 무의식을 움직이는 정신적인 힘을 리비도라고 말했지요. 그리고 리비도는 성적인 욕망이 중심을 이룬다고 보았습니다. 그런데 한때 프로이트의 동료이자 제자였던 융은 리비도를 성욕에만 가두지 않고 인간의 정신을 보다 복합적이고 역동적으로 체계로 이해하고자 했습니다. 이 때문에 그는 프로이트와 결별하게 되었지요.

융은 인간의 정신을 크게 의식과 무의식으로 나눕니다. 의식은 수면위의 빙산같이 정신의 일부이죠. 느끼고, 생각하고, 기억하는 것과 같이 현실 경험은 자아의 의식적인 활동을 통해서 정신활동으로 드러나게 됩니다. 하지만 많은 정신 활동은 수면 아래로 잠기게 됩니다. 이렇게 의식의 영역에 들어오지 못하는 것들이 개인적 무의식을 이루게 됩니다. 개인의 무의식중에서도 특별히 어떤 것들이 연합하여 강력한 힘을 발휘할 수 있는데, 이를 '콤플렉스'라고 합니다. 콤플렉스는 무의식 속에서 강력한 힘을 발휘하기에 여기에 빠지게 되면 매사에 민감하게 반응하게 됩니다. 외모 콤플렉스에 빠지면 자신과 상대방을 알게 모르게 외모로 평가하게 되는 것과 같죠. 사실 대부분의 경험은 의식화되지 않고 무의식의 영역으로 가라앉아 있다가 어떤 기회를 만나게 되면 의식으로 올라오게 됩니다.

융의 독특한 점은 인간의 정신 중에는 개인적 무의식 외에 집단적 무의식이 있다는 것입니다. 인간의 신체가 오랜 진화의 산물인 것 같이 정신 역시 진화의 과정을 밟았고, 개인이 의식하지 못하는 오래된 정신의 흔적들이 인간의 무의식 속에 남아 있다는 것입니다. 융은 이러한 집단 무의식의 원시적 흔적을 '원형'이라는 말을 사용해서 설명합니다. 여기에는 동물적 본능의 흔적인 그림자, 여성성의 원형인 '아니마', 남성성의 원형인 '아니무스' 등이 있는데, 인간 정신 활동의 기본 방향을 무의식적으로 정해주는 중요한 역할을 한다고 봅니다.

무의식의 영역 중에서 무엇보다 중요한 것은 '자기(self)'입니다. 자아란 의식의 영역에서 활동하는 정신의 일부에 지나지 않습니다. 자신의 원형은 바로 깊숙이 감추어진 '자기'에 있기 때문에 이를 제대로 아는 것이 인간의 정신이 나아가야 할 바입니다. 융은 개인이 가지고 있는 고유한 자기를 찾아나가는 과정을 '개성화'라고 얘기합니다. 인간은 누구나 독특한 정신적 특질을 통합된 하나로 부여받아 태어나기 때문에 이것을 분화시키고 발전시키는 것이 인간의 과제라는 것입니다.

경험주의와 합리주의

인간의 정신은 태어날 때에는 빈 백지와 같은 것일까요, 아니면 보이지는 않지만 어떤 기본적인 능력을 이미 가지고 태어나는 것일까요. 인간이 성장하면서 다양한 경험으로 백지 위에 무엇인가를 채워 넣는다고 생각할 수 있습니다. 반대로 이미 주어진 능력이 시간이 지나면서 점차적으로 겉으로 드러난다고 볼 수도 있습니다. 전자와 같은 사고방식을 경험주의라고 하며 후자를 합리주의 또는 이성주의라고 합니다. 양자 모두 지식을 얻고 그것을 판정하는 근대인의 진리관이라고 볼 수 있습니다. 이전 시대에는 오직 신만이 지식의 확실성을 보장할 수 있었습니다. 그런데 근대 사회로 넘어오면서 이제 인간 자신이 지식의 주인공이 되어서 스스로 판단하고 결정해야 하는 지위에 서게 된 것이지요.

경험주의자들은 인간의 지식은 경험을 통해서 결정된다고 생각합니다. 인간의 감각 중 오감의 경험을 통해서 인간은 자신의 지식을 얻게 됩니다. 경험주의자들은 다양한 실험과 관찰의 결과 어떤 특정한 법칙을 발견할 수 있다고 생각합니다. 이러한 방법을 귀납적 방법이라고 하지요. 다양한 사례에서 공통된 진리를 끌어내는 방법이지요. 로크(J. Locke)와 흄(D. Hume), 베이컨(F. Bacon) 등이 대표적인 경험주의자들입니다. 베이컨은 인간이 관찰과 경험을 통해 지식을 확충하는 데 방해가 될 수 있는 요인들을 '우상'이라고 하며 경계를 했습니다. 개인적인 편견이나 선입견이 사물의 정확한 관찰을 막을 수 있다는 것이지요.

반면에 합리주의자들은 인간의 선천적인 이성의 능력을 믿습니다. 이미 확인된 전제로부터 새로운 결론을 이끌어내는 방식으로 진리를 결정합니다. 이러한 방식을 연역법이라고 하지요. 보통 어떤 명제에서 출발하여 보다 보편적인 결론을 추론해 나갑니다. 여기에는 무엇보다 이성의 정확성이 중요하게 작용합니다. 데카르트(R. Descartes)와 스프노자(B. Spinoza) 등이 대표적인 인물이지요. 특히 데카르트는 경험적 지식이 인간의 환상이나 오류 때문에 왜곡될 수 있기에 보다 분명한 지식을 얻기 위해서는 최대한 의심을 해봐야 한다고 보았습니다. 이를 '방법론적 회의'라고 하는데, 데카르트는 모든 것을 의심한 끝에 절대 의심할 수 없는 사실인 의심하는 나, 곧 생각하는 나의 존재를 모든 지식의 근거로 삼았습니다. 이를 통해서 인간의 특징은 무엇보다 생각하는 '이성'에 있다는 전통이 수립됩니다.

경험주의와 합리주의는 이후 칸트 철학에 와서 하나로 종합됩니다. '내용 없는 형식은 공허하고, 형식 없는 내용은 맹목이다'라고 칸트는 지식의 내용에 집중하는 경험주의와 형식에 몰두하는 합리주의를 모두 비판하면서 이를 종합합니다. 칸트는 인간 지식의 경험적 한계를 인정하면서도, 이를 정신 안에서 체계화하는 경험 이전의 선천적인 인간의 이성 능력을 제시함으로 양자를 종합합니다.

DEMIAN 6장

야곱의 싸움, 행복을 성취하다

✝진리에 이르는 길

지하의 동굴 모양을 한 거처에서, 즉 불빛 쪽으로 향해서 길게 난 입구를 전체 동굴의 너비만큼이나 넓게 가진 그런 동굴에서 어릴 적부터 사지와 목을 결박당한 상태로 있는 사람들을 상상해 보게. 그래서 이들은 이곳에 머물러 있으면서 앞만 보도록 되어 있고, 포박 때문에 머리를 돌릴 수도 없다네. 이들 뒤쪽에서는 위쪽으로 멀리에서 불빛이 타오르고 있네. 또한 이 불과 죄수 사이에는 위쪽으로 (가로로) 길이 하나 나 있는데, 이 길을 따라 담이 세워져 있는 것을 상상해 보게… (그리고) 이 담을 따라 이 사람들이 온갖 인공의 물품들을, 그리고 돌이나 나무 또는 온갖 것을 재료로 하여 만들어진 인물상들 및 동물상들을 이 담 위로 쳐들고 지나가는 걸 말일세… 우선 이런 사람들이 불로 인해서 자기들의 맞은편 동굴 벽면에 투영되는 그림자들 이외에 자기들 자신이나 서로의 어떤 것인들 본 일이 있을 것으로 자네는 생각하는가?

- 플라톤, 『국가』 중에서

잘 알려진 플라톤의 '동굴의 비유'입니다. 동굴 안의 죄수들은 나면서부터 동굴의 안쪽 벽면만 쳐다볼 수밖에 없습니다. 그래서 동굴의 벽면에 비친 그림자를 진짜(실재)로 생각할 수밖에 없습니다. 사실 그림자는 담 위에서 오가는 사람들과 물건들이 불빛에 반영된 것에 불과한 것이지요. 아마 죄수들은 자신들의 진짜 모습도 벽면에 비친 자기 그림자라고 착각했을 것입니다. 죄수가 결박을 풀고 불빛을 바로 볼 수 있을 때 진짜와 그림자를 구별할 수 있습니다. 그렇다고 동굴 속의 사람과 물건들을 진짜라고 단정할 수는 없습니다. 이 역시 어떤 것의 모사물일 수 있지 않을까요. 그래서 플라톤은 동굴 밖으로 나가서 눈부신 태양 아래 설 것을 요구합니다. 진짜의 진짜를 찾아 나서야 한다는 것이지요. 플라톤은 완전한 진짜를 '이데아'라고 생각합니다. 이 세상의 모든 것들은 이데아의 그림자로 허상일 수 있습니다.

플라톤은 동굴과 같은 어두움의 공간과 태양 아래 빛을 대비시킵니다. 빛의 반영물인 그림자의 세계는 열등한 것입니다. 완전한 빛인 선의 이데아가 진짜 중의 진짜입니다. 그러한 진리를 찾는 것이 인간의 영원한 행복입니다. 플라톤은 우리가 당연하다고 믿는 것들이 실은 편견이요 하나의 억측일 수 있다고 봅니다. 결박당한 죄수가 한 번도 실상을 보지 못하였기에 그림자를 진짜로 착각하는 것과 마찬가지인 것이죠. 실재를 알기 위해서는 우리들의 이성과 지혜를 사용해야 된다고 그는 생각합니다. 데카르트가 계승한 바로 그 생각의 힘, 논리적 추론을 통해서 진리의 세계는 드러난다는 것입니다.

우리의 주인공 싱클레어는 이러한 방식의 진리 찾기와 어긋나는 길에 들어섰습니다. 그림자에 돌아서는 것이 아니라 그림자 자체에 주목합니다. 동굴을 벗어나 빛의 세계로 나가는 것이 아니라 어두움을 찾아서 동굴 속을 헤매고 있는 것입니다. 그는 이 어두움의 동굴 세계가 잃어버린 또 하나의 세계임을 깨닫고 있습니다. 탐험가가 미지의 동굴을 탐험하듯 그는 동굴 안에 들어가고 있습니다. 처음에는 좌충우돌 부딪치면서 상처를 입기도 하지만 그를 이끄는 도움이의 인도 아래 이제 제법 스스로 길을 찾아 나아가고 있습니다. 플라톤이 이성과 지성에 의해서 진리에 도달한다면, 싱클레어는 감성과 직관을 의지합니다. 인간 바깥에 있는 세계의 진리를 얻기 위해서 노력하기보다는 내 안에 있는 신을 발견하고자 애씁니다. 싱클레어한테는 나에게 이르는 길이 바로 진리의 길입니다. 진짜 세계의 모습은 이미 내 속에 깊이 들어 있는 것입니다. 나를 발견하면 세계를 알 수 있는 것입니다.

싱클레어는 음악가 피스토리우스를 만남으로써 자신의 내면에 이르는 구체적 방법을 더욱 확실하게 배우고 있습니다. 물론 이 길은 데미안이 부추긴 길이고 데미안 자신이 걸어간 길입니다. 그 길을 싱클레어는 그냥 따라가기만 하면 될까요. 우리들 모두 서로 다른 '자기'이기에 그 길 역시 다를 수밖에 없다는 것을 짐작할 수 있을 것입니다. 그렇기에 누가 걸어갔다고 해서 편한 길일 수는 없습니다. 다만 길을 걷는 방법을 전수 받을 수는 있을 것입니다. 피스토리우스 역시 그러한 길의 지도를 갖고 있기에, 싱클레어는 피스토리우스를 의지할 수밖에 없습니다.

☀자기 존중

싱클레어가 피스토리우스한테 전달받은 비법을 구체적으로 알아보도록 합시다. 먼저 그는 자신을 존중하는 법과 용기에 대해서 말합니다.

자신을 남들과 비교해서는 안 되네. 만약에 자연이 자네를 박쥐로 만들었다면 타조가 되려고 해서는 안 된다네. 때로는 자신을 이상하게 생각하고, 대부분의 사람들과는 다른 길에 섰다고 자신을 비난하지. 그런 것을 그만두어야 해. 불 속을 구름 속을 들여다보게. 내면의 목소리가 말을 걸기라도 하면 거기에 따르게. 그것이 허용되었는지, 선생님이나 아버지, 또는 어떤 신의 비위에 맞는지 묻지는 말게. 그러면 자네를 망치게 된다네. 땅에 묶인 야채가 되는 꼴이지.

사람은 다른 동물과 구별되는 어떤 것들이 있기에, 인간이라는 종으로 같이 묶일 수 있습니다. 인간종의 공통점 때문에 사람들끼리 대화하고, 사랑하고 같이 살아갈 수가 있는 것입니다. 하지만 개별 인간들을 보았을 때에는, 그 속에 무수한 차이점들이 있습니다. 인간이 다른 동물과 달리 언어를 사용하는 공통점이 있다고 하더라도, 언어의 종류는 수백 가지로 나뉠 수 있고, 같은 언어 안에서도 다양한 방언들이 있지요. 같은 지역 방언이라도 사람에 따라 음색과 억양에 차이가 있을 것입니다. 사랑의 방식 역시 이성끼리의 사랑뿐만 아니라 동성애도 있습니다. 생물학적으로 남성과 여성이 구별될 수가 있지만, 사회문화적으로 성을 구별하면 무수한 성을 발견할 수 있습니다. 내가 생물학적으로 남성이지만 여성적 취향을 가질 수 있고, 그 반대 역시 가능합니다. 남성이라고 불리는 특성과 여성이라고 불리는 특성은 우리 안에서 무수한 조합으로 나타난다는 것입니다.

그렇기에 어떤 하나를 표준으로 정하고 그것에 어긋나는 것을 문제라고 생각하면 안 됩니다. 보통 다수가 인정하는 삶의 방식을 정상이라고 하고, 그렇지 않은 것을 비정상이라고 부르는 경향이 있습니다. 여기에는 도덕적인 가치가 들어가서 정상이 옳은 삶이고 비정상은 나쁜 것이라는 전제를 깔고 있는 것이지요. 물론 살려는 의지가 정상이고, 죽음이 비정상인 것과 같이 양자를 구분할 수도 있습니다. 하지만 그것이 절대적이지는 않습니다. 때로는 가능성 없는 삶보다는 존엄한 죽음을 우리들은 선택할 수 있고, 자신만 살려고 발버둥치는 인간을 비난할 수도 있습니다. 그 기준을 누가, 어떠한 상황에서 정하느냐에 따라 정상과 비정상의 경계선은 오갈 수 있습니다.

　피스토리우스는 이렇게 경계에 문제를 제기합니다. 이것은 사회에서 만들어진 것입니다. 어떤 이유에서, 누가 어떤 목적으로 만들었는지 정확히 알 수는 없습니다. 우리들은 무심코 그것을 따라합니다. 그 기준에 일치하면 편안함을 얻고 그렇지 않으면 불안감을 느낍니다. 문제는 자신을 그 기준과 비교하기 때문입니다. 그 기준 자체를 잊어버리라는 것입니다. 자신의 바깥에서 인위적으로 만든 경계선을 지워버려야 합니다. 오직 관심을 가져야 할 것은 자신의 안에서 울려나오는 소리입니다. 그것은 하나의 예감이고 영혼의 목소리입니다. 곧 자신을 기준점으로 삼으라는 것입니다. 자기가 만든 기준점이 내 밖의 것과 다르다고 불안해서는 안 됩니다. 선생님이나 외부의 신과 같은 권위에 주눅 들어서는 안 됩니다. 그것에 순종하기보다는 자신을 믿고 자기의 가치와 기준을 세워나가야 한다는 것입니다. 이와 비슷한 사상을 중국 철학인 도가사상에서도 발견할 수 있습니다.

사람이 습한 곳에서 자면 허리가 아프거나 반신불수가 될 수도 있다. 그러나 지렁이도 그러한가? 사람이 높은 나무에 오르면 불안하여 벌벌 떤다. 그러나 원숭이도 그러한가? 어느 거처가 표준인가?

– 장자, 『제물론』 중에서

그렇기 때문에 오리의 다리가 비록 짧다고 하더라도 늘여주면 우환이 되고, 학의 다리가 비록 길다고 하더라도 자르면 아픔이 된다. 그러므로 본래 긴 것은 잘라서는 안 되며 본래 짧은 것은 늘여서도 안 된다. 그런다고 해서 우환이 없어질 까닭이 없다. 생각건대 인의(仁義)가 사람의 본성일 리 있겠는가! 저 인(仁)을 갖춘 자들이 얼마나 근심이 많겠는가.

– 장자, 『변무』 중에서

✝ 상대적 가치

사람한테 병을 줄 수 있는 장소가 지렁이한테는 좋은 환경입니다. 사람이 두려워하는 곳에서 원숭이는 신 나게 놀 수가 있습니다. 어느 한 장소가 모든 존재에 다 좋을 수는 없는 것입니다. 공통된 기준이 있을 수 없다는 것입니다. 학의 다리를 표준으로 삼았을 때 오리 다리는 짧아서 문제이지만, 오리의 기준에서는 학의 다리가 길기 때문에 문제가 될 수 있습니다. 어느 것을 기준으로 늘이거나 줄이는 것은 생명을 죽이는 것입니다. 자신이 태어난 본성을 알아서 그것에 맞추어 살아가야 한다는 것입니다. 도가 사상은 유가 사상에서 말하는 한 가지 본성, 곧 인간은 어진 마음인 인仁을 가지고 있다는 것에도 반기를 듭니다. 사람한테 어진 마음이 없다고 주장하는 것이 아니라, 그것에 집착하게 될 때 인간의 자유로운 삶이 구속될 수 있다고 보는 것입니다. 장자는 어떤 표준을 넘어서, 지극히 넓은 정신적 자유를 추구하게 됩니다. 자신의 본성에 맞는 삶을 살아갈 때 이것은 가능한 것이지요. 물론 그러한 본성은 사람마다 다 다르다는 것이고요.

피스토리우스는 아버지가 정해 놓은 신학자의 길을 거부했지요. 아버지의 권위에 순종한 것이 아니라, 자신의 길을 가기로 한 것입니다. 그리고 음악이 자신의 길에 어울린다고 생각합니다. 나중에 밝혀지겠지만, 음악가 자체가 피스토리우스의 꿈은 아닙니다. 그는 음악을 통해서 자신의 영혼을 들여다보고 표현합니다. 그리고 음악과 다양한 종교적 제의를 통해서 자신의 길을 가고자 합니다. 과연 그가 자신의 길을 완성할 수 있는지는 나중에 살펴보도록 합시다. 싱클레어 역시 아버지의 법을 거부하고 자신의 길에 올라선 것이지요. 두 사람 모두 어떤 바깥의 권위가 만들어 놓은 표준을 따르는 것에 반대한 것입니다. 그 기준에 의심이 들었고, 본성적으로 자신의 것과 다르다는 것을 느꼈습니다. 그렇다면 어떻게 살아갈 것인가. 자신의 내면을 기준으로 삼을 수밖에 없다는 것을 피스토리우스는 가르쳐 준 것이고, 싱클레어는 어렴풋이 느끼고 있던 것을 더욱 확실하게 깨닫게 된 것입니다.

✝영원한 인간성의 그림자

이렇게 우리들의 내면을 통해서 자신의 본성을 깨우쳐 나갈 때, 과연 종교는 어떤 역할을 하는 것일까요. 종교 역시 우리들의 마음과 깊은 관련이 있는 것이니까요. 그래서 피스토리우스는 종교에 대해서 이야기합니다.

우리의 종교는 전혀 효력이 없는 것처럼 취급을 받지. 종교가 이성의 산물이라고 생각하는 거야. … 나는 몇몇 순진한 신자들을 알고 있는데, 그들은 문자 그대로 성경을 해석해. 나한테 그리스도는 인간이 아니고 영웅이요 하나의 신화라고 그들에게 말할 수는 없어. 그리스도는 영원이라는 벽에 그려진 인간성의 특별한 그림자상이라고 볼 수 있어.

그는 보통 사람들이 종교를 바라보는 방식을 비판합니다. 일반인들은 종교를 통해서 우리들의 마음을 보려고 하지 않습니다. 그들은 오성(이성)을 통해서 신의 뜻을 파악하려고 합니다. 기독교에서 하느님은 성경을 통해서 알 수 있다고 합니다. 성경에 쓰인 신의 뜻을 문자 그대로 믿어버리는 것이지요. 그들에게 예수는 하느님의 뜻을 실현한, 인간이 된 신입니다. 그런데 피스토리우스는 종교는 그것이 아니라고 봅니다. 싱클레어가 카인과 아벨 이야기를 통해서 느꼈듯이 성경은 다르게 해석될 수 있는 것입니다. 교회가 만들어 놓은 교리를 이상적인 것으로 생각해서는 안 된다는 것입니다. 그러한 교리에 끼어 맞추어 성경을 해석하면 종교가 알려주는 귀한 가르침을 놓칠 수 있습니다. 피스토리우스는 예수를 한 개별적 인간으로 보지 않습니다. 그가 비록 신적인 능력을 가졌고, 하느님의 뜻을 대신 해서 이 세상에서 행동했다고 하더라도, 그는 어떤 시기를 산 한 명의 역사적 인물이 아닙니다.

신화 속의 영웅과 같이 우리 인간의 정신을 살펴볼 수 있는 것이 바로 예수 그리스도입니다. 선사 시대 인류의 생활 방식을 동굴 벽화에서 발견할 수 있는 것과 같이 예수 속에서 인간 정신의 자취를 볼 수 있다는 것입니다. 보통 우리들은 신화를 통해서 인간의 정신세계를 엿볼 수 있습니다. 신화가 역사와 같이 실제 생긴 일은 아니지만, 그 속에서 우리들은 고대인들의 세계관을 발견할 수 있고, 나아가 오늘날 우리들과 비슷한 정신 구조를 찾아낼 수도 있을 것입니다. 신화를 연구하는 학자들은 모든 신화들에서 공통적인 구조를 발견하고, 그것이 인류 정신의 원형이라고 보기도 합니다. 가령 많은 신화에서 신이 세계를 창조할 때 괴물을 죽이는 장면이 있으며, 동식물이나 인간을 희생물로 신에게 바치는 이야기가 있습니다. 이것은 무질서 속에서 질서가 탄생하기 위한 고통의 과정으로 이해할 수 있습니다. 더 나아가 그러한 질서를 만들기 위해서는 어떤 약한 것들의 희생을 감수할 수밖에 없다는 추리를 할 수도 있을 것입니다.

피스토리우스는 예수를 통해서 인간성 자체가 가진 큰 그림자를 보는 듯합니다. 예수는 무고하게 희생을 당합니다. 왜 선한 인간이 죽임을 당해야 하는 것일까요. 그것이 하느님의 섭리 아래 있다고 한다면 이상하지 않을까요. 물론 전통적인 기독교 교리에서는 하느님의 놀라운 계획으로 이것을 설명합니다. 피스토리우스는 예수의 죽임을 통해서 인간성에 숨겨진 신비를 보는 것입니다. 앞 장에서 압락사스가 신적인 속성과 악마의 속성을 모두 가졌다고 말했습니다. 그리고 그것은 바로 우리들 내면에 숨겨진 신성이라고 했습니다. 예수란 그러한 악마적 속성이 밖으로 실현된 우리들의 영원한 그림자였다는 것입니다. 예수란 우리 안에 있을 수도 있습니다. 그때에는 신성의 이름으로 지극히 거룩한 것이지요. 물론 그것의 짝으로서 악마적 본성도 우리 안에 있습니다. 그러한 악마성은 우리가 잘 관리하지 못하면 밖으로 드러나서 그 어떤 대상을 향합니다. 예수는 그러한 우리들의 악마성에 희생된 신성이라고 볼 수 있다는 것입니다.

그래서 피스토리우스는 어떤 계율을 지키거나 종교적 의무를 수행하기 위해서 교회에 나가는 것이 되어서는 안 된다고 봅니다. 사제는 종교적 교리를 전하는 사람이 아니라, 우리들과 같은 마음을 가진 존재로서 마음속에서 신을 발견하기를 애쓰는 사람이어야 한다고 생각합니다. 물론 그 신은 양면적 속성을 가진 신일 것입니다.

✝신성의 발견

다른 사람의 가치 기준을 따르지 말고 자신의 본성을 살피라고 피스토리우스는 충고했습니다. 그리고 종교는 이러한 인간의 내면성으로 가는 길 중에 하나이죠. 그렇다면 그렇게 해서 만나는 우리의 마음이란 어떤 것일까요. 앞

장에서 불의 형상을 통해서 마음이 모든 것을 만들어 내는 경험을 싱클레어는 체험했습니다. 진리라는 것이 인간 밖에 있는 어떤 것이 아니라 우리들 안에 이미 있다는 것이지요. 신성을 발견하는 것이 중요합니다. 이제 더 구체적으로 그러한 마음이 어떤 것인지를 피스토리우스는 설명해 줍니다.

우리가 보는 것들은 우리 안에 있는 것과 똑같아. 우리들 마음 이외에 실체는 없어. 그 때문에 그렇게 많은 사람들이 비현실적인 삶을 사는 것이지. 그들은 자신의 바깥에서 실체를 찾지. 자기 내부의 세계가 말하려는 것을 절대 허락하지 않아. 그러면 행복할 수 있겠지. 그런데 다른 방식으로 해석하는 것을 알기만 하면, 무리들의 뒤를 따라가지는 않을 거야.

일체유심조一切有心造라고 불교에서도 세상 만물을 만드는 것이 마음이라고 말합니다. 눈에 보이는 현상이 참세계가 아니라는 것이죠. 마음의 작용을 통해서 세계를 다르게 경험하기 때문에 불교에서는 마음을 훈련하는 것이 아주 중요합니다. 피스토리우스 역시 현실은 이미 마음속에 있다고 말합니다. 인간의 여러 기능 중 이러한 심리적 역할들, 가령 마음이나 정신(이성)을 바탕으로 세계를 설명하는 이론을 관념론觀念論이라고 말합니다. 반대로 일차적이고 근본적인 것은 물질이라고 설명하는 입장도 있습니다. 유물론唯物論은 마음이나 정신이 독립적으로 활동하는 것이 아니라 신체라는 물질 활동의 반영에 지나지 않는다고 생각합니다. 그리고 현실에서 물질을 만들어 내는 인간 활동에 따라 마음 상태는 달라진다고 하죠.

불교에서는 마음의 집착에서 벗어난 해탈을 강조합니다. 해탈을 위해서는 마음의 욕망을 벗어나야 합니다. 명상이나 계율을 통해서 마음을 다스려야 한다고 하죠. 플라톤은 가짜 세계에서 벗어나기 위해서 무엇보다 이성(지성)을 통해서 참세계를 파악할 수 있어야 합니다. 마음도 진짜 마음은 이성의 역할을 할 때입니다. 감정은 진짜 마음이 드러나지 못한 열등한 것입니다. 동굴 벽에 비친 그림자는 가짜 세상입니다. 마음에 적용해 보면 이성이 아닌 감정의 찌꺼기가 마음의 그림자가 됩니다. 이것은 이성이 통제해야 합니다. 빛이 가려지지 않도록 마음의 그림자는 잘 관리해야 한다는 것입니다. 그런데 피스토리우스는 마음의 그림자 역시 이성의 빛과 마찬가지로 존중해야 한다고 말합니다.

어떤 것도 두려워할 필요가 없고, 영혼이 원하는 어떤 것도 금지되었다고 생각해서는 안 돼.

어떤 사람을 미워한다면 그 사람 속에 바로 너 자신 속에 있는 미워할 부분이 들어가 있는 거야. 우리들 자신의 것이 아닌 것은 우리를 괴롭히지 않아.

✝ 그림자

우리들 내면에서 꿈꾸는 모든 것을 받아들이고 인정해야 한다는 것입니다. 세계는 원초적으로 밝음과 어두움으로 구성된 세계입니다. 인간 생활을 통해서 밝음의 세계는 이 세계를 지배하는 원리가 되었습니다. 사람들이 함께 살아가기 위해서는 선함이라는 밝은 세계의 규칙이 필요합니다. 하지만 악함이라는 본성적 요소 역시 분명히 있는 것입니다. 문명화된 세계에서 악함은 공식적으로 세계를 지배할 수 없습니다. 대신에 의식하지 못하는 인간의 마음 속으로 가라앉게 됩니다. 그렇게 어두움이 우리들 내면에 자리 잡을 때 그것을 '그림자'라고 부를 수 있습니다.

그림자는 낡은 방식들, 낡은 인격, 안일한 것들, 인격의 열등한 부분, 부정적 측면이며 감추어진, 바람직하지 않은 성질의 총화, 잘 발전되지 못한 기능들이며 강력한 저항에 의해서 억압되고 있는 것으로 정의된다.

— 이부영, 『그림자』 중에서

그림자라는 개념은 심리학자 융이 자신의 무의식 탐구에서 주요하게 사용한 개념입니다. 문명화 과정을 통해서 의식에 포함되지 못한 마음의 온갖 나쁜 요소들을 그림자라고 볼 수 있을 것입니다. 누구나 마음속에 이러한 요소들을 가지고 있지요. 마음속에서 온갖 어두운 것을 욕망하고 꿈꾸지만 그것을 실행에 옮기지는 않습니다. 의식을 통해서 그것을 금지하는 것이지요. 그것은 무의식 속에 잠자고 있다가 꿈으로 나타나기도 합니다. 그것을 완전히 없앨 수는 없습니다. 오히려 그것을 너무 억누르면 그것은 밖으로 뛰쳐나옵니다. 다른 사람이나 사물에 그것을 '투사'한다는 것입니다. '종로에서 뺨맞고 한강에서 눈 흘긴다'라는 속담과 같이 자신 안에 있는 어두운 면을 비슷한 누군가에 풀어 버린다는 것입니다. 융의 입장에서 우리가 누구를 시기하거나 미워한다면, 우리 안의 그림자가 그 사람한테 투사된 것이라고 볼 수 있다는 것입니다.

그림자는 밖으로 투사하지 말고 그것을 의식해야 합니다. 우리 안에 그것이 있다는 것을 인정하고 받아들여야 한다는 것입니다. 이것이 그림자를 길들이는 방법입니다. 그림자를 무서워하거나 금지된 것으로 억눌러서는 안 되는 것입니다. 그림자와 빛은 맞짝의 관계입니다. 빛이 커지면 그림자도 커집니다. 완벽한 빛으로 그림자를 제거할 수 없다는 것입니다. 그렇게 되면 오히려 그림자가 더 커지고 밖으로 투사

되는 낭패를 겪게 됩니다. 우리가 그림자를 바라본다는 것은 그것을 의식화하는 것입니다. 그것을 온전히 자신 안으로 끌어들이는 것이지요. 그러면 때로는 그것이 창조적 역할을 하기도 합니다. 훌륭한 예술 작품은 예술가의 슬픔이나 고통 같이 그림자의 요소가 심할 때 만들어지는 것임을 종종 볼 수 있습니다. 예술가가 그림자를 적극적으로 의식해서 작품으로 승화시켰다고 볼 수 있다는 것입니다.

ǂ 크나우어

이렇게 싱클레어가 피스토리우스를 통해서 내면으로 가는 구체적 길을 터득하고 있을 때, 한 친구를 만나게 됩니다. 크나우어라는 같은 학교 친구는 싱클레어가 현재 가고 있는 길과 정반대 방향으로 진리를 구하고 있습니다. 그는 한때 쾌락에 빠졌었는데, 이제는 정반대로 금욕주의의 길로 가고 있습니다. 그는 자연스러운 욕망, 특히 성적인 욕구를 철저하게 억누르고 있습니다. 자신의 몸을 학대하는 것뿐만 아니라 어떤 영적인 비밀 의식을 통해서 감정을 통제하고 정신적인 구원을 얻고자 합니다. 그의 피나는 노력은 큰 성공을 거두지 못하고 자신을 책망하는 소리는 커져만 갑니다. 그는 싱클레어가 자신보다 이 길의 고수라고 착각하고 매달리게 됩니다.

한때 싱클레어도 이러한 문제로 고민을 하였지만, 지금

은 전혀 다른 방향으로 자신의 길을 가고 있기에, 실질적 도움을 줄 수는 없습니다. 어두움의 극복을 통해서 진리를 발견하려는 크나우어와 달리 싱클레어는 어두움의 수용을 통한 온전한 마음의 회복을 꿈꾸기에 두 사람이 함께 할 수 있는 부분은 많지 않았습니다. 하지만 방향은 달랐지만 진리를 구하려는 두 사람의 마음이 서로 통했는지, 싱클레어는 자살을 시도하는 크나우어를 구할 수 있게 됩니다. 싱클레어는 이제 크나우어의 고통까지 생각할 수 있는 마음의 통합성을 향해서 더욱 나아간 것입니다. 싱클레어가 이제 자신에게 이르는 길에 도달하고 있음을 이 당시 그린 그림을 통해서도 알 수 있습니다.

나는 그림 앞에서 긴장이 되자 가슴속이 서늘해지기 시작했다. 나는 그림한테 묻고 비난하고 어루만지고 기도했다. 나는 그것을 어머니라고, 음탕한 여자, 매춘부라고 불렀다. 나의 연인이자 압락사스라고 불렀다.

✝ 야곱과 천사의 싸움

다시금 꿈속에 자주 나타나는 한 여인을 그렸는데, 그녀는 데미안과도 닮았고, 자신과도 비슷했습니다. 싱클레어에게 그림은 양면적인 감정을 불러일으킵니다. 그녀는 어머니와 연인 같이 밝은 세계의 주인공이기도 하지만 매춘부와 같은 어두운 세계의 인물 같기도 합니다. 그래서 그림은 사랑스럽기도 하지만 비난의 대상이 되기도 합니다. 곧 그림은 바로 싱클레어가 현재 도달하고 있는 마음의 상태, 곧 압락사스를 나타내고 있는 것입니다. 신적인 속성과 악마적인 속성, 이 모두가 싱클레어의 마음인 것입니다. 이제 그것을 온전히 내 마음으로 수용하면 됩니다. 싱클레어가 마음으로 벌이는 최후의 투쟁이 시작됩니다. 그것은 언제가 들은 야곱과 천사의 싸움과 비슷합니다.

바로 그날 밤, 그는 일어나 두 아내와 두 여종과 열한 아들을 데리고 야뽁 나루를 건넜다. 그들을 데리고 개울을 건넌 다음 자기에게 딸린 모든 것도 건네 보냈다. 그리고 야곱은 혼자 뒤떨어져 있었다. 그런데 어떤 분이 나타나 동이 트기까지 그와 씨름을 했다. 그분은 야곱을 이겨 낼 수 없으리라는 것을 알고 야곱의 엉덩이뼈를 쳤다. 야곱은 그와 씨름을 하다가 환도뼈를 다치게 되었다. 그분은 동이 밝아 오니 이제 그만 놓으라고 했지만 야곱은 자기에게 복을 빌어 주지 않으면 놓아 드릴 수 없다고 떼를 썼다. 일이 이쯤 되자 그분이 야곱에게 물었다. "네 이름이 무엇이냐?" "제 이름은 야곱입니다." "너는 하느님과 겨루어 냈고 사람과도 겨루어 이긴 사람이다. 그러니 다시는 너를 야곱이라 하지 말고 이스라엘이라 하여라."

－성서, 『창세기』 중에서

성서에서 야곱은 동생이지만 꾀와 속임수로 형의 상속권을 물려받은 인물입니다. 야곱은 형의 복수가 두려워서 외갓집에 피신하였고, 그곳에서 가족을 이루고 재산을 늘리게 됩니다. 장자의 권리를 행사하기 위해서는 이제 집에 돌아가야 합니다. 하지만 형이 그를 받아 줄 때라야 그는 진정한 상속자가 되는 것입니다. 형 역시 아버지 아래에서 그동안 막강한 세력을 이루게 됩니다. 만약 형이 옛일로 복수심을 계속 가지고 있다면 장자의 권리는커녕 자기의 목숨과 재산까지 모두 날릴 수 있는 상황인 것입니다. 형을 만나기로 한 바로 전날 밤에 야곱은 두려움에 떨면서 하느님의 천사와 밤새도록 대결을 하고 있는 것입니다. 야곱은 천사와 대결을 통해서 내면의 두려움을 몰아낼 수 있었던 것 같습니다. 그리고 당당한 주인의 자세로 형을 자극하지 않고 맞이하는 방법을 고안해 냈을 것입니다. 결국 야곱은 이스라엘이라는 새로운 인물로 다시 태어나서 조상의 가계를 잇게 됩니다.

싱클레어 역시 그림으로 나타난 압락사스를 마음으로 품기 위해서 최후의 진통을 겪고 있는 것입니다. 알이 세계를 깨고 비상하기 위해서 마지막 껍질을 부수는 과정입니다. 마음의 한켠에서 일고 있는 두려움을 몰아내야 합니다. 개성 있는 인간으로 살아가기 위해서는 용기를 가지고 자신을 믿을 수 있어야 합니다. 결국 자신의 길을 갈 것인가,

남들과 비교하는 삶을 계속 살 것인가의 싸움에서 싱클레어는 승리를 거두게 됩니다. 그 순간은 그림이 바로 자신이 되는 순간입니다.

마지막에 마음속의 강한 힘에 이끌려 나는 눈을 감고 그림을 보았다. 이제 내 안에서 그림을 보았다. 이전보다 훨씬 힘 있게 보였다. 그 앞에 무릎을 꿇으려 했지만, 그림이 내 자신의 한 부분이 되어버려서 나는 그림과 분리할 수 없었다. 마치 그림이 내 자신으로 변한 것 같았다.

‡ 자신만의 '눈'

이제 싱클레어는 성큼 성장했습니다. 갑자기 껍데기를 벗은 성충이 아니라, 오랜 진통과 노력 끝에 도달한 자신의 길이었습니다. 한꺼풀 껍데기를 벗어났다고 성장은 멈추는 것이 아니라, 계속되는 것입니다. 이제 그 길이 분명하게 보이기에, 이전보다는 수월하게 그 길을 지나게 될 것입니다. 그렇다면 싱클레어의 성장을 도운 피스토리우스와의 관계는 어떻게 되는 것일까요. 계속 그의 도움을 받아 내면을 더욱 키워나가야 하는 것일까요. 그의 임무는 다한 것일까요.

이제 싱클레어는 자신만의 '눈'이 생기게 됩니다. 자신의 관점에서 세상을 보게 된다는 것이지요. 자신의 가치관, 세계관이 만들어졌다는 것입니다. 이전에는 누구한테 의존적이었지요. 부모한테, 크로머한테, 데미안한테, 피스토리우스한테 기대는 무엇이 있었습니다. 누구의 도움을 받는다는 것은 신체적으로, 물질적으로, 정신적으로 독립하지 못할 때 일어나는 것이지요. 싱클레어의 신체는 계속 커나가고 있으며, 학비의 도움을 집에서 받고 있기에 경제적으로 완전한 독립을 이룬 것은 아닙니다. 하지만 무엇보다 정신적으로 이제 자립의 기반을 닦았기에 자신의 말을 할 수 있고, 당당하게 요청을 하게 됩니다. 의존적인 관계에서는 상대방한테서 주로 말을 들어야 했지만, 이제 자기의 의견을 말하게 됩니다. 싱클레어가 내뱉은 이 말은 결국 한때 친구이자 스승이었던 피스토리우스와의 결별의 말이 됩니다.

당신이 말씀하신 것, 모두 빌어먹을 골동품 냄새가 나네요!

이 말은 단순히 빈정거리는 말투가 아니라 스승의 한계를 정확히 찌르는 말이었기에 피스토리우스는 회복하지 못할 상처를 입게 됩니다. 그는 내면의 세계로 싱클레어를 이끌었지만, 그 길로 가는 구체적 방법을 알려 주었지만, 정작 그가 구상하고 있는 세계는 옛것을 기억하고 그리워하며 다시 표현하는 복고적 세상이었습니다. 그는 다양한 신앙의 형식을 모자이크처럼 짜 맞추고 비밀스러운 의식을 통해서 내면의 해방감을 추구했습니다. 하지만 그것은 일종의 비밀스러운 종교와 같은 것이었습니다. 싱클레어는 진정한 해방을 원했습니다. 옛것을 불러서 그 속에서 노니는 것이 아니라, 신앙과 의식까지 뚫고 나갈 수 있는 생생한 자기됨을 원했던 것입니다.

그는 새로운 것은 진정으로 새롭고 달라야 한다는 것을 깨달았다. 그것은 새로운 토양에서 솟아나야 하는 것이지 박물관이나 도서관에서 끌어올 수는 없는 것이다. 그의 역할은 나한테 그렇게 한 것 같이 사람들을 자신에게 이르도록 돕는 것이었다. 전대미문의 새로운 신을 제시하는 것은 그의 몫이 아니었다.

청출어람靑出於藍, 청어람靑於藍. 싱클레어는 피스토리우스에게 빚지고 있었지만, 결국 피스토리우스를 넘어서게 되는 것입니다. 어떤 스승이든지 제자가 자신을 밝고 넘어서기를 원하지만 정작 자신이 추월당하고 있다는 것을 느꼈을 때, 유쾌한 기분이 들지는 않을 것입니다. 피스토리우스역시 아픔을 느낍니다. 하지만 솔직히 자신의 한계를 인정하고 제자를 축복해 줍니다. 자신이 가지 못한 길을 제자가더 밀고 가는 것은 스승이 누릴 수 있는 교육의 기쁨이기때문입니다. 마찬가지로 제자가 된다는 것은 결국 스승을 극복하기 위해서 있는 것입니다. 그 가르침 속에만 있다면 의존적 관계에서 풀려날 수 없습니다. 영원히 스승의 '눈'으로 세상을 바라볼 수밖에 없다는 것입니다. 처음에는 스승의 눈이 필요하지만 자신의 길을 가기 위해서는 부릅뜬 자신의 눈을 의지 삼아야 합니다. 따라서 진리를 위해서 어떤 순간에는 친숙한 인간관계를 극복해야 합니다.

그래도 진리를 구제하기 위해서는, 더구나 철학자로서는, 우리와 가까운 것들까지도 희생시키는 것이 더 나을 것 같아 보인다. 친구와 진리 둘 다 소중하지만, 진리를 더 존중하는 것이 경건하기 때문이다.

– 아리스토텔레스, 『니코마코스 윤리학』 중에서

아리스토텔레스Aristoteles는 자신의 스승인 플라톤을 비판하고 있는 것입니다. 아리스토텔레스는 플라톤이 말하고 있는 이데아 사상, 곧 현실은 모상이고, 그것의 실체(진짜)가 따로 있다는 사상을 비판합니다. 그러한 이데아는 공허한 것이고, 어떤 좋은 것을 대변하는 단일한 이데아란 존재할 수 없다고 비판합니다. 이러한 비판을 근거로 그는 현실의 사물 속에 그것의 본질이 들어 있다고 말하는 것입니다. 진짜가 이데아의 세상에 따로 있는 것이 아니라, 모든 만물 속에 각자의 방식으로 들어 있다는 것입니다. 그

본질을 실현하는 것이 모든 존재의 목적이 됩니다. 인간의 목적은 자신한테 있는 가장 고귀한 것을 실현하는 것이지요. 자신만의 본성을 실현할 때 그것이 바로 행복이라는 것입니다. 아리스토텔레스는 플라톤을 극복하였기에 자신의 관점으로 세상을 보고 설명하였으며, 결국 독창적인 진리를 만들어 냈던 것입니다.

✝싱클레어의 〈직분〉

스승과의 결별을 통해서 싱클레어는 드디어 '카인의 표적'이 이마에 찍힌 것을 처음 느낍니다. 이전에도 이와 비슷한 느낌이 든 적이 있었지만 지금만큼 확실하게 그것을 느끼는 것은 처음입니다. 자신에게 도달하는 이 길, "자기 자신을 찾고, 자신 속에서 확고해지는 것, 자신의 길을 더 듬거리면서 찾아 나서는 것"이 곧 〈직분〉임을 깨닫습니다. 이러한 〈직분〉은 세상이 나한테 맡긴 하나의 '운명'입니다. 운명을 찾아내고 운명을 살아내는 것이 이제 과제가 됩니다. 자신의 운명을 사는 것은 그 어떤 모범과 정답을 찾는 과정이 아닙니다. 혁명가나 순교자와 같이 절대적 이념이나 신앙을 통해서 그 길을 구할 수도 없는 것입니다. 자연이 던진 돌처럼 고독하게 자신의 길을 걸을 수밖에 없는 것입니다. 피스토리우스가 스승으로서 마지막 충고를 해 줍니다.

아직도 자신의 운명을 추구하는 자들은 모범도 이상도 없지. 분명한 것도 위로도 없어! 하지만 단연코 이 길은 그가 따라야 하는 길이야. 자네나 나 같은 사람들은 실제로 정말 외로워. 그렇지만 우리들에게는 서로가 있고, 다르다는 것, 반항한다는 것, 특별한 것을 염원한다는 은밀한 만족이 있지. 그러나 자네가 그 길을 계속 가려면 그조차 버려야 해. 자네는 혁명가가 되려고 해서는 안 돼. 삶의 모범이 되려고 해서도 안 되고, 순교자도 안 돼. 그것은 상상을 벗어나는 일이야.

╪악을 정면으로 응시하는 자세

이번 장에서는 피스토리우스가 싱클레어에게 전해 준 자신에 이르는 길의 구체적 방법을 중심으로 싱클레어의 성장을 살펴보았습니다. 다른 사람이나 사회가 만들어 놓은 가치 기준으로 자신을 판단하지 말고 자신의 내면에 있는 본성에 집중하는 것이 무엇보다 중요하다고 하였습니다. 그리고 자신의 마음을 깊이 응시하면 그 속에 신성과 같은 빛의 영역도 있지만, 어두운 악마성도 같이 들어 있음을 알 수 있다고 합니다. 피스토리우스는 악마성조차도 인정해야 한다고 말합니다. 우리들은 선하고 아름다운 인간의 본성에 대해서는 많이 들어왔지만 어둡고 추한 부분에 대해서는 의도적으로 피하려는 경향이 있지요. 인간의 어두운 부분을 굳이 드러내고 싶지 않은 것이지요. 그것은 불편한 일이니까요.

하지만 인간의 악함 역시 분명히 우리의 일부입니다. 역사적으로 크나큰 재앙들은 인간의 부서지기 쉬운 연약한 마음에서 출발하는 경우가 많습니다. 여기서 악함이란 어떤 특수한 사람이 가지는 절대악이 아니라 우리들 대부분이 가지고 있는 평범한 악을 말합니다. 물론 수백만 유태인을 학살한 히틀러나, 연쇄 살인을 한 살인범과 같이 도저히 용납할 수 없는 악마성을 가진 인간도 있습니다. 그렇지만 유태인 대학살에는 히틀러를 지지한 수천의 독일인이 있었기에 가능한 일이었습니다. 당시 독일인들은 히틀러의 이러한 만행을 알려고도 하지 않았고, 알았어도 그냥 묵인하는 분위기였습니다. 반유대주의라는 뿌리 깊은 인종주의에 그들도 감염되어 있었다는 것이죠. 직접 유태인 학살에 가담한 독일 군인이나 경찰들도 자신의 행위를 정당화시킵니다. 나는 상부에서 명령한 대로 따랐을 뿐이다. 나에게는 결정권이 없었다. 나는 조직을 위해서, 국가를 위해서 충성을 다했을 뿐이다. 나는 다만 성실하게 일한 죄밖에 없다 등등. 세월호 참사 책임의 원인도 단순히 선장과 선원 몇 명한테 있는 것이 아니라, 그러한 배를 인허가 해 준 당국자, 구조의 의무를 다하지 않은 해경, 재난을 관리하지 못하는 정부의 무능 등 이루 다 열거하지 못한 원인들이 있지요. 결국 우리 사회 전체에 안전에 대한 불감증, 생명보다 돈을 우선시하는 가치가 팽배해 있고, 사회 구성원 모두의 심성이 조금씩 여기에 물들어 있었기에 이러한 사고가 재연된다고 볼 수 있지 않을까요. 여기에서도 악은 평범한 사람들의 내부에 도사리고 있음을 알 수 있습니다.

아주 작은 올바름이 큰 역사적 사건을 만들어 내는 경우도 있습니다. 백인이 앉아야 하는 버스 자리를 끝까지 지킨 흑인 아주머니 로자 파크가 있었기에 미국의 인종 차별 정책은 종말을 고할 수 있었지요. 마찬가지로 아주 평범한 습관이나 무신경이 거대한 재앙을 불러올 수도 있는 것입니다. 자신의 행위가 어떤 결과를 가져오는지 고려하지 않는 생각 없음, 인습의 틀에 박혀서 기존의 제도나 권위에 맹목적으로 순종하는 비자발성 등이 모두 우리들 내면에 도사리고 있는 평범한 악일 것입니다. 악에 맞서기 위해서는 악을 회피하는 것이 아니라 악을 정면으로 응시하는 자세가 일차적 과제라는 것을 이번 기회를 통해서 알 수 있지 않을까요.

생각하고 같이 이야기해 봅시다

1. 우리가 사는 세상에는 무한히 많은 복사(복제)품이 넘쳐 나고 있습니다. 플라톤이 말하는 진품의 그림자(모사)가 판을 치고 있습니다. 플라톤은 진품의 세계가 진정한 것이고 복사품은 열등한 것이라고 말하지만, 오늘날 그 순위를 매길 수 없다는 주장도 있습니다. 오히려 무한히 반복되는 복제 가운데 새로운 가치와 의미가 만들어진다고 주장합니다. 그림자(모사)가 가지는 가치에 대해서 얘기해 봅시다.

2. 나의 본성은 무엇이라고 생각하나요. 세상이 나를 보는 기준과 내 자신의 평가가 어떠한지에 대해서 말해 봅시다.

3. 성서에서 장자권을 둘러싼 야곱의 이야기를 읽어 보고, 야곱의 행위를 평가해 봅시다.

4. 세월호 참사를 돌아보면서, 도대체 무엇이 잘못되어서 그러한 사건이 일어났는지를 깊이 생각해 봅시다.

더 알아봅시다

 장자와 정신적 자유

중국에서 춘추전국 시대는 가장 혼란한 시대였습니다. 권력을 얻기 위해서 국가 간의 전쟁이 일상이 되었고, 형제, 부자간의 배신과 살인 등 인간의 기본적인 도덕마저 땅에 떨어진 시대가 바로 이 시기입니다. 사회가 혼란하면 출중한 사상가들이 등장하기 마련입니다. 혼란의 원인을 지적하고, 평화로운 사회를 회복하기 위한 방법을 사상가들은 제시하기 마련입니다. 이시기 활동한 사상가들을 제자백가라고 합니다. 그 중 대표적인 인물이 바로 공자와 노자인데 상반되는 주장을 하였지요. 공자는 인간의 본성인 사랑(仁)을 통해서 질서와 평화를 되찾고자한 반면에, 노자는 인위적인 도덕과 질서에서 벗어나 자연스러운 삶이 해결책이라고 말하였습니다.

공자의 사상은 맹자와 순자를 통해서 분화되고 정교화 되었다면, 노자의 사상은 장자를 통해서 계승됩니다. 보통 노자와 장자의 사상을 통틀어 노장사상, 또는 도가 사상이라고 말합니다. 도가 사상은 도(道)를 말합니다. 노자의 도가 주로 만물의 이치로서 자연과 인간을 관통하는 기본적인 원리로서 인간이 따라야 할 길을 가리킨다면, 장자의 도는 보다 정신적인 자유에 관심을 가집니다. 장자는 세속적인 인간사에 얽매이면 자신의 신체와 정신을 해칠 수 있다고 생각합니다. 곧은 나무가 있으면 사람들이 목재로 베어가는 것과 같이, 오히려 인간의 세속적 능력이 자신을 파멸로 끌어갈 수 있다는 것이지요. 그래서 장자는 현실의 속박에서 벗어나서 유유자적 하는 정신적 삶이 더 중요하다고 바라봅니다. 장자는 이것을 '소요(逍遙)'라고 말합니다.

정신적 자유를 위해서 장자가 중시한 또 한 가지는 바로 '제물(祭物)'이라는 것으로 만물을 평등하게 바라보는 관점입니다. 천하미인 양귀비도 사람들이 좋아하지 동물들은 그렇지 않을 것입니다. 같은 사람들 사이에서도 자신의 감각이나 기호에 따라서 좋고 나쁜 것들이 결정되는 경우가 많지요. 이렇게 만물을 상대적인 관점에서 바라볼 때, 어떤 기준에 집착하여 정신적으로 옹졸하게 되는 경우에서 벗어날 수 있습니다. 이것은 곧 인간뿐만 아니라 만물이 타고난 본성이 각기 다르기 때문입니다. 자신의 본성을 어기면서 다른 것을 추구하고자 할 때 욕심과 집착이 생기고, 자기 기준으로 우열을 가리면 사물을 있는 그대로 바라보지 못하게 됩니다.

얼핏 보면 장자의 생각과 행동방식이 현실 도피적이고 좋은 것이 좋다라는 편의적 사고방식이라고 오해할 수 있지만 그렇지 않습니다. 장자는 속세를 떠나서 은둔하라거나 모든 것을 허용해도 좋다라는 것이 아니라, 인간 밖에 있는 외물(外物)이 얼마나 인간의 정신적 가치를 오염시킬 수 있는지를 똑바로 보고 자신의 정신적 가치를 믿고 그것을 소중히 지켜나가는 삶이 중요하다고 생각하는 것입니다.

아리스토텔레스와 행복

소크라테스, 플라톤, 아리스토텔레스는 스승과 제자의 관계이지만 사상적으로 서로를 보완하고 극복하는 관계였습니다. 이들은 모두 철학의 관심을 자연에서 인간으로 돌렸으며, 인간이 안다는 것, 인간이 무엇을 해야 하는지, 인간이 행복한 삶을 위해서 공동체와 어떤 관계를 맺어야 하는지를 체계적으로 고민하였습니다. 특히 아리스토텔레스는 스승인 플라톤이 설계한 사상의 지도를 업그레이드하기도 하고 뒤집기도 하면서 자신만의 고유한 사상의 지도를 완성해나갔습니다.

플라톤이 이상적인 이데아의 세계와 감각적인 현실의 세계를 분리하여 이상계에 우선권을 준 것과 달리 아리스토텔레스는 모든 사물이 자신 안에 이데아의 성질을 가지고 있다고 생각합니다. 이제 관심은 가상적인 이데아의 세계가 아니라 바로 현실 속의 사물 자체입니다. 아리스토텔레스는 모든 사물은 고유한 목적을 가지고 있는데, 그러한 목적은 사물이 자신이 가진 기능을 최고로 발휘할 때 달성되는 것으로 생각합니다. 인간 역시 목적을 가지는데, 인간의 최고 목적은 행복에 있다고 생각합니다. 행복은 인간이 자신의 기능을 탁월하게 실현할 때 성취할 수 있는 것입니다. 인간의 기능 중에서 다른 동식물과 달리 독특하게 가진 기능이 바로 이성적인 기능입니다. 따라서 인간은 자신의 이성적 기능을 잘 발휘할 때 행복할 수 있다는 결론에 이릅니다.

이성의 활동은 순간적으로 머리를 잘 사용하는 것이 아니라, 꾸준한 활동을 통해서 그것이 몸에 습관으로 베일 때, 곧 자신의 품성이나 덕이 바탕이 될 때 가능한 것입니다. 이를 위해서는 정념을 잘 다스려야 합니다. 양 극단으로 치우치지 않고 시기와 장소, 상황에 가장 적합한 감정이나 태도를 지닐 수 있어야 합니다. 이를 아리스토텔레스는 중용이라고 말합니다. 중용의 실천을 위해서는 다양한 실천의 경험이 묻어 있는 이성적 지혜가 필요하겠지요. 그리고 개인의 행복은 공동체적 삶과 분리될 수 없습니다. 시민으로서 공동체에 참여함으로써 현실적 인간으로서 개인의 행복은 완수된다고 아리스토텔레스는 생각합니다.

원래 그리스인들은 행복을 잘사는 것, 자신 안에 있는 본성을 잘 실현하고 계발하는 것이라고 생각하였습니다. 결국 본성을 찾는 것은 자신이 잘하는 것을 찾는 것입니다. 자기 안에 있는 잘할 수 있는 것, 곧 '탁월성'이 그리스인들이 말하는 '덕(德)'이었습니다. 아리스토텔레스 역시 성공적인 삶을 위해서는 자신의 탁월성을 실현하는 것이 중요하다는 것이지요. 그리고 어떤 탁월성이라도 이성적인 능력과 결합하지 않으면 제대로 실현될 수 없다는 측면에서 아리스토텔레스의 행복관은 여전히 의미가 있다고 할 것입니다.

에바 부인, 관계의 의미를 알려주다

✝에로스와 프쉬케

어째서 내 모습을 보고 싶다는 것이오? 내 사랑이 믿어
지지 않는 건가요? 혹 이루어지지 못한 소원이라도 있는
것이오? 그대가 내 모습을 본다면, 아마 나를 두려워하거
나 존경할 것이오. 그러나 내가 바라는 건 그것이 아니오.
내가 바라는 것은 당신의 사랑뿐이오. 나는 신으로서 섬김
을 받는 것보다 같은 인간으로 사랑받기를 바라는 것이오.
― 벌핀치, 『그리스 로마 신화』 중에서

에로스와 프쉬케의 사랑이야기 일부입니다. 미의 여신
아프로디테는 인간 프쉬케의 아름다움을 시기하여 아들
에로스를 시켜 프쉬케를 가장 못난 이와 사랑에 빠지게 만

들려고 합니다. 하지만 에로스는 프쉬케의 아름다움에 놀라 자기 화살에 상처를 입고 프쉬케와 사랑에 빠지게 됩니다. 신 에로스와 인간 프쉬케는 서로 마주볼 수 없습니다. 어둠 속에서만 둘은 사랑을 나눌 수 있었습니다. 사랑이 깊어지자 프쉬케는 연인의 모습을 확인하고 싶어 합니다. 하지만 신이 인간 앞에 모습을 드러낼 수는 없는 일입니다. 그래서 에로스는 위와 같이 말하는 것입니다. 그런데 프쉬케는 호기심을 누르지 못하고 결국 등불을 켜고 맙니다. 그러자 사랑의 신 에로스는 사랑은 의심과 같이 있을 수 없다면서 프쉬케를 떠나가 버립니다. 프쉬케는 후회하면서 그를 찾아 헤맵니다. 아프로디테한테 그를 만날 수 있게 간청을 하고, 간신히 세 가지 과제를 해결하고서야 에로스와 다시 결합하게 됩니다. 둘이 결혼을 해서 낳은 딸이 '기쁨'입니다.

사랑은 인간의 감정 중에서 가장 강한 자기장을 뿜어내는 감정입니다. 그리고 사랑의 관계는 강한 감정만큼 서로를 끌어들이는 흡입력이 강한 관계입니다. 모든 강한 것은 깨지는 성질을 가진 것과 같이 사랑의 감정은 상처를 주기 쉽고 그만큼 관계도 쉽게 깨질 수 있습니다. 프쉬케가 에로스의 모습을 보고 싶어 하듯 사랑은 지속적으로 그것을 확인하려고 합니다. 그 속에서 의심은 자라고 이것이 커지면 사랑은 사라지게 되는 것이지요. 하지만 프쉬케가 어려운 과제를 해결하고서 결국 다시 에로스를 만나 기쁨의 딸을 낳듯이, 사랑의 관계는 노력을 통해서 발전할 수 있고, 우리들한테 즐거움을 만들어 낼 수도 있습니다. 이번 장에서는 사랑의 감정을 통해서 인간관계를 성찰해 볼까 합니다.

✝데미안과의 재회

싱클레어는 피스토리우스를 통해서 내면에 이르는 길을 배웠고, 이제 자신의 길을 스스로 갈 수 있는 힘을 가지게 됩니다. 처음 카인의 표적을 이마에 달고 세상에 나서게 된 것이지요. 자신의 내면으로 가는 길에서 자신을 괴롭혔던 영상들과 꿈들을 이제 확인하는 시기가 왔습니다. 싱클레어는 꿈에서 어떤 여인을 사랑하게 되었죠. 그 여인은 어머니와 연인 같은 밝은 측면과 매춘부와 같은 어두운 측면을 모두 가지고 있었습니다. 그리고 그 여인은 한편 남자 같았고, 데미안이나 자신의 모습을 닮기도 하였습니다. 싱클레어는 이러한 양면성이 곧 압락사스가 가진 신적인 것과 악마적인 것의 모습임을 깨닫습니다. 자신의 내면에 이것이 들어 있으며 그것을 긍정하고 수용하는 방법을 피스토리우스를 통해서 배웠던 것이지요.

결국 싱클레어가 그린 여인은 자신의 내면 속에 들어 있던 마음의 모습이었습니다. 싱클레어는 자신이 그린 그림의 실체를 이제는 구체적 사람을 통해서 다시 보게 됩니다.

데미안이 살았던 옛날 집을 방문해서 한 장의 사진을 보게 된 것이지요. 데미안의 어머니의 모습이 바로 자신이 그린 그림의 주인공이었다는 것을 깨닫고 놀라게 됩니다. 한 번도 보지 않은 데미안의 어머니가 바로 그 여인이었습니다. 싱클레어는 이 여인을 찾아 길을 떠납니다. 자신의 마음을 실제의 사람을 만나고서 확인하고 싶은 것입니다. 하지만 성공할 수 없습니다. 에로스와 프쉬케의 사랑이 어둠 속에서 이루어지고 있듯이, 아직 내면의 사랑은 신을 만날 준비가 되어 있지 않은 것입니다. 싱클레어가 그린 여인은 세상의 한 여인이 아니라 가장 소중한 마음의 연인이었고, 그것은 곧 신과 같은 것이었기 때문입니다.

세상 속에서 자기 마음의 실체를 찾는 것이 무의미하다는 것을 깨달은 싱클레어는 다시 삶으로 돌아와 자신의 길을 갑니다. 대학생이 되어서 대학 생활을 하지만, 강의나 친구 관계가 싱클레어를 만족시킬 수 없습니다. 자신에게 이르는 길을 가는 싱클레어한테 대학 생활은 하나의 껍데기와 같은 것이었습니다. 강의는 옛날 지식을 반복하는 것이고, 친구들은 아무 개성 없는 무리들로 보였을 것입니다. 그런데 내면에 몰두하던 싱클레어가 우연히 데미안을 만나게 됩니다. 그 그림이 한 편으로 데미안을 닮았듯이, 데미안은 싱클레어의 마음속에 들어 있던 일부였습니다. 싱클레어의 마음이 그림 속 인물을 찾아 헤매면서 먼저 자기 마음의 일부였던 데미안이 나타난 것입니다. 데미안은 쉽게 싱클레어를 알아차립니다. 싱클레어의 이마에 카인의 표적이 선명하게 보이기 때문입니다. 두 카인이 서로를 알아 본 것입니다. 항상 두 마음은 서로 연결되어 있었고, 이제 한 명이 상대를 강하게 끌었기에 그것에 응답하면서 만남은 이루어진 것입니다.

그들은 이제 당당한 두 명의 카인으로 대화를 나눕니다. 이전의 대화는 데미안이 싱클레어를 각성시키는 대화였다면 이제는 뜻을 나누는 친구로서 같이 세계를 고민하게 됩니다.

하지만 지금 곳곳에 일어나고 있는 것은 진정한 의미의 연대가 아니야. 개인들이 서로 알아감으로써 새로운 연대가 만들어지고, 한동안 세상을 바꾸어 나갈 것이야. 지금 연대는 그저 무리 짓기에 지나지 않아. 사람들은 서로가 두려워서 서로에게 도피하고 있는 거야. … 유럽은 백 년이 지나도록 연구만 하고 공장이나 세웠지. 사람 한 명을 죽이는 데에는 화약 몇 그램이 필요한지 알지만, 어떻게 신에게 기도할지는 몰라. 한 시간을 유쾌하게 보내는 방법도 모르지. … 자연의 의지는 개개인의 마음속에, 너와 나의 내면에 들어 있어. 예수 안에, 니체 안에 적혀 있는 것이지. 지금의 사회가 무너지면 이러한 중요한 흐름들이 숨 쉴 공간이 생겨날 거야. 물론 나날이 새로운 형태를 띠겠지만 말이야.

현실 사회에 대한 데미안의 긴 비판이 나오고 있습니다. 내용은 크게 세 가지입니다. 지금 유럽에서 다양한 집단들이 무리를 만들고 있는데, 그것은 진정한 모임이 아니라는 것입니다. 그리고 유럽이 오늘날과 같은 맹목적인 연대에 몰두하고 있는 정신 상태에 대한 비판입니다. 마지막으로 이러한 위기를 극복하기 위한 해결 방향으로 개인적 내면성의 회복에 대한 주장입니다. 이것을 오늘날의 관점에서 조금 자세히 살펴보도록 하겠습니다.

먼저 인간의 관계와 집합으로서 공동체에 관련된 것입니다. 사회적 존재로서 인간은 홀로 살아갈 수 없습니다. 가족을 필요로 하고, 사회와 민족, 국가와 같은 큰 공동체를 요청하기도 합니다. 오늘날은 지구 공동체의 시민으로 살아가기도 합니다. 개인과 공동체의 관계는 크게 두 가지로 설명할 수 있습니다. 그 연결이 자연적인 것인가 인공적인 것인가 입니다. 개인과 공동체의 관계를 자연적 관계로 보는 입장은 인간의 성향 속에 공동체를 지향하는 욕구가 들어 있기에 공동체는 인간성이 자연스럽게 실현된 단위라는 것입니다. 이러한 입장은 플라톤과 아리스토텔레스와 같은 그리스 철학자들의 주장에 기원을 둡니다. 플라톤은 인간이 가지고 있는 세 가지 본성을 따라서 국가가 만들어져야 한다고 봅니다. 아리스토텔레스는 더 나아가 정치적 동물로서 인간이 국가 안에서 가장 의미 있는 삶을 산다고 생각합니다.

✝인간 공동체

> 국가는 자연적으로 존재하는 것들에 속하며, 또한 사람은 본질적으로 국가에서 살도록 되어 있는 동물이라는 것이다. 어떤 우연에 의해서가 아니라 자신의 성질상 국가가 없는 사람은 보잘것없는 존재이거나 아니면 인간 이상의 존재이다.
>
> ─ 아리스토텔레스, 『정치학』 중에서

인위적이거나 우연적으로 공동체가 만들어지는 것이 아니라 인간의 자연적 본성이 공동체를 요청한다는 것입니다. 아리스토텔레스는 인간 공동체는 가족을 시작으로 부락으로, 국가로 확대된다고 봅니다. 인간의 성향에 공동체적 욕구가 이미 들어와 있다는 것은, 공동체가 논리적으로 개인보다 앞선다는 것을 뜻합니다. 이러한 생각은 오늘날 공동체주의라는 정치적 입장과 연결됩니다. 공동체주의는 개인주의가 주장하는 개인의 자율성과 권리에 앞서 공동체적 소속감과 공동체에 대한 헌신을 강조합니다. 공동체가 무너질 때 개인의 가치 역시 사라지기에, 공동체주의에서는 건강한 공동체를 만들기 위해서 개인이 시민으로서 책임감을 가지고 공동체에 참여하기를 바랍니다.

이에 비해 국가를 개인의 이익을 위한 계약 집단으로 보는 주장도 있습니다. 무엇보다 개인은 자신의 생명과 안전, 자유, 재산을 지키기 위해서 노력합니다. 이것은 누구라도 침범할 수 없는 자연적 권리입니다. 이러한 기본적 권리를 지키기 위해서 개인들이 사회와 국가라는 공동체를 인위적으로 만들었다는 것입니다. 홉스T. Hobbes와 같은 근대 정치 사상가들이 이러한 입장의 출발자들입니다. 홉스는 사회가 만들어지지 않는 인간의 자연 상황을 전쟁과 야만의 상태로 규정합니다. 인간은 원래 이기적인 존재이기 때문에 상대방을 불신하고 자신의 이익을 지키기 위해서 폭력과 전쟁을 마다하지 않는다는 것입니다.

인간은 그들 모두를 위압하는 공통의 권력이 존재하지 않는 곳에서는 전쟁상태에 들어가게 된다는 것이다. 이 전쟁은 만인에 대한 만인의 전쟁이다.

– 홉스, 『리바이어던』 중에서

이를 해결하기 위해서 정치 공동체를 만듭니다. 불안한 개인들 간의 합의와 계약으로 전쟁상태에서 평화로운 사회 상태로 들어간다는 것이죠. 사회는 개인의 생명과 안전을 보호하기 위한 인위적 집단일 뿐입니다. 사회의 존재 이유와 구성 방법을 이와 같이 설명하는 입장을 사회계약론이라고 합니다. 로크J. Locke와 루소가 뒤이어 사회계약론을 주장하게 되지요. 비록 인간을 이기적 존재로 보지 않지만 개인의 자연적 권리를 지키기 위해서 정치 공동체가 필요하다고 말합니다. 만약 국가가 이러한 권리를 지켜주지 못하면 공동체는 자격을 상실하게 되고 새롭게 만들어질 수 있다고 이들은 봅니다. 오늘날 이러한 입장은 자유주의의 모습을 띠고 계승되고 있습니다. 개인의 권리를 무엇보다 우선시하고 어떤 강력한 집단이나 권위도 개인의 권리 위에 있을 수 없다고 주장합니다. 이들은 국가의 권력은 개인의 권리나 사생활을 침해하지 않는 수준에서 최소한의 역할만 해야 하며, 개인은 다른 사람의 권리를 간섭하지 않는 이상 최대한의 자유를 누릴 수 있어야 한다고 주장합니다.

✝껍데기뿐인 공동체

데미안이 목격하고 있는 현재 유럽의 상태는 진정한 개인도 의미 있는 공동체도 아닌, 방향 없는 욕망들이 잠시 머물고 있는 무리 짓기의 상태입니다. 사람들이 연대라는 이름으로 공동체를 만들기는 합니다. 하지만 사람들은 스스로를 믿지 못하고 남들을 두려워합니다. 그래서 껍데기뿐인 공동체를 만들어서 거기에서 만족감과 편안함을 느낍니다. 당시에 자본주의가 주는 물질의 안락 속에서 사람들이 돈을 중심으로 하나의 집단을 만드는 것을 데미안은 보았을 것입니다. 또한 모두가 평등하다는 이념으로 개인의 자유를 억누르고 있는 사회주의의 위선을 목격했을 것입니다. 인간이 돈을 섬기는 것이나 이념을 섬기는 것은 결국 자신을 잃어버렸기 때문에 생기는 것입니다. 자신이 주인이 된다면 돈이나 이념은 나의 삶을 위해서 따라와야 하는 것입니다. 개인이 돈과 이념을 주인으로 섬기고 따라다니는 것은 결국 스스로를 인정하지 못하기 때문이라고 데미안은 생각합니다.

이렇게 된 것은 그동안 유럽의 정신이 무엇인가 잘못된 방향으로 나아갔기 때문에 생긴 일입니다. 개인의 권리와 자유를 중시하는 자유주의의 정신은 개인의 욕망 또한 무한하게 만들었습니다. 자신을 간섭하고 속박하는 것에서 벗어나면 인간은 자율적으로 보다 높은 가치를 실현할 것이라고 생각하였지만 아니었습니다. 자신의 권리를 확대하는 것이 타인을 지배하는 권력으로 타락하였습니다. 개인의 이익을 위해서는 타인을 폭력적으로 지배할 뿐만 아니라 자연을 마음껏 정복하기도 하였습니다. 다른 사람과 공동체의 선에는 소극적이고 자신의 이해관계에는 적극적인 이중적인 인간이 되어 버렸습니다. 타락한 자유주의 정신 아래에서 인간들은 돈과 권력을 쫓아서 끊임없는 무리 짓기를 합니다.

공동체주의 정신은 집단에 대한 의존성을 강화시켰습니

다. 공동체주의는 집단의 전통과 역사를 소중하게 생각합니다. 공동체를 떠난 개인을 생각할 수 없기에, 개인은 집단의 가치를 배워야 합니다. 하지만 집단은 타락할 수 있습니다. 나쁜 전통과 관습을 공동체의 재산으로 가질 수 있다는 것이지요. 개인이 이를 거부하고 새로운 가치를 만들어 낼 때 공동체의 역사는 새롭게 시작되는 것입니다. 그런데 유럽의 공동체는 자기 집단의 가치를 절대시하고 다른 집단의 가치는 무시하는 경향이 있었습니다. 그럴듯한 이념을 만들어서 거기에 따르지 않는 개인과 집단을 악으로 만들어 제거해버립니다. 나찌즘이나 파시즘은 타락한 공동체주의의 전형입니다. 지금 유럽은 끊임없는 편 가르기와 무리 짓기로 만든 껍데기뿐인 공동체만 존재하고 그 속에서 개인은 자신을 잃어버렸다고 데미안은 판단하고 있습니다.

결국 유럽의 정신은 무엇이 중요하고 그렇지 않은지, 어떤 것을 우선적으로 생각하고 나중에 생각할지에 대한 자기반성을 놓쳐 버렸습니다. 자신이 어떤 길로 나가는지를 볼 수 없습니다. 남들이 가는 길을 무조건 따라갑니다. 여럿이 무리지어 어딘가를 향해 가지만 정작 그곳이 어떤 곳인지 생각할 여유를 가지지 못하였습니다. 그 길로 가면 내가 행복해질 수 있다고 막연히 생각하지만, 정말 그럴까 의심하지 못합니다. 자기반성을 잃고 맹목적으로 달려가는 유럽의 정신은 스스로를 돌아보지 못한다는 것입니다.

이를 두고 한 사상가는 이성의 변질과 타락이라고 주장합니다.

> …평범한 사람은 이성적인 것은 분명히 유용한 것들이며, 모든 이성적인 인간은 자신에게 유용한 것이 무엇인지를 결정할 수 있어야 한다고 말할 것이다… 우리는 이러한 종류의 이성을 '주관적 이성'이라고 부른다. 이러한 이성은 본질적으로 목적과 수단의 문제에 관련된 것이며, 어느 정도 당연시될 뿐만 아니라 소위 자명한 것으로 이해되는 목표에 도달하기 위한 절차적 방법의 적합성과 관련된 것이다. 주관적 이성은 목표 그 자체가 이성적인가라는 질문에 대해서는 거의 의미를 부여하지 않는다.
> — 호르크하이머, 『도구적 이성 비판』 중에서

✟ 변질되고 타락한 이성

극단적인 사례이지만 어떤 기술자가 있습니다. 그는 어느 날 윗사람한테서 가스실을 하나 만들라고 명령을 받았습니다. 가스실에 들어가면 누구도 살아나오지 못하는 가스실입니다. 기술자는 자신이 가지고 있는 지식을 총동원하여 완벽한 가스실을 만듭니다. 가스실은 외부에서 보았을 때에는 평범한 목욕탕 같았습니다. 안에 들어가도 샤워 시설이 보였을 뿐입니다. 하지만 샤워 기구에서는 가스가 뿜어져 나오도록 설계되었습니다. 밖으로 도망칠 수도 없도록 창문이 없습니다. 죽은 시신은 바로 소각 처리할 수 있도록 화장터와 연결되어 있습니다. 가스실은 지금까지 개발된 기구 중에서 가장 효율적입니다. 적은 비용으로, 빠른 시간에, 많은 사람을 깔끔하게 처리할 수 있는 '최종 해결책'이었습니다. 기술자는 자신의 이성을 최대한 활용하여 최고의 죽음 기계를 발명하였습니다.

호르크하이머M. Horkheimer는 기술자가 사용하는 이러한 이성을 '주관적 이성'이라고 하면서 현대 사회의 병폐의 원인이라고 비판합니다. 그 가스실이 사람의 목숨을 앗아가는 잘못된 목적을 가진다는 것에 대해서 생각하지 않고 그것을 이루는 방법적 효율성에만 치중하는 이성입니다. 이는 목적을 생각하지 않는 도구적 이성입니다. 원래 이성은 어떤 것이 진리인지, 진리를 얻기 위해서는 어떻게 해야 하는지를 물었는데, 근대인은 더 이상 진리 자체를 묻지 않고 삶의 효율성만 추구합니다. 좋은 삶이 무엇이고, 어떻게 살아가야 하는지를 근본적으로 묻지 않는다는 것입니다. 그래서 인간은 최고의 문명 기술을 이루었지만, 정작 삶의 목표에 대해서는 무지합니다. 극단적인 사례이지만 나찌즘이 성공할 수 있었던 것은 이와 같이 제대로 생각할 수 없는 인간의 무능 탓인지 모릅니다.

데미안은 비슷한 맥락에서 유럽 지성이 걸어온 길을 비

판합니다. 학문을 하고, 공장에서 물건을 만들어 내지만 사람들의 내면성은 말라 있습니다. 외형상으로는 모르는 것이 없고, 못 하는 것이 없지만 정작 자신의 내면은 모릅니다. 어떻게 하면 자신에게 갈 수 있는 지 그 방법도 모릅니다. 도구적 이성을 비판하는 사람들은 근대인들이 걸어 온 이러한 방법을 돌이키려고 합니다. 변질되고 타락한 이성을 건실한 이성으로 바꾸려고도 하며, 이성이 아닌 새로운 방식의 앎을 추구해야 한다고 주장하기도 합니다. 데미안은 내면성의 회복을 통해서 이 문제를 해결하려고 합니다. 이성은 생각하는 의식입니다. 내면성 안에는 의식의 수면으로 떠오르지 않는 무의식의 영역이 있습니다. 의식은 빙산의 일각입니다. 빙산 전체를 보기 위해서는 수면 아래로 내려가야 합니다. 데미안은 결국 마음을 놓친 채 살아간 인간의 삶이 문제이기에, 개인이 다시 자기 마음을 회복할 때 문제는 해결된다고 바라봅니다.

╪에바 부인

데미안의 이야기를 통해서 싱클레어는 시대를 보는 안목을 가지게 됩니다. 이전에는 데미안의 말이 충격과 도전으로 다가왔지만 지금은 공감을 합니다. 싱클레어도 그 뜻을 이해할 수 있을 만큼 성장하였기 때문입니다. 싱클레어는 데미안의 말을 통해서 다시금 자신이 가고 있는 길이 어떤 것인지, 어디로 향하는 길인지 확신하게 됩니다. 이제 데미안의 어머니를 만날 시간이 찾아왔습니다. 자신이 걷고 있는 내면의 길을 생생한 인물로 만나는 시간입니다. 마음속에서 그렇게 혼란과 갈등을 일으킨 정체를 마음 밖에서 확인해 보는 것입니다. 이미 마음의 아픔을 맛보았기 때문에 이제 데미안의 어머니를 만나는 것은 기쁨의 확인입니다. 내가 선과 악의 양면성을 마음으로 받아들이고 있기에 데미안의 어머니를 만나는 것은 내 마음의 실체를 다시금 인정하고 수용하는 과정입니다.

그래서 데미안의 어머니를 만나러 가는 날 세상의 모든 것이 아름답습니다. 마음이 새롭게 태어나고 있기에, 새로운 마음을 확인하는 날이기에 세상은 아름답습니다. 싱클레어는 마음으로 세상을 보는 눈을 길렀기에, 지금의 세상은 이전의 세상과 달리 보이는 것입니다. 데미안의 어머니는 오래 알고 있는 사람처럼 그를 맞이합니다. 육체로는 처음이지만 마음으로 그들은 오랫동안 만났다고 볼 수 있습니다. 데미안의 집에는 싱클레어가 그려서 보낸 껍질을 깨고 날아오르는 새의 그림도 있습니다. 그들은 저마다 같은 길을 가고 있었던 것입니다. 그 길 위에서 서로를 격려하고 채찍질해 준 것입니다. 그래서 서로의 길은 익숙했고, 그들이 실제 만나는 이곳은 편안한 고향 같은 집이었습니다.

친한 길들이 서로 만나는 곳, 거기에서는 잠시 온 세상이 고향처럼 보이지요.

데미안의 어머니는 아들을 통해서 싱클레어가 걸어가는 길을 줄곧 살펴봤고, 싱클레어는 마음으로 수없이 그녀를 그려보았기에 지금이 낯설지 않은 것입니다. 싱클레어는 생생하게 그림과 꿈속에서 상상하던 인물을 지금 마주하고 있습니다. 데미안의 어머니는 다시금 싱클레어의 길을 지지하고 확인해 줍니다. 그리고 자신을 에바 부인이라고 불러도 좋다고 말해 줍니다. 자신의 이름을 가르쳐 준 것이죠. 미지의 여인을 베아트리체라고 불렀듯이, 새로운 신을 압락사스라고 하듯이 이름은 대상과의 관계를 더욱 구체적이고 직접적으로 만들어줍니다. 이제 에바 부인은 꿈속에서 상상하는 인물이 아니라 싱클레어가 현실에서 마음을 주고받는 관계가 된 것입니다.

에바 부인을 통해서 싱클레어는 마음과 마음이 자유롭게 소통되는 즐거움을 누리게 됩니다. 자기 안에 있는 마음과 똑같은 마음을 가진 인물이 있기에 그들은 지극한 행복을 맛봅니다. 생각과 마음을 함께 나누는 공동체가 있다는 것은 행복의 최고 조건입니다.

그러나 여기 안에는 사랑이 있었다. 전설과 꿈이 살고 있었

다. 그러나 우리가 바깥세상과 차단되어 사는 것은 아니었다. 우리의 생각과 대화를 통해서 우리들은 세상 한 가운데 살고 있었던 것이다. 다만 겉으로 보이는 경계에 의해 다수의 사람들과 떨어진 것이 아니라, 삶에 대한 다른 전망 때문에 다른 벌판에서 있었던 것이다.

⸷진정한 연대

데미안, 에바 부인, 싱클레어는 세계 속에 살지만 무리들과 다른 지향을 가지고 다른 길을 가고 있습니다. 서로 마음이 통하는 사람들과 그들은 교류합니다. 세상의 무리들이 어떤 이념이나 이익을 위해서 서로 달라붙어서 패거리를 짓는다면, 이들은 서로의 개성으로 만납니다. 스스로 헤쳐 가는 자신의 길에서 그들은 새로운 미래를 꿈꾸는 것입니다. 달라붙어서 자신을 잃어버리는 것이 아니라 서로를 강하게 세워 주는 모임인 것입니다. 이것이 진정한 연대라고 할 수 있을 것입니다. 이 연대의 모임에는 소수 종파, 채식주의자, 톨스토이 추종자, 요가 수행자 등 사회의 다양한 개인들이 저마다의 색깔을 가지고 서로를 지지하고 격려해 줍니다. 그들이 걸어가는 길은 저마다 달랐지만 그들은 새로운 시대를 준비하기 위해서 자기 자신을 온전히 이루어야 한다는 과업에 대해서는 의견을 같이 하였습니다.

모임을 같이 하면서 싱클레어는 에바 부인한테서 특별

한 감정을 느낍니다. 사랑의 감정입니다. 그녀와 정신적으로 교류를 하고 있었지만, 한켠에는 연인으로서 마음이 자라고 있었던 것입니다. 정신적으로 자신과 그녀가 비슷하다는 것을 발견할수록, 사랑의 감정 또한 깊어 갑니다. 성性적인 욕구를 둘러싼 갈등을 통해서 싱클레어는 마음의 진통을 겪은 경험이 있습니다. 이를 통해서 싱클레어는 어두움이 또 하나의 세계라고 깨닫기도 합니다. 마음속에서 신적인 것과 악마적인 것을 통합하기도 하죠. 압락사스를 향해 나아가는 새롭게 깨친 마음이 있습니다. 하지만 지극히 강력한 사랑의 실체가 나타났을 때 싱클레어의 마음은 다시 혼들리기 시작합니다. 싱클레어는 에바 부인과 정신적 교류를 합니다. 그녀를 정신적으로 사랑하는 것이지요. 이 또한 밝은 세계를 지향하는 사랑이라고 할 수 있습니다. 그렇다면 그녀를 육체적으로 사랑할 수는 없는 것인가요. 세상이 인정하지 않는 어두운 세계의 사랑입니다. 이제 싱클레어는 이 또한 통합해야 하는 최종 과제를 안게 된 것입니다.

사랑은 애원해서는 안 돼요. 요구해서도 안 돼요. 사랑은 자신 안에서 확신에 이르는 힘을 가져야 해요. 그러면 사랑은 끌림을 당하는 것이 아니라, 스스로 끌기 시작할 것입니다. 싱클레어, 당신의 사랑은 나한테 끌려오는 거예요. 언젠가 당신이 나를 끌면, 그때 내가 갈 거예요. 나는 선물을 주지는 않을 거예요. 쟁취되겠습니다.

✝서로를 이끄는 사랑

에바 부인도 싱클레어의 마음을 압니다. 그녀는 사랑 자체를 부정하지는 않습니다. 사랑의 소망 자체가 금지된 것은 아닙니다. 열렬히 소망하면 사랑을 이룰 수 있습니다. 사랑은 마음 깊숙한 곳에서 시작하는 것입니다. 마음의 정성을 다하면 다른 모든 것과 마찬가지로 사랑은 이루어질 수 있는 것입니다. 지금 싱클레어는 사랑 자체에 대해서 의심하고 있는 것입니다. 프쉬케가 에로스의 사랑을 의심하였듯이, 에바 부인과 사랑이 가능한지 의심하고 있는 것입니다. 물론 이것은 도덕적 문제가 될 수 있는 것이죠. 밝은 세계에서는 유부녀와의 사랑을 허락하지 않는 것입니다. 에바 부인은 소망할 수 없다면 버려야 한다고 말합니다. 그리고 소망한다면 진정한 마음으로 성취를 소망해야 한다고 말하는 것입니다.

또한 에바 부인은 사랑을 통해서 자신을 잃어버려서는 안 된다고 말합니다. 누군가에게 빠져서 자신을 잃어버리는 사랑은 어리석은 것입니다. 사랑은 얻는 것입니다. 사랑을 통해서 자신을 발견하고 자신의 마음을 얻을 수 있어야 한다는 것입니다. 그렇게 하기 위해서는 의존적으로 누구한테 끌려가는 사랑이 아니라 그 사람을 끌 수 있는 당당함과 주체성을 가져야 한다고 말합니다. 사랑은 서로를 필요로 하기에 결국 모두가 끌 때 가능한 것입니다. 어느 하나에 흡수되어 누군가의 개성이 사라지는 것이 아니라 서로 끄는 작용을 통해서 동시에 앞으로 나아갈 수 있는 것입니다.

⸬ '아니마'와 '아니무스'

싱클레어는 이전에 피스토리우스를 통해서 자신 속에 있는 어두운 그림자를 자각하게 되었습니다. 그리고 그림자가 가지고 있는 어두운 세계를 자기의 일부로 인정하고 수용할 수 있게 되었지요. 이제 싱클레어는 더 깊숙한 자신의 내면을 만나게 됩니다. 사실 에바 부인은 싱클레어의 내면 자체였다고 볼 수 있습니다. 내면 중에서도 가장 깊이 박혀 있는 자신의 분신이었던 것입니다. 그것이 때로는 꿈을 통해서 나타났고, 싱클레어는 이를 그림으로 나타내 보기도 하였습니다. 하지만 그것을 의식하는 것이 쉬운 일은 아닙니다. 에바 부인을 직접 만난다는 것은 의식 아래 깊숙이 박혀 있는 것을 의식 밖으로 길어내는 작업입니다. 자신의 그림자를 인식하고 수용하는 것이 힘든 일이었던 것 같이, 그보다 더 깊은 곳에 있는 마음의 고갱이를 끄집어내는 것이 쉽지 않다는 것은 당연하죠.

융 심리학에서는 에바 부인을 싱클레어의 '아니마Anima'

라고 부를 수도 있을 것입니다. 남성은 겉으로 표현하는 남성적인 특징과 다른 여성적 특성인 '아니마'를 무의식 속에 저장하고 있다는 것입니다. 여성은 반대로 남성적인 '아니무스Animus'를 가지고 있지요. 온전한 자기를 회복하기 위해서는 내면 속에 있는 반대되는 속성을 알아내고 수용해야 합니다. 사회에서 요구하는 남성이나 여성은 우리들의 가면에 불과한 것입니다. 의식에서 놓치고 있는 다른 성을 찾을 때 우리는 온전한 자신을 발견할 수 있다는 것입니다. 싱클레어가 그렇게 그리워한 것은 자신의 일부였고, 에바 부인은 자신이 잃고 있었던 여성으로서 '아니마'일 수 있다는 것입니다. 에바 부인이 사랑을 통해서 자신을 잃지 말고 발견하라고 충고하고 있는 것도 같은 맥락에서 이해할 수 있을 것입니다.

그림자와 마찬가지로 '아니마'와 '아니무스'는 신적인 속성을 가진 것입니다. 인간 프쉬케가 에로스가 신이라는 것을 알았을 때, 에로스가 달아난 것과 같이, 인간은 신과 대면하기 어렵습니다. '아니마'로서 에바 부인을 수용하는 것이 왜 그렇게 어려운지를 우리는 이해할 수 있습니다. 단지 밝은 세계가 정하고 있는 도덕의 문제가 아니라 우리들 내면의 문제인 것입니다. 떠나 버린 에로스를 프쉬케가 다시 찾은 것과 같이 싱클레어 역시 결국 에바 부인을 수용할 수 있는 단계로 성장합니다.

때때로 나는 분명히 느꼈다. 나의 존재 전체가 끌림을 당하고 동경하는 것은 사람으로서 에바 부인이 아니었다. 그녀는 단지 나의 내면의 한 상징으로 존재하였다. 유일한 목적이 나를 더 깊게 나 자신한테 인도하는 상징으로서.

✝ 관계 맺기

인간은 관계를 맺는 존재입니다. 관계 속에서 인간이 태어나고, 성장합니다. 죽음은 관계에서 풀려나는 것이라고 볼 수 있습니다. 관계는 인간의 육체와 정신이 모두 포함된 온몸의 활동입니다. 그리고 관계는 개인의 활동이면서 집단의 정신이 그 속에 묻어 있는 것입니다. 나의 몸과 정신은 오롯이 나만의 것이 아니라 이미 내가 속한 사회 문화의 영향을 받기 때문입니다. 그렇기 때문에 관계 맺기는 나의 선택과 자유가 실현되는 과정이면서도, 어느 정도 구속을 받는 이중적 성격을 갖는 것이지요. 그만큼 힘들 수도 있다는 것입니다.

싱클레어가 성장함에 따라 관계의 폭도 넓어졌습니다. 혈연적 가족 관계에서 출발하여 친구 관계, 사제 관계, 연인 관계 등 관계 맺기는 다양한 방식으로 진행되었지요. 어떤 관계는 신체와 정신의 편안함을 주기도 하였고, 어떤 관계는 육체적 고통과 정신적 혼란을 안겨 주기도 했습니다. 세상의 모든 것이 아름답게 보이는 낭만적 관계도 경험하였고, 남들과 다른 자신들만의 정신적 유대 관계 속에 들어가기도 하였습니다. 익숙한 관계가 어느 순간에는 굴레가 되기도 하였고, 가르침을 받는 관계였지만 그것을 넘어서야 하는 순간도 있었습니다. 마음은 있지만 사랑을 표현할 수 없었고, 사랑을 나타내자 상대가 그 자리에 없는 경우도 있었습니다. 이렇게 온갖 관계의 망을 통해서 싱클레어는 한 명의 인간이 되어가는 것입니다.

나라는 인간은 이렇게 다양한 사회적 관계의 총체라고 볼 수 있습니다. 내 속에는 무수한 관계의 흔적과 경험들이 들어와 있는 것이지요. 내가 누구인가를 알기 위해서는 내가 누구와 관계를 맺고 있는지를 살피는 것이 도움이 될 것입니다. 그렇기에 우리의 정신과 육체는 항상 누군가를 향해서 열려 있어야 합니다. 나의 밖에 있는 타자에 민감하게 반응하고 그것을 내 안으로 끌어들이는 능력이 바로 윤리적 감성이라고도 할 수 있습니다. 윤리는 나를 넘어 항상 타자를 향해야 하기 때문이죠. 특히 친숙한 타자가 아니라, 낯설고 우리가 감당할 수 없는 타자를 얼마나 우리가 품을 수 있느냐에 따라 윤리의 깊이가 결정됩니다. 그렇기에 관계는 삶의 즐거움을 주면서도 항상 우리에게 도전과 질문으로 다가오는 것입니다. 그것을 회피하지 않을 때 우리는 성숙할 것입니다.

생각하고 같이 이야기해 봅시다

1. 사랑의 본질은 무엇이라고 생각하나요. 자신의 사랑 체험을 통해서 사랑의 의미에 대해서 생각해 봅시다.

2. 자유주의와 공동체주의를 가지고 우리 사회를 설명해 봅시다. 자신은 어떤 이론에 더 호감이 가나요.

3. 우리 속에 있는 '아니마'와 '아니무스'적 특성에 대해서 이야기해 봅시다.

4. 내가 맺고 있는 관계에는 어떤 것들이 있나요. 관계 때문에 힘들었던 일이나, 즐거운 경험을 나누어 봅시다. 그리고 우리 사회에서 낯선 타자는 누구일까도 생각해 봅시다.

더 알아봅시다

 사회계약론과 도덕

왜 우리 학교에서는 염색을 하면 안 되나요? 학교 교칙에 그렇게 되어 있기 때문이야. 왜 법을 어기면 처벌을 받나요? 법은 우리 모두의 약속이기에 약속 위반에 대한 대가를 받아야 해. 도덕을 왜 지켜야 하나요. 그렇게 하는 것이 모든 사람들의 이익을 위한 것이야. 이러한 방식으로 법과 도덕의 존재 이유와 인간의 의무를 설명하는 것을 계약론적 전통이라고 합니다. 사회구성원들의 이익을 위해서 합의와 계약의 방식으로 사회 규범이 만들어 졌다는 것입니다. 플라톤이나 아리스토텔레스와 같이 도덕의 이유를 인간의 자연스러운 사회적 본성에서 찾을 수도 있습니다. 중세 사회와 같이 신의 명령으로서 도덕을 설명할 수도 있죠. 하지만 근대인들은 개인을 발견하였고, 인간의 이성적 능력을 신뢰하였습니다. 우리가 사회를 만든 이유, 그러한 사회에서 지켜야 할 법과 도덕의 근거도 인간 자신한테서 끌어내야 했던 것입니다.

계약론적 도덕은 홉스(T. Hobbes)가 출발점이라고 볼 수 있습니다. 홉스는 기본적으로 인간을 이기적인 존재로 생각합니다. 그래서 사회계약 이전의 '자연상태'에서 인간은 더 많은 이익을 위해서 상호 경쟁하고 갈등하는 일종의 '만인의 만인에 대한 전쟁'에 들어가게 됩니다. 인간이 자신의 생명과 안전을 지키고 평화를 유지하기 위해서는 사회구성원들 끼리 계약을 맺어서 '리바이이턴'과 같은 강력한 힘을 가진 국가에 자신의 권리를 양도해야 합니다. 그러니까 법과 도덕은 사회 구성원들의 상호 이익을 위한 계약의 산물입니다. 그것을 어긴 자한테 강력한 응징을 하는 것은 이익을 침해한 자에 대한 보복이라고 할 수도 있습니다. 홉스는 인간이 생명과 신체의 위협 때문에 계약을 맺는다고 생각합니다. 여기에 인간이 도덕적으로 평등하다는 생각은 없습니다. 반면에 롤즈(J. Rawls)와 같은 현대 계약론자들은 인간이 도덕적으로 평등하다는 전제에서 출발합니다. 롤즈 역시 자연상태와 비슷한 가상적 상황으로 '원초적 상황'을 설정합니다. 하지만 여기에서는 자신의 신체, 지능, 기호, 재산 등을 모르는 '무지의 베일'을 쓴 상태이기에 이들이 맺는 사회계약은 가장 혜택을 받지 못한 사람한테 유리한 사회 규범을 만들 것입니다. 기본적으로 롤즈는 인간은 권리에 있어서 평등하다고 생각합니다. 현재 개인의 능력은 사회적이고 우연적인 것에 불과하기 때문입니다.

나는 학교 교칙에 동의를 하지 않았는데, 내가 실제적으로 법을 만든 것에 참여하지 않았는데 그것을 지켜야 할 의무가 있는가라고 반문할 수 있습니다. 계약론자들은 당신이 직접 계약을 하지는 않았지만, 여기에 사는 것으로 암묵적으로 동의한 것이라고 대답할 수 있습니다. 하지만 인간의 숭고한 도덕 감정이나 의무와 구별되는 상호 이익을 통해서 도덕을 설명하는 것이 얼마나 유효한지는 미지수입니다.

도구적 이성

브레이크가 고장 난 열차가 철로 위를 질주하고 있습니다. 저 멀리 아무것도 모르고 인부 세 명이 철로 위에서 작업을 하고 있습니다. 열차가 이대로 가면 세 명의 목숨은 사라질 것입니다. 그런데 비상철로가 중간에 있습니다. 그곳에는 인부 한 명이 작업을 하고 있습니다. 여러분이 기관사라면 비상철로를 선택할 것인가요. 결과를 생각하면 한 명보다는 세 명의 목숨을 선택하는 것이 합리적 판단이라고 할 것입니다. 행동의 동기를 고려하기보다는 결과를 계산해서 최대한 많은 이익을 낳을 수 있는 행위가 도덕적 행위라고 생각하는 윤리를 공리주의라고 합니다. 공리주의에서는 어떤 행동을 유용성의 입장에서 판단합니다. 최대한 효율적으로 일하면서 최고의 목적을 이룰 수 있는 행동이 좋은 행동이죠. 우리들이 어떤 일을 할 때도 보통 이와 비슷한 생각을 하지요. 그런데 과연 사람의 생명까지 유용성을 가지고 그 이익을 계산할 수 있는 것일까요. 최대의 이익을 산출하는 것이 좋다고 했는데, 그 과정에 문제가 있다면 어떨까요, 그렇게 만들어낸 이익은 과연 누구를 위한 것일까요. 이렇게 단순히 유용성과 합리성을 기준으로 어떤 행위를 평가할 때에는 여러 가지 문제점들이 등장하기 마련입니다.

윤리학에서는 공리주의와 대별되는 인간의 순수한 선의지와 도덕적 의무에 주목하는 칸트와 같은 의무론적 윤리가 있습니다. 이 입장에서는 유용성과 이익을 기준으로 행위를 판단해서는 안 된다고 보죠. 인간의 존엄성은 그 자체로 존중되어야 하는 것이지 어떤 기준으로 구별할 수는 없습니다. 사회사상에서 이는 이성의 기능을 어떻게 보느냐와 관련됩니다. 이성은 사물을 구별하고, 분석하고, 유추하는 역할을 합니다. 또 한편 이성은 그 자체로 절대적 진리와 같이 인간이 궁극적으로 도달할 이상적 상태를 가리키기도 합니다. 유용성과 합리성으로 행위를 판단한다는 것은 바로 전자와 같이 이성이 어떤 목적을 이루기 위한 수단이나 도구로 사용된다는 측면을 보여주고 있습니다. 여기에서는 목적 자체에는 관심을 가지지 않고 그러한 목적에 도달할 가장 유용한 방법을 고안하는 데 이성이 활용됩니다. 호르크하이머(M. Horkheimer)는 이를 주관적 이성이라고 부르죠. 반면에 이성 자체가 하나의 거대한 목적이 될 때 이를 객관적 이성이라고 합니다. 결국 이성이 주관적으로 된다는 것은 목적을 위한 수단으로서만 가치를 가지는 것이며, 이를 통해서 인간성 자체가 목적이 아닌 하나의 수단으로 전락하는 계기가 되었다고 비판 철학자들은 생각합니다.

그렇다고 이성 자체를 하나의 목적으로 생각하는 객관적 이성이 해결점이 될 수는 없습니다. 모든 사람들이 동의하는 객관적 이성이라는 것은 있을 수도 없으며, 그것이 있다고 하더라도 도달할 수 없고 인간을 그것의 종으로 만들 우려가 있기 때문입니다. 해결점은 우리가 사용하는 이성을 끊임없이 점검하고 비판하는 일일 것입니다. 이성이 지향하는 목적이 정당한지, 누구를 위한 이성인지를 비판적으로 성찰해야 합니다. 또한 인간의 이성 이외에 감정과 같은 특징 역시 이성과 비슷한 가치와 지위를 가지는 것으로 존중해줄 필요가 있겠지요.

종말의 시작, 죽음으로 다시 살다

✝예수의 부활

바로 그날 거기 모였던 사람들 중 두 사람이 예루살렘에서 한 삼십 리쯤 떨어진 곳에 있는 엠마오라는 동네로 걸어가면서 이 즈음에 일어난 모든 사건에 대하여 말을 주고받고 있었다. 그들이 이야기를 나누며 토론하고 있을 때에 예수께서 그들에게 다가 가서 나란히 걸어 가셨다. 그러나 그들은 눈이 가리어져서 그분이 누구신지 알아보지 못하였다… 예수께서 함께 식탁에 앉아 빵을 들어 감사의 기도를 드리신 다음 그것을 떼어 나누어 주셨다. 그제야 그들은 눈이 열려 예수를 알아보았는데 예수의 모습은 이미 사라져서 보이지 않았다.

– 성서, 『루가』 중에서

예수는 군중과 제자들의 희망이었지만 예루살렘에서 십자가 처형을 당하였습니다. 그들의 소망이 산산이 부서지자 예수를 따르는 자들은 모두 흩어졌습니다. 그들의 구원자이자 메시아가 너무나 무력하게 죽임을 당했기 때문입니다. 기대가 컸던 만큼 좌절의 아픔을 곱씹으며 예수의 제자들이 엠마오라는 동네로 걸어가고 있습니다. 그런데 불쑥 누군가가 그들의 이야기에 끼어듭니다. 그들은 그가 누구인지 모릅니다. 해질녘 묵으려 들어간 집에서 그들은 함께 식사를 합니다. 함께 빵을 떼어 나누고 포도주를 마십니다. 순간 그들은 깨우칩니다. 그이가 예수라는 것을. 그들의 눈이 열렸을 때, 예수는 그 자리에서 사라져 보이지 않습니다.

예수의 부활을 루가는 이렇게 전하고 있습니다. 그들은 왜 예수를 처음에 알아보지 못했다가 나중에 알게 되었나요. 그들은 예수와 함께 걷고 밥을 먹으면서 무엇을 생각하게 되었을까요. 예수가 그들 가운데 다시 사셨다는 것은 무엇을 뜻하는 것일까요. 부활은 기독교 신앙에서 중요한 믿음이지만, 보통 사람들의 삶에서도 중요한 체험이 될 수 있습니다. 이 장에서는 마지막으로 이러한 문제를 간단하게 살펴보도록 하겠습니다.

☦ 내면의 온전함

싱클레어는 에바 부인을 통해서 온전한 자기를 이루게 됩니다. 에바 부인이 싱클레어의 내면의 분신이 될 수 있음을 알아보았습니다. 온전한 자기는 세계의 모든 것을 포함하고 수용할 때 가능한 것이었습니다. 싱클레어는 바깥 세계뿐만 아니라 자신의 세계를 알아야 했습니다. 밝음의 세계와 어두움의 세계를 동시에 인정할 수 있어야 했습니다. 이러한 통합의 과정은 자신의 어두운 그림자를 통과해서 깊숙한 곳에 있는 자신의 원형을 발견할 때 이루어지는 것이었습니다. 에바 부인은 이렇게 자신의 또 다른 원형으로 등장하였고, 싱클레어는 그것을 마주함으로 내면의 온전함을 달성한 것입니다. 그리고 이것은 결국 자신을 사랑하는 문제였습니다. 더럽고, 추악하고, 열등하다고 보기 싫어했던 것을 끌어안는 과정이었습니다. 그 역시 세계의 일부이기에, 그것을 살려 내어서 보듬어줄 수 있어야 했습니다. 에바 부인을 사랑하는 것은 이렇게 한 명의 연인에 대한 애정 이상으로 자기 전체를 수용하고 존중하는 일이었습니다. 힘든 진통 끝에 이제 싱클레어는 자신의 길에 우뚝 선 것입니다.

☦ 전쟁

그런데 새로운 상황이 벌어집니다. 전쟁이 터진 것입니

다. 데미안과 에바 부인은 예감으로 세계의 파국을 예측했는데, 실제 상황이 된 것입니다. 내면이 황폐화된 개인들이 패거리를 지으면서 만들어 내는 것이 약탈과 전쟁입니다. 그들은 자신의 내면을 들여다보지 않기에 자기 속에 있는 그림자를 관리하지 못합니다. 그들은 자신 속의 어두움을 인정하지 않습니다. 그들은 스스로 밝다고만 생각합니다. 하지만 그럴수록 그들의 위선은 높아만 가고 자기들 속에 있는 악마는 적을 찾아서 헤맵니다. 자기 무리들과 다른 집단을 발견했을 때, 그 집단이 사악하다고 생각할 때, 그들은 자기들 속에 있는 악을 그들에게 쏘아 붙입니다. 자기의 악이 그들의 악이 되는 것입니다. 적을 악마로 생각하고 그것을 없애 버릴 때 밝은 세상이 만들어진다고 생각하지만, 사실은 마음의 악을 더욱 키우는 꼴이 됩니다. 전쟁을 하는 집단은 선을 추구한다고 하지만 자신의 악마성을 위장한다고 봐야 할 것입니다.

이제 전쟁이 일어날 것이다. 그렇게 자주 이야기했던 것이 시작되는 것이다. 데미안은 이미 많은 것을 알고 있었다. 얼마나 이상한 일인가. 세상의 흐름이 우리들을 더 이상 지나치지 않고, 우리 가슴의 심장부를 곧바로 지난다는 것이. 그리고 지금이나 조만간 세계가 우리를 필요로 한다는 것이, 세계 자체가 스스로 변모하려는 순간이 온다는 것이.

전쟁을 예상했기에, 그들도 그것을 피할 수 없는 일입니다. 데미안과 싱클레어는 전쟁에 참전합니다. 그들은 전쟁을 통해서 악의 세력에 가담하려고 했다기보다는 세계의 종말을 직접 맞이하려 했다고 봐야 할 것입니다. 그들은 세계의 껍데기가 깨어지고 있는 징조로 전쟁을 바라봅니다. 전쟁을 통해서 세계는 새롭게 태어날 수 있다고 그들은 생각합니다. 싱클레어는 참전을 통해서 이러한 사실을 목격합니다. 전쟁을 통해서 증오와 분노, 살육과 파괴가 일어나지만 그 속에서 새로운 인간성이 싹트고 있다고 진단합니다.

그들의 피비린내 나는 행위는 내면의 분열된 영혼이 단순히 분출되는 것에 지나지 않았다. 그것은 새롭게 태어나기 위해서 분노하고, 죽이고 말살하려는 욕구로 가득 찼다. 거대한 새가 알에서 나오려고 힘겹게 싸우고 있었다. 알은 세계이고, 세계는 짓부수어져야 했다

사실 전쟁에서 팔다리가 잘려나가고 내장이 터져 나오는 끔찍한 장면, 인간이 허수아비처럼 쓰러지는 장면을 생각하면 싱클레어가 전쟁터를 보는 시선은 다소 낭만적입니다. 자칫 오해하면 새로운 세계를 위해서 전쟁이 필요하다는 주장으로 들릴 수 있는 부분입니다. 전쟁을 일으키는

사람들이 자신의 행위를 옹호하기 위해서 이와 비슷한 주장을 합니다. 전쟁은 필요악이라고. 지금 조그만 희생을 감수하면 더 많은 사람을 살릴 수 있다고 주장합니다. 전쟁을 통해서 문명이 발전하고, 자연적인 인구 균형이 이루어질 수 있었다고까지 주장하기도 합니다. 그것은 전쟁이 가져온 무수한 결과 중의 하나가 될 수는 있지만, 그렇다고 전쟁을 정당화하는 주장이 될 수는 없습니다. 이 역시 목적자체를 묻지 않는 도구적 이성이 자기 꾀에 넘어가는 꼴입니다. 인간의 최고 목적이 인간 자신일 텐데, 전쟁은 바로 인간성 자체를 직접적으로 말살시키는 행위라고 봐야 할 것입니다. 따라서 싱클레어가 전쟁을 옹호하고 있다고 보기보다는 전쟁을 유발시킨 인간성을 고발하고, 그러한 세계의 야만성이 새롭게 바뀌어야 함을 주장했다고 봐야 할 것입니다.

✝마지막 만남

싱클레어는 전쟁에서 부상을 당하고 어딘가로 실려 가게 됩니다. 거기에서 싱클레어는 데미안을 만납니다. 데미안 역시 부상을 당한 모양입니다. 둘은 마지막 대화를 나눕니다. 그들 사이에 있었던 온갖 추억들이 이야기됩니다. 그 중에는 크로머 사건도 있었습니다. 크로머 사건은 싱클레어가 처음 경험한 어두운 사건이었기에, 그동안 데미안을 만나도 나누고 싶지 않았던 이야기입니다. 데미안 역시 삼간 주제였습니다. 그런데 이제 쉽게 이야기합니다. 싱클레어 역시 미소로 받아 넘깁니다. 한때 자신의 그림자였던 크로머였지만 이제는 자기 속의 그림자를 돌볼 수 있을 만큼 싱클레어는 성장하였기 때문입니다. 데미안은 최후의 충고를 합니다. 이제 몸으로는 자신이 갈 수 없다고. 자신이 필요할 때에는 내면의 목소리에 귀를 기울이라고 말합니다. 그리고 마지막으로 에바 부인의 키스를 전합니다. 싱클레어가 잠에서 다시 깨어났을 때 데미안은 사라지고 보이지 않습니다. 대신 자기 속에 데미안이 온전히 들어와 있다는 것을 느낍니다.

그러나 이따금 내가 열쇠를 발견해서 내 자신 속으로 깊이 들어가면, 운명의 영상들이 어두운 거울 속에서 잠자고 있는 곳으로 내려가면, 단지 그 어두운 거울에 몸을 굽혀 내 자신의 영상을 비추면 되었다. 이제 완전히 '그'와 똑같은, 나의 동지이자 인도자인 '그'의 모습과 똑같은 나의 모습을.

✝ 자신에게 이르는 길
데미안은 사라졌지만 싱클레어의 내면 속에서 다시 살아난 것입니다. 데미안을 처음 만난 이후 당황하고, 각성하고, 부러워하고, 반항하고, 존경하고, 그리워하고, 사랑했던 모든 추억들이 이제 온전히 자기 속에 들어오게 되었습니다. 친구이자 스승이었던 데미안이 이제 싱클레어 자신이 되었습니다. 데미안은 싱클레어한테 부활한 것입니다. 예수를 따르던 사람들이 그와의 경험을 이야기하고, 그와 같이 빵을 떼던 사건을 되짚어 볼 때 예수가 그들 속에 다시 살아난 것과 같이. 예수의 제자들이 절망 속에서 다시 희망을 갖고 예수가 걸어간 길을 다시 걸어가듯, 싱클레어 역시 또 한 명의 데미안이 되어 자신의 길을 계속 갈 것입니다.

이로써 한 명의 싱클레어가 우뚝 서게 되었습니다. 우여곡절을 겪으면서 자신에게 이르는 길을 발견하였습니다. 싱클레어가 지나온 길을 더듬어 보면 몇 가지 단절의 순간들이 있음을 알 수 있습니다. 곧 지금까지 삶의 방식과 다른 삶을 선택해서 나아간 것입니다. 익숙한 삶의 방식을 떠나서 새로운 삶의 방식을 찾아 나섰다고 볼 수 있습니다. 친밀한 가족의 삶의 방식과 다른 또래 집단의 비행에 참여한 것, 익숙한 기독교 교리와 다른 새로운 성서 해석, 성性과 술과 같이 금지된 영역을 체험한 것, 사랑의 신비를 맛본 것, 신비주의적 종교 체험을 해본 것, 전쟁에 직접 참전한 것 등 싱클레어의 삶을 변화시킨 몇 가지 굵직한 사건들이 있었지요. 이 중 어떤 것은 사회에서 금지하거나 금기시한 것들이지만 싱클레어는 그 경계를 넘어가봅니다. 결국 이러한 사건들이 누적되어서 하나의 길이 만들어졌고, 싱클레어는 그 길을 자신에게 이르는 길로 삼았던 것입니다.

물론 삶의 매순간들이 이전 것과 완전히 다른 형태로 등장하지는 않습니다. 이후의 삶은 이전의 삶을 반영할 수밖에 없지요. 크로머에 대한 동경은 안정된 삶이 있었기에 가능한 것이었고, 새로운 성서 해석은 기독교 문화를 배경으로 생긴 것이지요. 너무나 고독했기에 연인을 만날 수 있었고, 무엇인가 정신적 고민이 절정에 이를 때 그것을 해결해 주는 스승도 나타나는 것입니다. 이렇게 삶은 다르게 전개되지만 즉흥적인 것이 아니라 어떤 계기들을 통해서 변화된다고 볼 수 있습니다. 그러한 순간을 준비하고 그것이 왔을 때 포착해서 자신의 기회로 삼을 수 있어야 진정한 변화의 사건은 일어나는 것입니다.

결국 싱클레어는 자신에 이르는 길을 떠날 준비가 되어 있었고, 그 길을 감행할 용기가 있었던 것입니다. 때로 두려움과 나약함에 돌아가기도 하고 그 자리에 눌러 앉기도 하지만 다시 길을 떠날 만큼 강한 의지와 성실함을 보여 줍니다. 아마 순간순간 의심과 후회가 들었을 것입니다. 굳이 이렇게 힘들게 갈 필요가 있는 것인가, 다른 사람이 만들어 놓은 안정된 길을 가면 되지 않는 것인가, 이 길이 나의 길이라고 어떻게 확신할 수 있을까, 다른 사람들은 나를 어떻게 바라볼까 등등. 그래도 결단하고 자신의 길을 선택했습니다. 가이드가 인솔하고 이미 숙박이 정해진 패키지여행 상품이 편안하지만 무엇인가 여행의 흥미가 떨어지고 이후 기억에 별로 남는 것이 없는 것 같이 자유롭게 길을 떠나야 하지 않을까요. 힘들고 시행착오가 생길 수 있지만 그 자체가 귀중한 삶의 체험이고 지혜를 발견하는 기회가 됩니다. "땅에 넘어진 자, 그 땅을 짚고 일어나야 한다因地而到者, 因地而起"라는 지눌 스님의 법어와 같이 실패를 두려워해서는 안 됩니다. 자신이 넘어진 그 곳이 바로 일어날 수 있는 장소입니다. 성장은 바로 그곳에서 다시 시작됩니다.

생각하고 같이 이야기해 봅시다

1. 우리가 역사에서 배웠거나, 최근에 일어난 전쟁에 대해서 생각해 봅시다. 그것의 발단 원인, 과정, 그 결과가 어떠했나요. 성스러운 전쟁, 또는 선한 전쟁이란 존재할 수 없을까요.

2. 죽음 이후의 세상은 어떤 것일까요. 죽음에 대한 각자의 감정을 이야기해 봅시다. 그리고 죽은 자는 살아있는 사람들한테 어떤 영향을 끼치고 있는지도 말해 봅시다.

3. 나의 성장 경험과 싱클레어의 이야기를 비교해 봅시다. 어떤 공통점과 차이점이 있나요.

4. 지금까지 이야기 내용을 참고하여 인간은 어떻게 성장하는지 각자의 생각을 말해 봅시다.

죽음

　죽는 것이 사는 것보다 더 좋은 경우가 있을까요. 사람을 죽이는 것은 도덕적으로 정당화될 수 있는 것일까요. 무엇을 기준으로 죽음을 판단해야 하는가, 죽음 이후의 세상은 어떤 것일까요. 개똥밭에 굴러도 이승이 좋다라는 말이 있지만, 죽음은 피할 수 없는 인간의 조건입니다. 죽음을 어떻게 생각하느냐에 따라 삶이 달라질 수 있기에, 죽음에 대한 윤리가 필요한 것입니다. 일반적으로 죽음은 두려움의 대상입니다. 죽음 이후의 세계를 알 수 없기에, 죽음은 현실의 삶에서 얻을 수 있는 것을 앗아가기에 두려운 것은 사실입니다. 에피쿠로스라는 철학자는 살아 있는 동안은 죽음을 경험할 수 없고, 죽은 이후에는 내가 존재하지 않기에 죽음은 우리와 아무 상관이 없다라고 말했지만 우리의 감정이 그렇게 단순하지는 않습니다. 무엇보다 죽음 이후에 나는 없지만 나를 사랑하는 사람이 있기에, 우리는 죽음에 대해서 그렇게 담담해질 수만은 없는 것입니다. 플라톤이나 일부 종교에서 말하는 것 같이 육체는 죽지만 영혼은 결코 죽지 않으며, 죽음 이후에 또 다른 세상이 있다라고 생각하면 마음의 위로가 될 수는 있지만 이것은 죽음을 종교적 차원에서 바라볼 때에 가능한 것입니다. 영혼의 존재는 과학과 이성의 범위를 넘어서는 문제이기 때문입니다. 죽음을 생로병사 고통의 한 가지로 바라보면서 마음을 정화함으로 고통에서 벗어날 수 있다는 불교의 견해나 생명을 우주적 기운의 집합으로, 죽음을 그러한 기의 흩어짐으로 보는 도교의 견해 역시 다분히 종교적 입장이라고 볼 수 있습니다.

실존주의 철학에서 얘기하는 것과 같이 죽음은 모든 인간이 떠안아야 하는 외로운 일입니다. 하지만 그것으로 인해 인간은 자신의 참모습을 발견할 수도 있습니다. 인간이 죽는다는 것은 한 번의 사건이고 그렇기에 사는 것 역시 일회적 사건입니다. 무한 반복되는 삶은 결코 행복할 수 없습니다. 인간은 시작과 끝이 있어야 그 속에 가치를 부여하고 의미 있는 무엇인가를 만들어내는 것입니다. 그렇기에 천국이 있다면 그것은 오히려 고통이 될 수도 있습니다. 항상 좋은 것들이 계속 반복되면 그것은 지루해지고, 나중에는 고통으로 변할 수도 있다는 것입니다. 삶이 제한되어 있다는 것을 절실하게 깨달을수록 그것을 충만하게 채워나가는 일도 가능한 것입니다. 그렇기에 죽음이라는 사건은 시간을 인간답게 만들 수 있는 계기가 된다는 측면에서 하나의 축복일 수 있습니다.

인간은 어떻게 성장하는가*

성장소설 『데미안』

『데미안』은 한 청년의 성장 이야기이다. 유년기의 끝자락인 10살 무렵의 고민에서 시작하여 20살 대학 시절에 그의 고민은 마무리된다. 10년의 기간을 거치면서 주인공은 자기를 형성하는 크나큰 일을 이룬다는 이야기다. 이 기간 동안 그는 지금의 익숙한 삶에 의심을 나타내며 새로운 삶에 호기심을 나타낸다. 이러한 호기심은 그를 위기 상황에 빠트리게 하며, 그의 과제는 이것을 극복하는 것이다. 주인공은 여러 인물의 도움으로 마침내 갈등을 극복하고 새로운 인물로 재탄생된다. 이러한 이야기는 청소년기 자아 갈등과 극복, 새로운 자아의 탄생이라는 성장 소설의 흐름과 크게 어긋나지 않는다.

하지만 『데미안』은 겉으로는 성장 이야기를 따르지만

---

* 이 글은 필자의 글 「헤세의 『데미안』을 통해 본 도덕적 성장의 의미」(도덕윤리과교육 제44호, 2014.10)의 일부를 수정한 것입니다.

그 내용이나 방식은 보통의 성장 소설과 구별되는 측면이 있다. 가령 제목이 암시하고 있듯이, 이야기에서 핵심 인물은 데미안이다. 그렇지만 『데미안』은 싱클레어라는 인물의 성장 이야기이다. 싱클레어가 화자가 되어서 이야기를 이끌어가고 있다는 것이다. 곧 이야기 속에서 데미안은 성장의 당사자로서 싱클레어가 궁극적으로 도달해야 할 이상적인 모범이 된다. 싱클레어가 즉각 깨닫지는 못하지만 데미안은 주인공의 분신 역할을 하는 것이다. 이렇게 주인공(싱클레어)이 지향할 가치와 행동의 근거를 구체적인 인물(데미안)로 제시함으로써 독자들은 성장의 과정을 보다 분명하게 확인할 수 있다.

『데미안』이 청소년 성장 이야기로서 많은 이들이 애독하는 더 큰 이유는 시련을 통해 도달한 '자기'의 모습이 보통의 가치와 다르다는 것이다. 아픈 만큼 성장한다는 식의 성장 이야기는 결국 사회에 무난하게 적응하는 도덕적 인간을 가정하고 있다. 사회와 불화하고 자신과 갈등을 하지만, 성장 주인공은 보다 원숙한 도덕규범을 습득하면서 사회의 어엿한 구성원으로 나아가게 된다. 『데미안』의 주인공 역시 높은 가치를 지향하지만 그것이 사회에서 일반적으로 받아들여지는 가치는 아니다. 데미안이나 주인공인 싱클레어가 궁극적으로 얻게 되는 가치는 통합적인 가치이지만, 그것은 악惡까지 포함하는 가치이다. 악의 유혹을 물리치고 절대적인 선에 도달하는 것이 아니라, 악마성을 존재의 일부로 인정하고 수용하는 양가兩價적 세계관(선과 악의 양쪽 가치를 동등하게 인정하는 세계관)이라고 볼 수 있다. 이것은 성장을 쉽게 드러나는 의식을 통해서가 아니라, 우리들 깊숙이 있는 무의식을 통해서 들여다볼 때 이해할 수 있는 것이다. 곧, 『데미안』은 미지의 영역인 무의식을 통해서 자기 형성을 그리고 있다는 점이 독특하다 볼 수 있다.

그렇다면 주인공의 성장에 영향을 끼치는 주요한 원인들은 무엇인가. 주인공의 성장 과정을 따라 각 시기별로 중요한 성장의 요인들을 살펴보도록 하자. 싱클레어가 갈등을 경험하기 이전인 유아기의 밝은 세계, 곧 친밀한 세계인 가족이 주인공의 성장에 어떤 의미가 있었는지를 추론해보고자 한다. 그리고 갈등이 처음 제기되는 유년기(아동기) 시절 싱클레어가 가족 구성원, 특히 아버지에 대해 느끼는 반항감과 또래 집단에 이끌리는 마음에 대해서 알아볼 것이다. 또한 데미안을 만나면서 작은 갈등은 해결되지만 김나지움(고등학교)을 거치면서 더욱 큰 성장의 진통을 겪게 되는데, 이때 데미안이 어떤 역할을 하고 있는지 구체적으로 살펴볼 것이다. 마지막으로 대학시절 갈등을 극복하고 새로운 자아로 거듭나게 되는데, 싱클레어가 경험한 깊은 내면의 상태를 무의식을 통해서 알아보고자 한다. 이러한 성장의 과정은 밝은 세계만을 알던 유아기 상태, 어두

운 세계를 처음 깨닫는 유년기 시절, 밝음과 어두움의 대립
으로 갈등하는 청소년기, 밝음과 어두움을 통합하여 새로
운 정신을 얻는 대학시절(성년기)로 연결되어 있음을 알 수
있다.

친밀한 세계, 가족

소설은 주인공인 싱클레어가 열 살 때 체험한 갈등에서
시작한다. 열 살이면 유년기(아동기)이기 때문에 싱클레어
의 유아기 시절을 직접 알 수는 없다. 하지만 소설 속 여러
가지 장면을 통해서 우리는 대략 싱클레어가 초기에 어떠
한 가정환경 속에서 성장했는지 추측해볼 수 있다. 그리고
그가 부모와 맺은 관계도 미루어 짐작할 수 있다. 싱클레어
의 가정환경은 일단 경제적으로 부유했고, 가족 간의 관계
도 원만했다. 그는 작은 도시의 라틴어 학교를 다녔다. 라
틴어 학교는 계속 공부를 할 학생이 다니는 학교로서 어느
정도 가정의 지원이 있어야 입학이 가능한 학교라고 볼 수
있을 것이다. 나중에 싱클레어는 상급학교 진학을 위해서
김나지움으로 옮겨 가게 된다.

실제로 그의 집에는 하녀도 있었고, 여러 개의 방들이
있는 것으로 묘사된다. 그에게는 누이들이 있었고, 부모님
도 모두 생존하고 있었다. 가족은 화목한 분위기다. 전통적

인 기독교 가정으로 가족들이 모두 모여 기도를 하고 식사를 나눈다. 성탄절 같은 절기에는 예배와 성경 말씀, 선물을 주고받는 잔치가 벌어진다. 어머니는 가사일을 총책임지고 아버지는 가장으로서 권위를 가지고 있는 듯하다. 싱클레어가 크로머라는 악동 때문에 앓아 누웠을 때 어머니는 지극 정성으로 간호한다. 싱클레어가 청년기 방황을 하고 있을 때, 가족은 안타깝게 바라보며, 아버지는 멀리 있는 아들을 직접 찾아가서 훈계를 하기도 한다. 그리고 주인공이 다시 생활의 중심을 회복했을 때에는 따뜻하게 맞이한다.

곧 싱클레어가 어릴 때부터 맞이한 세계는 안정적이고 따뜻한 친밀한 가족이었다. 이러한 가정환경 속에서 싱클레어의 인성에 중요한 영향을 끼친 요인을 '애착attachement' 관계로 설명할 수 있을 것이다. 애착이란 사람과의 관계에서 생기는 것을 말한다. 이것은 출생과 더불어 어머니와 유아 사이에서 처음 만들어지기 시작하여 이후 다양한 인간관계의 바탕이 된다고 한다. 애착 관계가 유아기에 만들어지는 이유에 대한 설명은 인간의 진화 생물학적 관점에서 그럴듯하게 말해진다. 인간이 독립적으로 생존하기 위해서는 다른 동물에 비해 부모에 의존하는 기간이 길다. 스스로 걷고, 말하고, 먹을 것을 구하기까지 최소한 인간은 몇 년을 부모에 의지해야 한다. 이렇게 자기 생존을 위해서는 다른 사람의 도움이 절대적으로 필요하기 때문에, 본능적인 생존의 전략으로 애착은 자연스럽게 만들어진다는 것이다.

애착의 관점에서 보면 싱클레어는 유아기에 안정적인 애착 관계를 형성하였다고 볼 수 있다. 싱클레어의 가정환경을 살펴볼 때, 어렵지 않게 이러한 관계가 만들어지지 않았을까 추측해 볼 수 있다는 것이다. 그래서 그는 그때까지의 집안 환경을 이렇게 기억한다.

여기 우리 집에 평화와 질서, 안식이 존재한다는 것, 의무와 거리낌없는 양심, 용서와 사랑이 존재한다는 것은 경이로웠다. *
(12)

싱클레어는 이러한 집안 분위기를 '밝음'의 세계로 정의한다. 이 세계에는 아버지와 어머니가 주인이고 온갖 가족의 일들이 일어나는 사적인 공간이다. 아버지는 가부장적 권위를 가지고 집안을 대표한다. 가족의 생계를 책임지는 역할 역시 가장으로서 아버지의 대표적인 일이다. 또한 아버지는 도덕적인 권위를 가지고 집안의 큰일을 결정하며, 자녀 교육에서도 엄한 규칙을 적용한다. 아버지가 엄격성

---

* 헤르만 헤세, 전영애 옮김, 『데미안』, 민음사, 2012, 이하 쪽수만 표시.

을 대변한다면, 어머니는 자애로움의 상징이다. 애착 관계가 주로 어머니와 유아 사이에서 생겨나듯이, 여성들은 전통적으로 돌봄이라는 감정을 발전시켜왔다. 돌봄에서 가장 중요한 것이 친밀한 관계이기 때문에, 자애로운 친밀감, 따뜻한 정서는 여성들의 주된 감성이 되었다.

이렇게 싱클레어 집안은 각자가 자신의 역할을 충실히 수행함으로써 질서 잡힌 세계라고 볼 수 있다. 이러한 가족의 질서 속에서 가족 구성원 모두는 평안과 안식을 누린다. 혹시라도 누군가 잘못을 저지르면 양심의 가책을 느끼고 고백하며, 구성원들은 기꺼이 용서하고 사랑으로 다시 감싸는 세계가 바로 이 '밝음'의 세계이다. 그리고 싱클레어는 이 밝음의 세계에서 무엇이 옳고 그른지, 무엇을 하고 말지를 자연스럽게 배워나갔을 것이다. 어머니나 아버지의 양육 방법을 알려주는 구체적인 암시는 없으나 이후 싱클레어의 성장 과정을 볼 때 엄부자모嚴父慈母의 역할 분담을 하였을 것으로 추정할 수 있다. 유아로서 싱클레어 역시 부모의 도덕적 가치관을 자연스럽게 내면화하였을 뿐만 아니라, 나름의 도덕적 평가를 내리는 기준을 발달시켰다고 볼 수 있다. 그래서 '밝음'의 세계는 동시에 '올바름'의 세계로 연결된다.

그 세계의 이름은 어머니와 아버지였다. 그 세계의 이름은 사랑과 엄격함, 모범과 학교였다. 그 세계에 속하는 것은 온화한 광채, 맑음과 깨끗함이었다. 그곳에는 부드럽고 다정한 이야기들, 깨끗이 닦은 손, 청결한 옷, 좋은 관습이 깃들여 있었다. 그곳에서는 아침에 찬송가가 불려졌다. 그곳에는 성탄절 잔치가 있었다. 곧바로 미래로 이어지는 곧은 선과 길이 그 세계 속에 있었다. 의무와 책임, 양심의 가책과 고해, 용서와 선한 원칙들, 사랑과 존경, 성서 말씀과 지혜가 있었다. 인생이 맑고 깨끗하고, 아름답고 정돈되어 있으려면 그 세계를 향해 있어야만 했다. (11)

아버지 세계에 대한 반항심과 또래 집단의 유혹

밝은 세계인 가족에서 친밀한 인간관계를 맺으며 원만한 인성을 발달시켜 온 싱클레어에게 드디어 위기가 닥쳐온다. 이 위기는 육체의 자라남과 더불어서 그의 행동반경이 넓어져 인간관계의 폭이 확대됨으로 발생한 것이다. 이러한 위기를 통해서 그는 지금까지의 관계를 돌아보고 새로운 자아 형성의 출발점을 마련한다. 이때 그의 나이는 10살이었다. 아동기(유년기) 시절의 고민이 시작되었다는 것이다. 이것은 자신이 자연스럽고 당연하게 받아들이던 세계를 달리 볼 때 일어나는 것이다. 그에게 지금까지의 세계는 '밝음'의 세계였다. 그런데 이제 이와는 다른 세계,

곧 '어두움'의 세계가 있다는 것을 자각하면서 그의 위기는 시작된다.

> 냄새도 달랐고, 말도 달랐고, 약속하고 요구하는 것도 달랐다. 그 두 번째 세계 속에는 하녀들과 직공들이 있고 유령 이야기들과 스캔들이 있었다. 무시무시하고, 유혹하는, 무섭고 수수께끼 같은 물건들, 도살장과 감옥, 술 취한 사람들과 악쓰는 여자들, 새끼 낳는 암소와 쓰러진 말들, 강도의 침입, 살인, 자살 같은 일들이 있었다. 아름답고도 무시무시한, 거칠고도 잔인한 그 모든 일들이 사방에, 바로 옆 골목, 바로 옆집에서 있었고 경찰 끄나풀들과 부랑자들이 돌아다니고 있었다. 주정뱅이들은 아내를 패고, 저녁 때면 젊은 여자들의 무리가 뒤엉켜 공장에서 꾸역꾸역 나왔다. 늙은 여자들은 누군가에게 요술을 걸거나 병이 나도록 할 수 있었다. 숲에는 도둑떼가 살고 있었다. 방화자들은 뒤쫓는 경관에게 잡혔다. (11~12)

이 세계는 가족과 대비되는 사회의 적나라한 모습이 드러나는 공간이다. 자기의 이익을 위해서 거짓말을 하고, 남을 해치는 일들이 수시로 발생한다. 서로 보살피고 용서해주기보다는 경쟁하고 시비를 거는 세상이 이곳이다. 여기에서 도덕은 힘이다. 살기 위해서 경쟁하고, 경쟁에서 이기기 위해서는 힘이 필요한 곳이 여기이다. 싱클레어는 이 세

계를 '밝음'과 '올바름'에 반대되는 '어두움'의 세계로 간주
한다. 그리고 이것은 곧 '나쁨'의 세계와 연결된다. 싱클레
어는 또 하나의 세계가 그렇게 멀리 있는 것이 아니라 밝은
세계와 인접해 있다는 것을 주위 인물을 통해서 알고 있다.
가령 자신의 집에서 일을 하는 하녀는 바깥에서는 상스럽
고 난잡한 행동을 하지만, 집 안에서는 다소곳하고 상냥한
모습을 보이곤 하였다. 아마 다른 사람들도 그랬을 것이다.
자애로운 어머니가 때로는 변덕스럽고, 아버지의 엄격함이
고집불통으로 느껴질 때가 있었을 것이다. 싱클레어가 누
이들과 싸울 때에는 그들이 악마로 보였을 것이다.

지금까지 자각하지 못한 새로운 세계가 있다는 것 자체
가 고민의 출발점이 될 수는 없다. 머리로 알고 이해하면
그만이기 때문이다. 그것이 고민이 되기 위해서는 그 세계
가 자신의 삶을 위협해야 한다. 곧 아는 것을 넘어서 그것
을 체감하고 싶은 욕구가 일어날 때 비로소 고민은 시작되
는 것이다. 싱클레어는 현재 밝은 세계 가운데 있다. 그는
이 세계가 계속 이어질 때, 곧 자신이 그 세계 속에서 살아
갈 때 무엇이 요구되며, 그러한 세계에서 도달하는 자신의
최종적인 모습을 상상한다. 그것은 바로 아버지의 모습이
다. 열심히 공부하고 진학을 해서, 원하는 직장을 얻고 결
혼을 해 또 하나의 가정을 이루는 것이다. 이를 위해서는
성실하고 사회적 의무를 다해야 한다. 밝은 세계의 삶의

경로와 공식은 바로 이러한 것이다.

그런데, 싱클레어는 그러한 아버지와 자신을 일치(동일시)시키지 못한다. 무엇인가 다른 삶을 염원하는 것이다. 그래서 새롭게 알아차린 또 다른 세계인 어두운 세계에 호기심을 나타내는 것이다. 아버지가 밝은 세계를 대변하고 있다면, 어두운 세계를 대변하는 인물을 만나면 더할 나위 없이 좋을 것이다. 여기에서 등장하는 인물이 크로머라는 악동이다. 결국 싱클레어는 크로머를 만나서 그의 덫에 걸리고 하수인 노릇을 한다. 처음 어두움의 세계에 대한 호기심으로 크로머를 만나지만 차츰 어두운 세계의 본모습을 경험하게 된다. 유혹과 호기심이 이제는 고통과 갈등이 되면서 그는 이곳에서 빠져나오기를 원한다.

크로머를 통해서 싱클레어가 어두운 세계의 실체를 깨달았지만 그가 이전 세계로 단순히 돌아가는 것을 원하지는 않는다. 그는 어두운 세계의 냉혹함에 시달리고 있지만, 한편으로 무엇인가 자부심도 느끼고 있는 것이다. 곧, 바깥에서 벌어진 비밀을 가족은 모르고 자신만 알기에, 거짓말을 하고 돈을 훔치면서도 일종의 우월감을 느끼는 것이다. 이것은 아버지가 대변하는 밝은 세계에서 볼 수 없는 정신적인 독립을 추구한다는 것과 같다. 그는 아버지와 대결하고 아버지의 법에 저항하면서 새로운 세계를 만들어가는 과정에 있는 것이다. 크로머한테 시달리면서 그는 자주 꿈을 꾸게 되는데, 그 중 하나가 바로 아버지를 살해하는 꿈이다. 현실에서는 결코 실현할 수 없는(해서는 안 되는) 아버지의 권위를 지워나가려는 욕구가 무의식인 꿈에서 살아 있음을 보여주는 것이다. 그래서 그는 유년기의 성장통을 다음과 같이 고백한다.

그것은 아버지의 신성함에 그어진 첫 칼자국이었다. 내 유년 생활을 떠받치고 있는, 그리고 누구든 자신이 되기 전에 깨뜨려야 하는 큰 기둥에 그어진 첫 칼자국이었다. 우리들 운명의 내면적이고 본질적인 선(線)은 아무도 보지 못한 이런 체험들로 이루어진다. 그런 칼자국과 균열은 다시 늘어난다. 그것들은 치료되고 잊혀지지만 가장 비밀스러운 방 안에서 살아 있으며 계속 피 흘린다. (26)

싱클레어의 고민과 일탈을 정신분석학과 사회학습이론으로 다시 설명해보자. 정신분석학을 개척한 프로이트G. Freud는 유아가 살부殺父의 욕구를 갖는다고 생각한다. 유아는 이성異性으로서 어머니에 대한 사랑의 욕망을 갖지만 아버지의 거세 공포에 의해서 이것을 단념해야 한다. 대신에 아버지와 동일시를 통해서 아버지의 법을 받아들이고 아버지의 권위를 전수받는다. 인간의 양심과 도덕이란 이렇게 아버지의 규칙을 내면화함으로써 생기는 것으로 프로이트는 이를 초자아라고 말한다.

이러한 논리를 따르면 싱클레어가 유아기 시절 밝은 세계에서 아버지의 법칙에 순종한 것이 이해될 수 있을 것이다. 그런데 인간의 문명과 도덕이란 아버지의 규칙을 준수함으로써 유지되는 것인데, 무의식에서는 항상 이를 넘어서려는 욕구가 잠재되어 있다. 만약 싱클레어가 아버지 세계의 법과 도덕을 지키면서 무의식적 욕구를 다른 방향에서 실현한다면 자신과 사회에 도움이 될 것이라고 프로이트는 바라본다. 하지만 싱클레어는 이와는 다른 길을 선택한다. 마음속의 어두운 욕망을 선한 것으로 바꾸려하기보다는 그 자체를 인정하고 받아들임으로 더 넓은 정신의 세계를 건설하는 것이다. 이는 나중에 더 자세히 살피도록 하자.

싱클레어가 어두운 세계에 대한 호기심으로 크로머와 관계를 맺기 시작한 것은 사회학습이론의 모델링(모방) 효과로 설명할 수도 있다. 사회학습이론은 인간이 학습을 하는 중요한 방법이 다른 사람의 행동을 관찰하고 모방하는 데 있다고 본다. 여기에는 따라하기로써 무조건적인 모방도 있지만, 대개는 학습자가 스스로 평가를 통해서 선택적으로 모방하는 경우가 많다. 그리고 모방의 대상이 강력한 권위를 가질 때 학습 효과는 더 커진다고 사회학습이론은 말한다. 싱클레어의 인간관계가 넓어지고 또래집단이 생활의 중심으로 들어옴으로써 싱클레어는 많은 것들을 친구를 통해서 경험하고 배워나가게 되는 것이다. 특히, 크로머가 또래 중에서 강력한 힘과 지배력을 가지고 있었기에 그를 모방하려는 욕구가 강했을 것이다. 물론 크로머의 모든 것을 모방하지는 않는다. 그를 동경하지만, 누나를 만나게 해달라는 요구와 같이 도저히 들어줄 수 없다고 생각하는 것에는 거부를 하기도 한다. 학교의 공부와 같이 의도적으로 학습을 하는 것 이상으로, 우리들은 자연스럽게 다른 사람의 생각과 행동을 관찰함으로 배운다. 가족과 학교가 싱클레어의 호기심을 끌지 못함으로, 비록 일탈의 방식이지만 그는 다른 곳에서 배움을 얻고 있는 것이다.

낯설게 하기와 비계(scaffolding) 만들기

친숙한 세계를 벗어나서 싱클레어는 새로운 세계를 탐색하고 있다. 아버지의 법칙을 떠나서 크로머의 법칙을 채택해보기도 하였다. 밝은 세계와는 다른 어두운 세계에 대한 체험이었다. 하지만 새로운 경험은 자유와 해방의 기쁨이 아니라 고통과 불안, 죄책감을 낳게 하였다. 그렇다고 다시 이전 세계로 돌아가지는 않는다. 비정상적인 방식이지만, 아버지의 법칙을 깨고 있다는 일말의 통쾌함, 우월감을 느꼈기 때문이다. 곧 자신의 정신적 독립을 성취해나가기 시작하였다는 것이다. 하지만 그 방향과 목적은 안개 속에 있기만 하다. 친숙한 밝은 세계를 떠났다. 하지만 호기심의 대상이던 어두운 세계 역시 목적지는 아니다. 그렇다면 도대체 어디로 가야 하는 것인가. 제 3의 세계가 존재한다는 말인가. 싱클레어의 정신적 갈등과 고민은 여기에 있다.

스스로 해결해나가야 하는 것이지만 누군가의 도움이 절실히 필요하다. 밝은 세계를 대변하는 아버지도 아니다. 어두운 세계를 대변하는 크로머도 아니다. 진정한 도움이는 이 양자의 세계를 모두 알고 있는, 두 세계를 모두 대변할 수 있는 사람이어야 할 것이다. 데미안이 바로 이러한 인물이다. 그리고 데미안만큼은 아니지만 데미안으로 가는 길을 예비하는 인물로 피스토리우스 역시 도움이로 등장한다. 이 두 인물은 모두 싱클레어의 사고를 흔들어 놓고 새로운 정신 구조를 만들어내는 비계scaffolding의 역할을 한다고 볼 수 있다. 비계란 건물을 짓기 위해 인부들이 사용하는 발판과 같은 설치물을 말하는데, 건물이 완공되면 철거된다. 하지만 비계 없이는 건물을 올릴 수가 없다. 정신이라는 집을 짓기 위해서도 누군가 비계의 역할을 해야 한다는 것이다. 성장이 완성되면 비계로서 도움이의 역할은 끝난다. 데미안과 피스토리우스가 정신적 비계의 임무를 맡게 된다는 것이다.

먼저 데미안이 싱클레어 앞에 등장한다. 데미안Demian이라는 이름이 나타내듯, 악마-데몬demon의 속성을 가진 인물이다. 크로머와 같이 유혹하는 인물이지만, 절대악의 구렁텅이에 빠트리는 것이 아니라, 새로운 세계로 안내하는 전령-다이몬daimon의 역할을 한다고 볼 수 있다. 다이몬은 신과 인간을 매개하는 역할을 한다. 신의 목소리를 인간에게 전달하고, 인간을 이끌어 드높은 신적인 경지에 이르게 하는 게 다이몬이다. 데미안은 싱클레어가 궁극적으로 도달하려는 이상형으로 자신의 신성을 이미 발견한 자이다. 데미안은 다이몬으로서 싱클레어의 신성을 일깨워주는 역할을 한다고 볼 수 있다.

데미안은 싱클레어의 혼돈과 갈등을 정확하게 짚어낸다. 그리고 점차 싱클레어가 홀로 설 수 있도록 용기와 자극을 불러일으킨다. 데미안이 이를 위해 사용한 기법은 먼저 낯설게 하기이다. 싱클레어가 익숙하게 생각하는 것을 낯설게 해서 새로운 정신 구조로 바꾸는 작업이라고 볼 수 있다. 그와 처음 만나 나눈 카인과 아벨의 이야기가 그렇다. 카인과 아벨의 이야기는 싱클레어에게 너무나 익숙한 이야기이다. 싱클레어는 기독교 문화에서 이 이야기를 자주 들어서 알고 있다. 하지만 이야기를 기독교 교리의 관점에서 이해했고, 다른 뜻이 있다고는 전혀 생각하지 못하였다. 데미안은 이 이야기의 가치를 정반대로 해석해서 싱클레어를 당황하게 만든다. 카인이 죄인이 아니라 강한 자의 상징이라는 해석이다(여기서 니체 사상의 흔적을 발견할 수 있다. 약함과 비굴함을 보이는 노예의 도덕이 아니라 고귀함과 강함을 숭상하는 주인 도덕의 관점에서 카인을 바라본다는 것이다). 전통적인 기독교 교리에서는 인류 역사의 첫 살인자로 카인은 오명을 뒤집어 쓴 인물이다.

싱클레어가 유년기 말에 성性적인 문제로 고민을 하고 있을 때, 데미안을 다시 만났는데, 그 때 들려준 이야기는 예수의 십자가 처형 때 양 옆에 매달린 도둑들 이야기이다. 성서에서는 십자가에 매달린 두 도둑 중 한명이 예수의 권능을 인정함으로 축복을 받는다는 내용이 있다. 반면에 나머지 한 명의 도둑은 끝까지 예수를 조롱한다. 여기에서도 데미안은 축복받은 도둑의 위선을 고발하고, 예수를 조롱한 도둑을 용기 있는 자로 칭송한다. 데미안의 이러한 전략은 우선 싱클레어의 평범하고 익숙한 사고를 돌이켜 보게 하는 효과가 있다. 머릿속에서 인지적 갈등을 조장하여 더 높은 차원에서 그러한 부조화를 해결하게 만든다는 것이다. 인간의 발달을 정신적인 인지 구조의 성숙으로 보는 인지발달이론의 관점에서 데미안은 훌륭한 교사의 역할을 담당하고 있는 것이다. "우리가 배우는 대부분의 것들은 분명 완전히 진실이고 올바를 것이지만, 그것들 모두를 선생님들이 보시는 것과는 다르게 볼 수도 있어. 그러면 대체로 훨씬 나은 뜻을 갖게 되지…"(39)라고 말한다.

낯설게 보기를 통해서 인지적 자극을 주면서도 데미안은 이야기의 내용을 통해서 싱클레어가 새로운 신념을 가지도록 격려하고 있음을 알 수 있다. 카인과 아벨 이야기는 싱클레어가 크로머의 영향에서 아직 벗어나지 못할 때 들려준 이야기이다. 싱클레어는 약자로서 크로머를 두려워하고 노예적 삶을 살고 있다. 데미안은 그러한 두려움을 몰아내고 강한 자의 용기를 가지라고 말하고 있는 것이다. 실제로 이러한 이야기를 통해서 싱클레어는 자신이 아벨과 같은 약자임을 절실히 느낀다. 그리고 이후 카인과 같이 자신의 가치를 스스로 세우는 용기 있는 자로 바뀌게 된다. 도둑 이야기 역시 싱클레어가 유년기의 붕괴를 통과해서 새로운 자기를 만들어나가는 어려운 과업에 힘을 북돋아주는 역할을 한다고 볼 수 있다.

싱클레어는 데미안을 통해서 사고의 자극을 받고 조금씩 정신이 최종적으로 나아가야할 방향에 대해서 알게 된다. "하지만 우리는 모든 것을 존경하고 성스럽게 간직해야 한다고 생각해. 인위적으로 분리시킨 이 공식적인 절반뿐만 아니라 세계 전체를 말이야! 그러니까 우리들은 신에 대한 예배와 더불어 악마 예배도 가져야 해…"(83). 결국 데미안이 추구하는 정신적 이상은 두 세계의 존재 인정이라고 하겠다. 어느 한 세계를 선택하는 것이 아니라 같이 받아들이는 것이라고 볼 수 있다. 이것이 무엇을 의미하는지는 아직 싱클레어가 깨닫지 못하고 있다. 데미안은 묘한 암시적 어구로 이러한 정신적 세계의 모습과 이에 도달하는 여정을 밝히고 있지만 그것을 이루기 위해서는 또 다른 노력이 필요하다.

새는 알에서 나오려고 투쟁한다. 알은 세계이다. 태어나려는 자는 하나의 세계를 깨트려야 한다. 새는 신에게로 날아간다. 신의 이름은 압락사스. (123)

이때 만나게 되는 인물이 피스토리우스라는 음악가이다. 그 역시 아버지가 제시한 사제의 길을 포기하고 외롭게 자신만의 길을 가고 있다. 싱클레어는 그와 교제함으로 데미안이 펼쳐 놓은 세계의 실체와 거기에 도달하는 구체적인 방법을 배워나갈 수 있게 된다. 피스토리우스는 무엇보다 인간의 내면을 들여다보라고 한다. 그는 이것을 〈아가리 닥치고 배 깔고 엎드려 생각하기〉(138) 철학이라고 이름 붙인다. 나와 대상을 분리해서 이성理性으로 세계를 파악하는 전통적인 철학에 대한 야유의 표현이다. 그는 불을 숭상하는 배화교의 종교의례를 실천하고 있는데, 이를 통해서 무엇보다 인간의 내면을 깊이 들여다보는 능력을 키워왔다. 그에게 세계와 나는 분리된 것이 아니라 서로 연결되어 있는 것이다. 나의 마음을 통해서 세계의 모든 것이 창조된다고 그는 생각한다. 이는 곧 진리가 우리들 안에 있다는 생각으로 이어진다. 만물의 가치를 창조하는 자로서 우리들 자신이 곧 진리의 근거이며, 이는 곧 신성神性이 우리들 안에 들어와 있다는 말과 같은 것이다.

피스토리우스는 인간의 육체가 오랜 진화의 결과인 것같이 정신 역시 무한한 진화 과정에 있는데, 정신의 핵심에 인류가 집단적으로 가져온 어떤 '원형Archetype'이 들어있다고 생각한다(집단 무의식으로서 원형에 대한 사고는 다음에 살펴보겠지만 융심리학의 견해이다). 그런데 여기에는 신성뿐만 아니라 악마성도 동시에 존재한다. "우리가 어떤 사람을 미워한다면, 우리는 그의 모습 속에, 바로 우리들 자신 속에 들어앉아 있는 그 무엇인가를 보고 미워하는 것이지"(152). 인간성 속에 선함뿐만 아니라 원래 악함이 들어있다는 것이다. 오랜 정신의 발달 과정에서 선함은 문명의 가치로 인정되지만 악함은 배척되고 억눌리게 된다. 그렇다고 악함이 사라지는 것은 아니다. 우리들 마음속에 있는 악마성을 인정하고 관리하지 못하면 오히려 다른 사람이나 집단한테 그것이 공격적으로 분출될 수 있다.

피스토리우스를 통해서 싱클레어는 데미안이 일러 준 세계의 양면성이 무엇인지, 그것을 어떻게 바라봐야 하는지를 배우게 된다. 피스토리우스는 싱클레어의 고차적 정신 기능이 발휘되도록 비계를 만드는 역할을 충실히 하고 있다고 파악할 수 있다. 비계는 같이 문제를 씨름하면서 서로 격려하고 공감하는 대화를 통해서 만들어진다. 피스토리우스와 싱클레어 모두 새로운 정신세계를 지향하는 자로서 상호 공감과 신뢰를 통해서 내면적 진리를 깨우쳐 간다고 볼 수 있다. 피스토리우스의 안내와 지도가 그 효력을 다했을 때, 싱클레어는 더 높은 정신 기능을 위해서 그를 떠나게 되고 다시 새로운 과업에 도전하게 된다. 결국 데미안과 피스토리우스 모두 먼저 배운 자로서 싱클레어의 잠재성을 정확히 파악하여 그의 발달 수준을 한 단계 업그레이드 시켜주었다고 볼 수 있다. 싱클레어가 그들을 만나지 못하였다면 홀로 그러한 문제를 해결할 수는 없었을 것이다.

자기 형성과 인격의 통합

싱클레어의 갈등은 두 세계의 대립과 갈등 때문에 일어난 것이다. 밝은 세계는 가족의 세계였고 올바름과 선善의 법칙이 지배하는 세상이었다. 유아기 시절 싱클레어는 이 세계에 살면서 그러한 규범을 자연스럽게 몸에 익혔다. 유년기를 지나면서 주인공은 또 하나의 세계인 어두움의 세계를 자각하였고, 크로머를 통해서 그 세계를 직접 체험하였다. 어두운 세계는 힘과 악惡이 지배하는 세상이었다. 아동기와 청소년기를 거치면서 두 세계의 갈등은 심화되었고, 이를 해결하는 것이 절대적 과제가 되었다. 데미안을 만나면서 두 세계는 대립적인 것이 아니라 이 세계의 일체에 모두 포함되는 것임을 깨우치게 되었다. 그리고 그것은 우리의 정신 안에서 통합될 수 있다는 것도 알게 되었다. 이를 위해서는 정신의 인습적 껍데기를 벗는 고통이 따라야 하는 것도 배우게 된다. 그리고 피스토리우스를 통해서 이 세계에 도달하는 방법과 마음가짐에 대해서도 전수받게 된다.

이제 싱클레어는 막바지에 도달하게 된다. 대학생이 됨으로서 자기 형성의 일차적 완료 시점에 도달할 수 있게 된 것이다. 여기서 자기 형성이라 함은 그간의 갈등을 통합할 수 있는 고차적인 정신세계의 달성이라고 볼 수 있다. 밝음과 어두움의 통합, 선악의 종합, 내부세계와 외부세계의 결합이라고 말할 수 있다. 이것을 심리학적 용어로는 인격의 전일성을 회복한다고 말할 수 있을 것이다. 여기서 인격이란 인간의 도덕적 덕목이나 양심을 말하는 것이 아니라, 인성personality 자체를 일컫는다. 융C. G. Jung심리학에서는 의식과 무의식의 정신적 통합체로서 인격을 말한다. 따라서 인격의 전일성을 회복한다는 것은 의식의 영역인 자아뿐만 아니라 무의식의 영역에 있는 다양한 요소들이 통합하여 온전한 하나를 이룬다는 것을 말한다. 개인의 인격은 다양한 요소의 결합에 의해서 제각각 고유한 특징을 가지고 있는데, 자신의 심리를 파악해서 그 기능을 활성화시켜내는 것을 융심리학에서는 '개성화'라고 말한다. 그리고 인격의 핵심은 무의식 속에 있는 자신의 원형이라고 할 수 있는 '자기Self, Selbst'를 발견하고 끌어내는 것이기 때문에 '개성화'의 최고 목표는 '자기실현'이요 '자기형성'이라고 말할 수 있을 것이다.

싱클레어는 세계의 두 극단이 표현된 신성과 악마성을 자신 안에서 종합함으로 갈등을 돌파해나간다. 신성이나 악마성 중 어느 하나를 선택하거나, 두 개를 적절히 혼합하는 방식이 아니라, 두 세계의 존재를 직시하고 그것들을 의식 안으로 이끌어 넴으로써 양자를 인격 안에서 통합해내는 것이다. 싱클레어는 무엇보다 어두움의 영역 때문에 고통을 겪어왔다. 크로머를 통하여 악을 체험한 것이다. 악이란 바깥 세상에 분명히 존재하는 것이었다. 하지만 차츰 싱클레어는 그것이 자신 안에도 있음을 자각한다. 자기의 마음속에서 일어나는 온갖 욕구와 정서들이 쉽게 어두움이 될 수 있다는 것을 술과 성性에 대한 직간접 체험을 통해서 깨닫게 된다. 그래서 싱클레어는 청소년기의 막바지에 이렇게 고백한다. "한때 프란츠 크로머였던 것이 이제는 내 자신 속에 박혀 있었다."(66) 하지만 성에 대한 욕망이 그렇듯이 그것들 자체가 문제는 아니다. 오히려 문제는 그것들을 억압하고 무시할 때 생길 수 있다. 억압된 욕망은 쉽게 외부로 나타나서 다른 사람을 공격하게 된다. 중요한 것은 무의식 속에 있는 것을 의식으로 끌어올려 길들이는 방법 밖에 없는 것이다. 자신의 내면을 살펴보라고 피스토리우스는 지속적으로 말하지 않았던가.

물론 자신 안에 있는 신성을 발견하는 것 또한 중요하다. 우리들 마음에는 어두움에 대응하는 빛의 영역이 있다. 데미안은 한 여인을 통해서 그러한 빛을 체험하기도 한다. 술과 방탕 속에서 우연히 만난 여인을 그는 베아트리체라고 이름 지어 주었다. 단테의 연인 베아트리체와 마찬가지로 이 익명의 여인은 싱클레어를 악의 구렁텅이에서 끌어내어 정신적으로 도약할 수 있는 기회를 마련해준다. 싱클레어는 사랑의 빛에 의해서 자신의 정신이 고양되는 체험을 한 것이다. 아마 사랑에 빠졌을 때 그는 세계의 황홀감을 느꼈을 것이다. 술과 쾌락의 탐닉, 세계에 대한 조소와 냉소, 무의미한 인간관계와 낙제의 위기 등 학교생활이 바닥을 치고 있을 때 한 여인과의 사랑은 그의 삶을 반전시키기에 충분하였다. 유년기 시절 가족과 크로머 사이에 대비되는 밝음과 어두움의 세계를 그는 성년을 앞두고 다시금 정신세계 안에서 마주하게 된 것이다.

이렇게 선악의 양면성과 동시성을 정신 안에서 통합하

면서 그의 자기형성은 완성되기 시작한다. 그가 베아트리체를 상상해서 그린 그림은 결국 실제 그녀의 모습이 아니라 바로 자신의 내면을 그린 그림이 되었다. 그것은 "절반은 남자고 절반은 여자, 나이가 없고, 의지가 굳세면서도 몽상적이며, 굳어 있으면서도 남모르게 생명력 있어 보였다… 그것은 나의 일부였다. 나에게 요구를 내세웠다. 그리고 누군지는 모르겠지만 그 누군가와 비슷했다."(110) 그의 사랑은 실제 자신을 향한 사랑이었다. 자신의 내면을 갈구한 것이 익명의 여인에 대한 사랑으로 나타난 것이다. 자신을 사랑한다는 것은 자기 안에 있는 전체를 들여다보고 끌어안는 것과 관련된다. 사회적 규범 속에서 남자로 살아가는 싱클레어의 내면에는 여성성이 들어있다. 사회적 역할 규범을 벗어나 진정한 '자기'를 만나는 것이 자신을 사랑하는 것이다. 그래서 그 그림은 데미안을 닮기도 한 것이다. 데미안이 최종 이상형으로 싱클레어의 정신적 모델링이 되었기 때문이다. 또한 그 그림은 데미안의 어머니인 에바 부인의 모습이기도 하다. 데미안은 에바 부인한테 사랑의 감정을 느낀다. 에바 부인은 그 사랑의 실체가 무엇인지를 싱클레어에게 일깨워 준다. 에바 부인은 정신으로 추상화된 베아트리체가 아니라 진정한 싱클레어의 정신적 연인으로서 그의 자기실현이 완성된 또 다른 모습을 형상화하고 있다.

이제, 싱클레어는 '자기'가 됨으로써 데미안, 에바 부인과 진정한 관계를 형성한다. 그들은 정신적으로 사귀게 된다. 에바 부인은 원형적 모성으로서 데미안과 싱클레어의 어머니가 되는 것이다. 그들은 세상 사람들이 이념과 이익을 쫓아 한낱 패거리를 만들고 서로를 적대시하면서 세계의 갈등이 증폭되는 현실을 비판한다. 그들의 예측 데로 자신들의 내면을 관리하지 못한 패거리들의 악은 서로에게 투사되고 마침내 전쟁이 발발한다. 데미안과 싱클레어는 전쟁에 참전하게 된다. 그리고 전쟁터에서 이들은 마지막 만남을 가진다. 부상당한 데미안은 이제 우리들은 하나라면서 언제든지 부르면 달려갈 것이고 말하며 싱클레어를 영원히 떠나게 된다. 싱클레어는 자기 안에 데미안이 온전히 깃들어 있음을 느낀다.

그러나 이따금 열쇠를 찾아내어 완전히 내 자신 속으로 내려가면, 거기 어두운 거울 속에서 운명의 영상들이 잠들어 있는 곳으로 내려가면, 거기서 나는 그 검은 거울 위로 몸을 숙이기만 하면 되었다. 그러면 나 자신의 모습이 보였다. 이제 그와 완전히 닮아 있었다. 그와, 내 친구이자 나의 인도자인 그와.(222)

본문에 인용한 헤르만 헤세의 『데미안』은 영역본인 *Demian
- The Story of Emil Sinclair's Youth* (Michael Roloff & Michael
Lebeck trans., Harper Perennial Modern Classics, 2009)와
우리말 번역본인 『데미안』(전영애 옮김, 민음사, 2012)와
『데미안』(전은경 옮김, 푸른숲주니어, 2013)을 참고로 하
였습니다.

그리고 인용한 다른 책들의 세부적인 출처는 다음과 같습니다
(일부 인용문은 책 내용에 맞게 약간 수정하였습니다).

공자, 김형찬 옮김, 『논어』, 홍익출판사, 2012.

단테 알리기에리, 박상진 옮김, 『신곡-천국편』, 민음사, 2013.

대한성서공회 편집부, 『공동번역 성서』, 대한성서공회, 1989.

르네 데카르트, 최명관 옮김, 『방법서설·성찰』, 서광사, 1983.

막스 호르크하이머, 박구용 옮김, 『도구적 이성 비판』, 문예출판사, 2006.

아니엘라 야훼 펴냄, 이부영 옮김, 『C. G. Jung의 회상, 꿈 그리고 사상』,
   집문당, 2009.

아리스토텔레스, 나종일·천병희 옮김, 『정치학·시학』, 삼성출판사, 1994.

아리스토텔레스, 이창우외 옮김, 『니코마코스 윤리학』, 이제이북스, 2008.

알베르 까뮈, 이정림 옮김, 『시지프의 신화』, 범우사, 1987.

에리히 프롬, 이종훈 옮김, 『너희도 신처럼 되리라』, 한겨레출판, 2013.

이부영, 『그림자』, 한길사, 2012.

임마누엘 칸트, 이원봉 옮김, 『도덕형이상학을 위한 기초 놓기』, 책세상, 2002.

장 자크 루소, 최석기 옮김, 『인간불평등기원로/사회계약론』, 동서문화사, 2007.

장자, 이인호 옮김, 『장자 30구』, 아이필드, 2001.

장정일, 『독서일기』 1, 범우사, 2003.

토마스 벌핀치, 이윤기 옮김, 『그리스 로마 신화』, 창해, 2001.

토머스 홉스, 진석용 옮김, 『리바이어던』, 나남, 2008.

프리드드히 니체, 홍성광 옮김, 『도덕의 계보학』, 연암서가, 2011.

플라톤, 박종현 옮김, 『국가』, 서광사, 1997.

플라톤, 최명관 옮김, 『플라톤의 대화-향연 등』, 종로서적, 1996.